coleção Logos

Copyright © 2010 by Nadiejda Santos Nunes Galvão e Yolanda Lhullier dos Santos
Copyright da edição brasileira © 2018 É Realizações

Editor
Edson Manoel de Oliveira Filho

Coordenador da Coleção Logos
João Cezar de Castro Rocha

Produção editorial
É Realizações Editora

Diagramação, capa e projeto gráfico
Nine Design Gráfico

Revisão
Fernanda Simões Lopes

Ilustração da Capa
Cido Gonçalves

Reservados todos os direitos desta obra. Proibida toda e qualquer reprodução desta edição por qualquer meio ou forma, seja ela eletrônica ou mecânica, fotocópia, gravação ou qualquer outro meio de reprodução, sem permissão expressa do editor.

CIP-BRASIL. CATALOGAÇÃO NA PUBLICAÇÃO – SINDICATO NACIONAL DOS EDITORES DE LIVROS, RJ

S236a

Santos, Mário Ferreira dos, 1907-1968
  Análise dialética do marxismo / Mário Ferreira dos Santos ; coordenador da coleção João Cezar de Castro Rocha. - 1. ed. - São Paulo : É Realizações, 2018.
  288 p. ; 23 cm. (Logos ; 4)

  Inclui bibliografia e índice
  ISBN 978-85-8033-352-7

  1. Filosofia marxista. I. Rocha, João Cezar de Castro. II. Título. III. Série.

18-52895	CDD: 335.4
	CDU: 330.85

Vanessa Mafra Xavier Salgado - Bibliotecária - CRB-7/6644
01/10/2018 05/10/2018

É Realizações Editora, Livraria e Distribuidora Ltda.
Rua França Pinto, 498 · São Paulo SP · 04016-002
Telefone: (5511) 5572 5363
atendimento@erealizacoes.com.br · www.erealizacoes.com.br

Este livro foi impresso pela Paym Gráfica e Editora, em outubro de 2018. Os tipos são das famílias Impact e Minion Pro. O papel do miolo é o Lux Cream 70 g, e o da capa, cartão Duplex 250 g.

# MÁRIO FERREIRA DOS SANTOS

ANÁLISE DIALÉTICA DO MARXISMO

É Realizações Editora

SUMÁRIO

O plano desta obra 7

1. A economia, a técnica e a história 17
2. O desenvolvimento da técnica 29
3. A eotécnica 35
4. Neotécnica 49
5. Marx e o marxismo 55
6. Marx e Proudhon 69
7. Marx e Engels contra os marxistas 79

POLÊMICA SOBRE O ESTADO ENTRE MARXISTAS E ANARQUISTAS

8. A teoria marxista do Estado 89
9. As experiências das revoluções para os marxistas 103
10. O Estado para os socialistas libertários e anarquistas 111
11. Pode a ditadura ser uma escola de liberdade? 115
12. Ditadura e liberdade 127
13. O definhamento do Estado 135
14. As concepções libertárias e sua crítica do marxismo 143

15. Síntese da crítica libertária................163
16. Socialismo e política................169
17. Análise decadialética do marxismo................185
18. Os fatores emergentes e predisponentes................211
19. Análise decadialética................217

Bibliografia................227

TEXTO CRÍTICO

João Cezar de Castro Rocha
Anarquismo, socialismo libertário e filosofia concreta................235

Arquivo Mário Ferreira dos Santos................253

Índice analítico................275
Índice onomástico................283

O plano desta obra

Se o marxismo é simplesmente considerado por muitos um pesadelo da história, sem maior significação, e que passará, como passaram tantos outros movimentos, aparentemente populares, ou se representa o resultado de um longo processo, e com uma significação que ultrapassa a visão comum, ambas as atitudes, tomadas sem um exame mais acurado dos fatos, podem ressentir-se ou de primarismo judicatório ou de uma excessiva valorização dos acontecimentos.

Ninguém pode desconhecer que o marxismo representa um papel importante, e atrai para si, de todos os setores, a atenção dos estudiosos, dos descontentes, dos propugnadores de uma nova ordem que ofereça ao homem um rumo melhor.

'Examinar o marxismo com a máxima isenção de ânimo, evitando a influência das paixões que agitam a nossa época, analisar-lhe os fundamentos, premissas, postulados, sem deixar-se arrebatar pela paixão, reconhecemos, é difícil e raia até o impossível.

Somos sempre incapazes de fazer uma justa apreciação dos fatos que decorrem contemporaneamente conosco. E o marxismo, apesar de sua história já atravessar algumas gerações, ainda está muito vivo para que o possamos ver com a frieza com que vemos os fatos do passado, a realidade que revestem para nós, quando já alheios ao calor da sua agitação.

Por isso, reconhecemos que a tarefa que empreendemos neste livro é imensamente difícil, mas, como não tememos enfrentar dificuldades, pois ao contrário gostamos de tê-las pela frente, procuraremos, sopitando quando possível o que mais intimamente pensamos, fazer a análise dialética dessa doutrina sob alguns dos seus principais ângulos, com a maior isenção possível de ânimo, buscando libertarmo-nos dos esquemas em que as posições angulares se fundam, fazermos a análise decadialética, dentro dos dez planos e das seis providências, que tivemos ocasião de expor em *Lógica e Dialética*, há pouco publicado.[1]

Logo compreenderá o leitor que é impossível realizar, num único volume, uma análise exaustiva dos diversos aspectos filosóficos, históricos, econômicos e sociológicos que o marxismo oferece. Por essa razão, neste livro, salientaremos apenas os aspectos gerais, suficientes para nos oferecerem os elementos capazes de permitir uma análise decadialética.

Na exposição das teses marxistas, e na análise dialética, teremos o máximo cuidado de fundarmo-nos sobre os textos de seus principais autores, como Marx, Engels, Lênin, sobretudo, e secundariamente nos autores posteriores, que disputam entre si a validez de sua exegese.

Ninguém desconhece que, entre os últimos, a variedade de opiniões e as oposições são tão evidentes, as acusações mútuas são tão contundentes, os apodos de traição e de ignorância são tão constantes, que é difícil examinar o escolasticismo dos epígonos de Marx, que se diferenciam desde as mais sutis e nímias preciosidades de interpretação até os fundamentos da própria doutrina.

Não podemos deixar de reconhecer as dificuldades que aqui surgem. E como sucedeu com os comentadores da escolástica, em face da simplicidade e da clareza dos seus grandes representantes, como Santo Anselmo, Santo Tomás, São Boaventura, Duns Scot, Suárez, Fonseca, etc., encontramos nos comentadores, nem todos é verdade, e nos sequazes das diversas opiniões sustentadas por aqueles gigantes do pensamento medieval e renascentista, um

---

[1] O livro será em breve republicado no âmbito da Coleção Logos. Sua edição mais recente é: Mário Ferreira dos Santos, *Lógica e Dialética – Lógica, Dialética, Decadialética*. São Paulo, Paulus, 2007. (N. E.)

obscurecimento das ideias expostas, que ao perderem em clareza ganharam negativamente em confusão, oferecendo um dos espetáculos mais desastrosos do espírito humano, como foi o escolasticismo. Este, que teve o poder de criar uma desconfiança às genuínas doutrinas escolásticas, e atirar até sobre estas o desprezo dos filósofos modernos, conseguiu realizar o que nunca estaria no intuito daqueles grandes autores: o divórcio entre a filosofia moderna e a escolástica, o que, diga-se desde já, foi prejudicial ao pensamento destes últimos séculos, pois na obra daqueles gigantes encontramos bases sólidas, genuinamente dialéticas, que muito nos auxiliaram a dar melhor luz aos temas e aos problemas debatidos hoje entre homens de cultura.

E assim como o escolasticismo causou tanto mal à genuína escolástica, o escolasticismo marxista trouxe a confusão entre os epígonos de Marx, hoje divididos entre diversas seitas, que se consideram, todas e cada uma por sua vez, as verdadeiras intérpretes do pensamento de Marx, desvirtuado, naturalmente, pelas outras seitas.

Esse espetáculo, que repete analógica e correspondentemente uma velha consequência de todas as doutrinas, não tem marca de originalidade e está a apontar, percebido por muitos, que o destino do marxismo é o mesmo de todas as ideias: o de deperecer, afinal, pela ação desagregadora dos epígonos.

No entanto, ante os acontecimentos político-sociais, o marxismo se apresenta realizado no regime imperante na Rússia, etc., um terço do espaço terrestre.[2] Esse fato importante dá-lhe uma significação toda especial, sobretudo por disputar hoje a Rússia a hegemonia no mundo, e desejar impor sua forma de governo e os esquemas constituintes de sua maneira de ser.

Que a Rússia represente realmente o marxismo ou não, ou que, na Rússia e seus satélites, o que temos é a genuína realização daquelas ideias expostas por Marx, ou apenas uma forma exterior das mesmas ideias com um conteúdo diferente, ou, em suma, que seja a Rússia realmente marxista ou

---

[2] Recorde-se que a primeira edição deste livro veio à luz em novembro de 1953. (N. E.)

apenas uma aproveitadora do que o marxismo criou, usando suas premissas, e sobretudo, as suas palavras, mas negando, com sua atividade, o arcabouço teórico, são aspectos a examinar no decorrer da obra, pois constituem, em suas linhas gerais, o que se costuma dizer, pensar e arguir em torno de tema de tal importância.

Portanto, impõe-se esclareçamos o método a ser empregado no decorrer deste livro, a fim de realizarmos o que pretendemos.

Para que se efetue uma análise dialética do marxismo, impõe-se estabelecer, de maneira clara e com o maior rigor histórico, todos os *fatores predisponentes* do marxismo. Após essa análise, é imprescindível procurar os *fatores emergentes*, cuja atualização depende, naturalmente, das predisponências.

Observando pentadialeticamente, o marxismo, como unidade doutrinária, pertence à *totalidade* do pensamento socialista, que, como série, se inclui no pensamento social, que se conjuga no *sistema* do pensamento ético-filosófico do Ocidente, e, como *universo*, está imerso em nossa cultura fáustica, como a chama Spengler.

Ainda pentadialeticamente, o marxismo, como fato social, pertence à totalidade do período romântico; como série, à chamada era industrial; como sistema, à cultura fáustica, e encontra-se imerso na universalidade de nossa era cristã.

Dessa maneira, colocamos o marxismo sob dois grandes planos pentadialéticos, podendo ainda estudá-lo, seguindo as mesmas normas, como doutrina econômica, como doutrina política e como doutrina ética.

Mas não seria possível, neste livro, como já dissemos, abordá-lo exaustivamente. Tal não implicará, porém, que os aspectos principais não sejam examinados e discutidos.

Em trabalhos posteriores, se recebermos a boa atenção e o apoio dos leitores, pretendemos penetrar em outros terrenos de máxima importância, nos quais faremos uma análise em profundidade de outros aspectos, por ora análise impossível de realizar.

Após a análise pentadialética, procederemos à dos fatores de emergência e de predisponência, para finalizar com a análise decadialética, dentro dos dez campos, já expostos em nossos trabalhos de dialética e decadialética.

Temos certeza de que após esses estudos, que procuraremos realizar com o mínimo emprego do tecnicismo filosófico, usando, tanto quanto nos permita a clareza, uma linguagem mais universal, cooperará para trazer alguma luz nova ao marxismo e dar-lhe uma análise honesta, bem intencionada e justa, sem cair em afirmativas apaixonadas do partidarismo. No entanto, não poderemos deixar de apresentar as opiniões apaixonadas dos seus adversários, para que tenha o leitor sempre patente aos olhos a crítica que tem sofrido, e os embates travados com outras opiniões sociais. E desse embate poderá o leitor tirar muitas das conclusões que se impõem, pois procuraremos, sempre que conveniente, pôr em paralelo as opiniões favoráveis ao marxismo e as que lhe são opostas, através de sínteses esquemáticas, que serão de utilidade para permitir uma visão de conjunto, bem como uma revisão das opiniões expostas.

Para que possamos alcançar a meta desejada, teremos de proceder, desde já, apresentando uma série de análises de aspectos importantes, que favorecem a boa compreensão dos fatores predisponentes do marxismo. Para tal fim, iniciaremos fazendo um estudo combinado da História, da Técnica e da Economia, a fim de facilitar a boa compreensão do clima histórico em que ele surgiu, imprescindível à boa inteligência das suas ideias e significado. Nessas páginas, aproveitaremos as grandes lições de Lewis Mumford, às quais acrescentaremos outras, de fontes diversas.

Por outro lado, impõe-se esclareçamos, a fim de evitar incompreensões, que a maneira de dispor a polêmica sobre o marxismo obedeceu a uma intenção. Nos últimos cem anos, em que o marxismo se estruturou, a principal polêmica foi travada entre os dois socialismos: o autoritário e o libertário. Se este último, nesta época de cesarismo, é aceito por um número reduzido e disperso de partidários, o primeiro, inegavelmente, atrai maior número de seguidores. No entanto, é de verificar-se que, em face das decepções, os socialismos mais idealistas sentem, quando os fatos lhes mostram algum malogro do socialismo, a necessidade de retornar às posições do socialismo libertário, onde permanecem à espera de que novos acontecimentos possam mudar a fisionomia e significação dos fatos. Lênin já compreendeu esse retorno, e, se ele o considerava um "desvio pequeno-burguês", outros consideram que o socialismo perdeu seu genuíno sentido proletário, para transformar-se num meio de vantagens sociais e políticas para "pequeno-burgueses desajustados", que atacam veementemente a pequena-burguesia numa autopunição psicologicamente bem compreensível.

Se colocamos a polêmica entre libertários e marxistas em primeiro plano, devemos explicar a razão da nossa atitude. Não pretendemos, neste livro, enunciar qual a *nossa forma* de ver o problema social, pois exigiria que previamente publicássemos nosso *Tratado Dialético de Economia*, o que ainda pretendemos fazer este ano,[3] no qual, após a análise das categorias, conceitos e estruturas tensionais da economia, poderemos mostrar, numa visão concreta e decadialética, como a economia deve ser pensada e sentida para que, na cooperação com as outras ciências, possa contribuir com a resolução do problema humano, fundando-se nas reais e melhores possibilidades do homem.

Portanto, se a alguns partidários transparecer que os argumentos antimarxistas são expostos com mais eficiência, sobretudo os advindos do campo libertário, queremos desde já explicar o porquê dessa atitude. As obras apologéticas do marxismo são encontradiças e numerosas, enquanto as libertárias são mais raras e pouco lidas. Impunha-se, por isso, acrescentar maior número de razões em oposição ao marxismo, pois tais argumentos não poderiam ser manejados do campo do capitalismo, mas apenas do campo do socialismo, pois os libertários não acusam os marxistas *de serem* socialistas (como o faria um capitalista partidário, por exemplo) *mas precisamente por não serem* socialistas, ou por terem dele se desviado. Portanto, a crítica

---

[3] Editado como *Tratado de Economia*. 2 vols. São Paulo, Logos, 1962. (N. E.)

libertária não ataca o *muito*, mas acusa o *pouco* e, como é ela construtiva e não destrutiva, merece atenção.

Se algumas vezes as expressões tornam-se cruas, devemos desde logo chamar a atenção ao fato de que, no campo socialista, a linguagem é sempre assim, quando não descamba para o desaforo vulgar e baixo. Por isso, não é de admirar que muitos desejem tapar os ouvidos quando dois socialistas se descompõem.

Uma crítica do socialismo como gênero, do qual marxismo e outros "ismos" seriam apenas espécies, é tema que merecerá de nós futuro trabalho.

Mário Ferreira dos Santos

MÁRIO FERREIRA DOS SANTOS

ANÁLISE DIALÉTICA DO MARXISMO

1. A economia, a técnica e a história

Uma rápida visão panorâmica da História nos mostra que, nestes últimos mil anos, não só a base cultural mas também a material sofreram profundas modificações no Ocidente, e grande foi o papel nessa transformação exercido pela *máquina*.

É comum ouvir-se chamar a nossa Era de "era mecânica", como é comum, também, afirmar-se que a transformação, observada na indústria moderna, começa com a invenção da máquina a vapor, atribuída a Watt, ou como o fazem alguns economistas, à "máquina automática de tecer".

O desenvolvimento, porém, da máquina, processou-se durante pelo menos sete séculos, na Europa, antes que se dessem as mudanças dramáticas que acompanham a chamada "Revolução Industrial".

A mecanização do homem no mosteiro e no exército precede a que se verificou na fábrica.

Não são a *mecanização* e a *sistematização* fenômenos novos na história.

O que se deu de novo foi a *organização das formas* que dominam hoje toda a nossa existência, pois o *mecânico* domina hoje quase *totalmente* a nossa vida.

Os elementos fundamentais da técnica moderna, como o relógio, a imprensa, o moinho, a bússola, o tear, o torno, a pólvora e o papel, como as matemáticas, a química e a mecânica, já existiram em outras culturas.

Tanto os gregos como os árabes haviam dado um grande passo para a máquina. As grandiosas obras dos cretenses, dos egípcios e dos romanos revelam trabalhos extraordinários de engenharia e demonstraram habilidades técnicas elevadas. "Tinham máquinas, mas não haviam desenvolvido 'a máquina'", diz Mumford.[1] Foi à Europa Ocidental que coube o papel de adaptar a vida ao ritmo e à capacidade da máquina, como a ela caberá incorporar o *inorgânico ao orgânico*, a *máquina à vida*.

Dá Mumford três momentos sucessivos de penetração da máquina na nossa civilização. O *primeiro* deu-se no século X. O *segundo* deu-se no século XVIII, e finalmente, em nossos dias, temos o início do *terceiro momento*.

Vejamos antes de tudo o que é *máquina*.

Segundo Reuleaux, "máquina é uma combinação de corpos resistentes, dispostos em forma tal que, mediante eles, as forças mecânicas da natureza podem ser obrigadas a fazer trabalho, acompanhadas por certos movimentos determinados".[2]

A máquina serve para poupar forças e obter maiores proveitos com menos esforço do homem. Quando um homem trabalha com uma ferramenta e executa, depois de muita aprendizagem, trabalhos perfeitos, é ele *uma verdadeira máquina*.

Com a máquina, o *automatismo* é maior e adquire uma exatidão mais completa, reduzindo o trabalho humano.

Conservou a civilização ocidental os conhecimentos da cultura greco-romana, apesar das invasões de bárbaros e da luta dos primeiros cristãos contra aquela cultura.

Foi nos mosteiros do Ocidente que o desejo de ordem e de poder, *distinto do domínio militar*, manifestou-se mais plenamente.

Aí a ordem reinava como a mais completa disciplina. Foi o *relógio* a primeira grande máquina, inventada e usada nos mosteiros, que teve sua influência decisiva sobre a formação técnica da humanidade ocidental.

---

[1] Lewis Mumford, *Technics and Civilization*. Londres, Routledge & Kegan Paul, 1934, p. 4.
[2] Franz Reuleaux, *The Kinematics of Machinery – Outlines of a Theory of Machines*. Trad. Alexander B. W. Kennedy. Mineola (NY), Dover Publications, 1963, p. 35.

Neles, sobretudo nos mosteiros dos beneditinos, onde imperavam a ordem e a disciplina, realizou-se uma das grandes revoluções que sucedem à revolução cristã.

São os beneditinos em grande parte os fundadores do capitalismo moderno.

O trabalho, que havia sido apresentado como maldito, encontrou neles uma redenção, pois o santificaram.

Em certa época, houve cerca de 40 mil mosteiros de beneditinos na Europa.

O relógio servia não só para marcar as horas, mas também para sincronizar as ações dos homens. No século XIII, nas cidades apareceram os relógios mecânicos.

Com a vitória do cristianismo, a queda do Império Romano e a invasão crescente dos povos bárbaros da Europa, as condições de vida tornaram-se diferentes, como diferentes as opiniões dominantes.

Na cultura grega, predominava o *orgânico*, a vida, que era plenamente vivida, amada, apesar de todo o pessimismo grego. Os romanos também foram, em parte, orgânicos em sua visualização da vida, embora não tivessem aquele sentido tão natural e vital dos gregos.

O cristianismo tirou à vida aquela beleza simples e natural dos helenos. O mundo era um *vale de lágrimas*, o trabalho um castigo, a vida uma preparação apenas para a morte.

Os primeiros cristãos esperavam pelo juízo final que os profetas haviam prometido para próximos dias. Toda a Europa cristã se preparava para a morte.

O Império Romano tombou fragorosamente. O catolicismo dominou a Europa e impediu que os bárbaros destruíssem tudo.

Com o não advento do juízo final, aos poucos, o espírito místico do cristianismo foi sofrendo um refluxo, cada vez maior, e os homens começaram, outra vez, a olhar para a vida e para o corpo com outra atenção.

Este é mais um dos elementos que vão constituir uma das coordenadas do capitalismo e facilitar sua ascensão, como veremos.

Não podiam, porém, os europeus tornar ao espírito simples e orgânico dos gregos.

A carne era já demasiadamente duvidosa, fonte do pecado, para que a exaltassem senão pecaminosamente.

Por isso a penetração do *mecânico*, em vez do *orgânico*, a direção para a máquina, em suma, era o único caminho que se oferecia, acompanhado apenas do desvio do homem para as coisas, já que a visão de si mesmo oferecia o repugnante espetáculo das paixões pecaminosas.

Foi o relógio a máquina-chave da época industrial moderna, e não a máquina a vapor, que, ao sobrevir, já abre o campo a outra fase no terreno técnico.

O relógio é o símbolo mais típico da máquina, pois é a máquina mais importante da técnica moderna, como, também, a que sempre manteve a dianteira na precisão, como o salientou Mumford.

Serviu o relógio de modelo para muitas outras classes de funções mecânicas, permitiu a análise do movimento, os tipos de engrenagens e transmissões e a exatidão da medida.

Ser dono de um relógio foi durante muito tempo o símbolo do sucesso.

"Tempo é dinheiro" é uma das frases mais apreciadas pelos burgueses do século XVIII em diante, quando o relógio atingiu a sua grande perfeição. A vida humana passou a ser regulada pelo relógio.

E a nova ideia do tempo permitiu que se desenvolvesse o conceito da história sob outros aspectos, e o interesse sobre o tempo passado tornou-se tão forte que o Renascimento, em seu aspecto cultural, foi uma tentativa de reviver o que já se dera, o esplendor das antigas civilizações greco-romanas.

Depois da disseminação das populações europeias em consequência da invasão dos bárbaros, com seus castelos, burgos fortificados, com a vida segregada nos mosteiros, o mundo tomara uma feição espacial estreita, limitada. Mas as Cruzadas, vencendo a separação entre o Ocidente cristão e o Oriente muçulmano, permitiram que novas gerações, criadas em ambientes estreitos, empreendessem novas marchas por terras desconhecidas.

A amplificação do espaço emergiu, também, da predisponência oferecida pela ideia nova de tempo. A divisão do espaço, a nova concepção que dele se forma, tem seu início sobretudo nos séculos XV e XVII, graças às descobertas. O espaço não é mais uma hierarquia de valores, mas um sistema de magnitudes. O sentido quantitativo predomina definitivamente. As leis da perspectiva na pintura só poderiam surgir aí.

A relação simbólica entre os objetos é substituída por uma relação visual. A *fase místico-espiritual dos cristãos*, que substitui a *fase orgânica* dos gregos, é agora substituída pela *fase mecânica* do Renascimento. Põe-se o homem à conquista do tempo e do espaço, cujas raízes emergentes vemos surgir no período gótico.

A arte da guerra, de grande importância na economia, tem um sentido de conquista do espaço. Surgem o canhão e o mosquete. Nessa época foram feitos projetos fantásticos para voar, como os interessantes e extraordinários de Leonardo da Vinci. O ritmo do trabalho aumentou, as magnitudes cresceram, a cultura entregou-se ao espaço e ao tempo. Max Weber chamou essa época de "romantismo dos números". Para comerciar e guerrear, os homens baralharam números e "finalmente, à medida que se disseminou o costume, só os números foram tomados em conta".[3]

* * *

Nessa fase é que surge, com Galileu e Da Vinci, uma nova orientação no pensamento, que permite o advento da ciência moderna.

Em vez de procurar saber *por que* um corpo cai, preocupou-se Galileu em estudar *como* caía. O *modo* tornou-se mais imediatamente urgente conhecer-se do que o *porquê*, entregue apenas à filosofia. A ciência iniciava sua marcha num novo campo gigantesco.

* * *

---

[3] Mumford, *Technics and Civilization*, op. cit., p. 22.

Estudando essa época, diz Marx:

> Como no dinheiro está apagada toda diferença qualitativa entre as mercadorias, também ele, por sua vez, apaga, como *leveller* [nivelador] radical, todas as diferenças. Mas o dinheiro é, ele próprio, uma mercadoria, uma coisa externa, que pode se tornar a propriedade privada de qualquer um. Assim, a potência social torna-se potência privada de pessoa privada.[4]

E a medida comum, o denominador comum, o dinheiro, representado pelo ouro, toma um vulto extraordinário e simplifica as relações de troca. A atenção humana é desviada para o "ganho e a perda", e surgem grandes banqueiros, como os Fugger.

* * *

Não podiam os cristãos, nos primeiros séculos do cristianismo, emprestar dinheiro com juros. No entanto, a Reforma Protestante o permitiu e, além disso, os judeus, não sujeitos a essas restrições, faziam grandes negócios com empréstimos a juros. Esses elementos são importantes e vão constituir as coordenadas do capitalismo moderno que, conjugadas com as anteriores, formam as condições concretas das grandes transformações que a economia começa então a sofrer. Por outro lado, protestantes, como Calvino, julgavam que a vitória no mundo dos negócios era uma manifestação da graça divina. Os homens que venciam, que aumentavam seu pecúlio, eram agraciados por Deus, o que significava uma reviravolta importante nas restrições que os católicos ainda faziam.

* * *

---

[4] Karl Marx, *O Capital – Crítica da Economia Política*. Livro I ("O processo de produção do capital"), seção I ("Mercadoria e dinheiro"), cap. 3 ("O dinheiro ou a circulação de mercadorias"), § 3 ("Dinheiro"), tópico A ("Entesouramento"). Trad. Rubens Enderle. São Paulo, Boitempo Editorial, 2013, p. 222-23 (ePub).

1. A ECONOMIA, A TÉCNICA E A HISTÓRIA

Vemos, assim, que essa época marcava a predominância do *quantitativo*. Essas palavras de Kepler, em 1596, são bastante significativas:

> Assim como o ouvido é feito para perceber o som e o olho para perceber a cor, a mente do homem foi formada para compreender, não todas as classes de coisas, mas quantidades. Quanto mais se aproxima uma coisa, quanto à sua origem, das quantidades nítidas, com tanto mais clareza a percebe a mente, e, à medida que uma coisa se afasta das quantidades, aumentam nela, em proporção, a obscuridade e o erro.[5]

O capitalismo tornou-se racional, portanto quantitativo. Porque o mercador pesa, mede, compara, conta.

A razão é a função do espírito que mede, pesa, conta e compara. O racionalismo empirista da escolástica, o platônico, o aristotélico, o tomista, são sucedidos pelo racionalismo abstracionista da filosofia moderna.

O mercantilismo e as trocas mais constantes entre as partes tinham de predispor a formação das grandes nações, já sob outro aspecto. Os mercadores, que iam e vinham do Ocidente ao Oriente, formaram outra coordenada que constituiria os fundamentos da nossa era.

Grandes mercadores eram, também, experimentadores na ciência física, como os fundadores da Royal Society de Londres.

Se os hábitos abstratos do pensamento, os interesses pragmáticos e as estimações quantitativas prepararam o ambiente do capitalismo, não foram, porém, os únicos, como já vimos.

O desenvolvimento técnico influiu sobre o capitalismo como o capitalismo sobre a técnica.

Se a indústria necessitava de grandes capitais e tendia a crescer, graças à mecanização, o comércio oferecia, também, possibilidades de grandes lucros. A economia fechada, que então predominava, abria-se agora, procurava

---

[5] Apud Mumford, *Technics and Civilization*, op. cit., p. 25.

mercados, matérias-primas. Os mercadores, trazendo novos materiais da Índia e das Américas, permitiam que se desdobrassem novas possibilidades.

A máquina foi aproveitada, não para estimular o bem-estar social, mas para *aumentar lucros*, e em benefício das classes dominantes.

A máquina, assim, trazendo em si esse interesse privado, era desvirtuada.

As virtudes da máquina não são devidas ao capitalismo. A este se devem muitos dos seus males.

Convém que se note desde já um ponto importante: o capitalismo existiu em outras épocas, mas com *técnicas diferentes*.

A técnica permitiu que o capitalismo ocidental tomasse essa feição que conhecemos.

A técnica não depende do capitalismo, portanto, como julgam tantos, e entre eles Marx, que escreveu as páginas mais entusiastas sobre o capitalismo. E tudo isso, aos poucos, iremos abordando para que se esclareça bem.

O mundo, para o homem religioso ocidental, não era apenas a realidade que *aparecia*. Havia *outra-realidade*, atrás dessa.

As coisas permitiam que se vissem as intenções de Deus e o mundo era demasiadamente insignificante para ser valorado em demasia. A visão era mística, porque o que se via era menos do que era. Só a valorização da visão natural e a libertação do misticismo dos números valorativos como 3, 4, 7, 9, 12 poderiam permitir à ciência formar-se sob uma base realista.

Nesse ponto, o papel dos artistas do Renascimento, e antes até, é importantíssimo, e deve ser considerado uma das coordenadas da economia moderna. Quando os jovens estudantes, em pleno século XIII, faziam perguntas e desejavam conhecer as condições do globo, eram criticados pelos mestres religiosos, apegados mais à teologia e às explicações religiosas.

Os estudos sobre o corpo humano, o qual se pode, sob certo aspecto, considerar uma grande máquina, o desenvolvimento da anatomia e da fisiologia, a ânsia de conhecer o mundo, os animais, sua forma de vida, enfim, o conhecimento intensivo e extensivo da natureza, permitiram a Da Vinci, por exemplo, construir tão maravilhosos inventos. O desejo das descobertas, as grandes aventuras atiçavam o espírito humano ao conhecimento das coisas, e não ao da divindade.

Note-se que a máquina começou por imitar a vida, os homens e os animais. As primeiras tinham representações animais; só depois, com o desenvolvimento da técnica e já em nossos dias, é que ela tomou esse aspecto puramente mecânico, que hoje conhecemos.

* * *

Por não serem as máquinas mais feias e repulsivas que o corpo humano, tão desprezado pelos religiosos, estes não a combateram, apesar de se encontrarem na Crônica de Nuremberg, em 1398, frases como esta: "mecanismos em roda que realizam estranhas ações e trabalhos procedem diretamente do diabo".[6] Mas, nos mosteiros, entre os beneditinos, por exemplo, as máquinas eram construídas.

Teve a máquina seu maior desenvolvimento nos mosteiros, nos campos de batalhas e nas minas, e o menor entre os camponeses, por serem mais conservadores.

Não se deve considerar o papel do protestantismo na formação do capitalismo ocidental como o predominante, mas apenas como um dos fatores coordenados, como já vimos. Citemos Mumford:

> A vida, em toda a sua variedade sensual e sua cálida delícia, foi excluída do mundo do pensamento protestante: o orgânico desapareceu. O tempo era uma coisa real: aproveite-o! O trabalho era uma coisa real: pratique-o! O dinheiro era uma coisa real: economize-o! O espaço era uma coisa real: conquiste-o! A matéria era uma coisa real: meça-a! Essas eram as realidades e os imperativos da filosofia da classe média.[7]

---

[6] Apud ibidem, p. 36.
[7] Ibidem, p. 43.

A mecanização cresce nas coisas e no espírito. O *orgânico* dos gregos e o *espiritual místico* dos primeiros cristãos são reduzidos agora ao *mecânico*. Não era possível ao homem, imbuído pelas máximas do cristianismo, duvidoso da carne pecaminosa, voltar aos gregos. O Renascimento foi, assim, um grande equívoco. E ele não voltava, ele apenas justificava, através da arte, uma nova visão da vida que não era mais orgânica, pois procurava até no orgânico apenas o aspecto mecânico.

Tomava em tudo "fins práticos".

* * *

São muito expressivas estas palavras de Galileu, que abaixo reproduzimos:

> Tão logo formo o conceito de uma substância material ou corpórea, simultaneamente sinto a necessidade de imaginar que ela possui limites de um formato ou de outro; que em relação com outras substâncias é demasiado grande ou pequena; que está neste ou naquele lugar, neste ou naquele tempo; que está em movimento ou em repouso; que toca, ou não toca, outro corpo; que é única, rara ou comum; e não me é possível, mediante um ato de imaginação, desassociá-la dessas qualidades. Mas não me encontro absolutamente obrigado a apreendê-la como se estivesse necessariamente acompanhada por condições tais que a façam ser ou branca ou vermelha, ou amarga ou doce, ou sonora ou silenciosa, de odor ou agradável ou desagradável; e, se os sentidos não tivessem destacado essas qualidades, a linguagem e a imaginação, por si sós, jamais teriam podido descobri-las. Portanto, creio que esses gostos, odores, cores, etc., com respeito ao objeto no qual parecem residir, nada mais são que simples nomes. Só existem no corpo sensível, pois, quando se suprime a criatura viva, todas essas qualidades desaparecem e são aniquiladas, ainda que nós lhes tenhamos imposto nomes particulares, e seria difícil nos convencermos de que, na realidade, elas existem. Não creio que exista nada nos corpos

externos para excitar os gostos, os odores, os sons, etc., exceto o tamanho, a forma, a quantidade e o movimento.[8]

Está aí sintetizado o sentido quantitativo que tomaria essa fase mecânica, a qual começa hoje, por uma imperiosidade de fatores conjugados, a ser substituída, como veremos adiante.

* * *

Grandes inventos foram realizados nessa época, como, também, grandes antecipações foram propostas. Vejamos estas palavras de Roger Bacon:

> Mencionarei agora algumas obras de arte maravilhosas e também algumas obras maravilhosas da natureza, nas quais nada há de mágico e que esta não poderia realizar. Podem fazer-se instrumentos graças aos quais os maiores barcos, sendo guiados por um só marinheiro, viajarão mais rapidamente do que se tivessem a bordo uma grande tripulação. Poder-se-ão construir carros que se trasladarão com incrível rapidez, sem a ajuda de animais. Talvez se construam aparelhos para voar nos quais um homem, sentado com toda a comodidade e meditando sobre qualquer tema, possa bater o ar com suas asas artificiais, tal como o fazem os pássaros [...] e também máquinas que permitirão aos homens caminhar no fundo dos mares ou dos rios, sem embarcações.[9]

---

[8] Apud ibidem, p. 48.
[9] Apud ibidem, p. 58.

2. O desenvolvimento da técnica

Não se pode deixar de considerar a técnica mais primitiva, o emprego de objetos modelados pela natureza, pedras, conchas, para transformá-los em utensílios e, com eles, cavar, partir, martelar, fiar e modelar, até, os utensílios de acordo com o que exigiam as necessidades e as habilidades do artesão.

Acidentes felizes, como o do fogo, e posteriormente o do vidro, permitiram transformações importantes do ambiente material. O uso do ferro meteórico, o emprego de fios cortantes, que têm certas conchas, são descobertas humanas.

A linha de desenvolvimento da civilização humana encontra-se nos vales, aproveitando os caminhos naturais dos rios ou à beira do mar.

O trabalho nas minas é um dos mais primitivos e tecnicamente, ainda em nossos dias, é em geral realizado por meios igualmente primitivos.

A necessidade de alimentos obrigou o homem a caçar, perseguir a caça, golpeá-la, firmar o olhar, ser hábil na construção de armadilhas, invadir, na perseguição dos animais, regiões de outros, e com eles ter conflitos constantes. Nas selvas, aprendeu a tornar ocas as árvores e transformá-las em canoas, inventou o arco e a flecha, os mais eficazes dos instrumentos primitivos; inventou os dispositivos para fazer o fogo, cortou as árvores, inventou a roda. Ao derrubar as árvores, deixou cair sementes no chão e com elas descobriu a agricultura. Nos campos, criou cabras e vacas, e inventou as formas primitivas do fuso e do tear.

A ordem e a segurança das culturas agrícolas, e da pastoril, representam o progresso mais importante observado no período neolítico. A estabilidade procurada permitiu que surgissem a vivenda, a comunidade permanente, uma vida de cooperação e social, e, posteriormente, os mercados, o intercâmbio.

Esses elementos da cultura primitiva nunca estão num equilíbrio completo. São o lavrador e o pastor que ocupam as posições mais importantes, e é a agricultura que oferece as modalidades principais da vida, tanto na religião como nos conhecimentos da época.

As culturas de lavradores sofriam com os ataques vorazes dos caçadores e pastores, que dilatavam seus territórios de caça e, em fases mais adiantadas, começaram a exigir tributos e a exercer o domínio sobre tribos inteiras.

O primeiro utensílio eficiente parece ter sido uma pedra tomada pela mão humana e transformada em martelo.

O sílex era comum no norte da Europa. Ao partir-se apresenta fios cortantes e, por isso, foi aproveitado. Com a ajuda do corno de rena e pedras, extraía o homem o minério e o sílex e, com o tempo, o martelo alcançou sua forma perfeita atual, no fim do período neolítico.

Oferece a indústria mineira, desde os tempos primitivos, grandes sugestões para a formação das ideias humanas, mas tais aspectos, que ultrapassam o âmbito deste livro, não poderão ser examinados aqui.

O trabalho nas minas é o mais penoso que se conhece. Os riscos são numerosos; os desastres, quatro vezes mais numerosos que os de qualquer outra profissão. O mineiro vive num mundo estranho, de umidade, sombras, falta de ar, perigos. Não tem cores, luz diurna, formas, mas apenas matéria bruta, informada, terrivelmente a mesma.

Em suas fases primitivas, procurava o imprevisto, a fortuna que poderia surgir de um momento para outro, ou na maior parte das vezes o malogro.

As gerações de mineiros formaram uma psicologia toda especial.

Com as descobertas já em nossos dias de uma maquinaria complicada de bombear água, ventilar a mina, com o aproveitamento da energia hidráulica para acionar os grandes fornos, tornou-se necessário o emprego de capital de que não dispunham os primeiros trabalhadores.

Dessa forma, grandes capitais particulares começaram a ser aplicados na indústria da mineração, oferecido por patrões que não tomavam parte no trabalho, os quais, com o decorrer do tempo, foram se apropriando plenamente da propriedade da mina, e transformando os antigos patrões trabalhadores em meros assalariados.

No século XV, dá-se na Europa um grande desenvolvimento da indústria mineira que, desde então, prosseguiu em ascensão, o que agudizou a luta de classes. O desenvolvimento da indústria mineira atraiu o emprego de grandes capitais, graças aos lucros fabulosos que oferecia, levando, também, à conquista de outros territórios para explorarem as jazidas mineiras, provocando guerras de conquista.

Se considerarmos que a mineração é a base das guerras modernas, e que para manter exércitos são necessárias novas jazidas de mineral, vemos que os ciclos das guerras modernas são um verdadeiro círculo vicioso: precisam de minas para fazerem a guerra, e fazem guerras para terem as minas.

E como a guerra realiza um consumo completo, porque é um consumo total, é ela antieconômica, e tem custado mais males à humanidade do que benefícios, tanto para os vencidos como para os vencedores.

Empregaram os homens nas guerras esforços combinados e reservas que, se fossem utilizadas para benefício do homem, não para a sua destruição, outro seria o panorama da vida humana.

Embora seja uma verdade tão simples, não é facilmente compreendida nem aceita, por um lado, pela influência dos interesses criados e, por outro, porque, dizem alguns, a guerra estimula a criação de novos inventos.

Um estudo, porém, conscienciozo mostrará que grandes inventos não foram criados propriamente pela guerra, mas sim guardados para ela, para os momentos oportunos, por aqueles que nela tinham interesses diretos.

O mineiro primitivo trabalhava para enriquecer; o seu espírito impregnou o capitalismo e, assim como este, sua concepção do valor é também meramente quantitativa.

Entretanto, a conquista do ambiente por meio de máquinas se deve à ação do madeireiro. A madeira presta-se à manipulação e foi por isso o elemento que exerceu mais influência e a matéria-prima por excelência da produção. O aproveitamento da madeira e das condições oferecidas pelas árvores serviu para os empregos mais diversos. Por ser um material dúctil, por se prestar a uma grande variedade técnica, foi possível construir não só instrumentos de trabalho, mas também casas, pontes primitivas, defesas, estacas e combustível, o que permitiu um desenvolvimento da técnica.

Os primeiros tornos foram feitos de madeira.

* * *

Grande é o papel que teve a pilhagem na história. A pilhagem foi um dos meios de poupar trabalho e a guerra permitiu obter mulheres, obter poder, sem o uso de inteligência. Ante estas possibilidades, o caçador, à proporção que se desenvolvia, transformou-se em conquistador sistemático à procura de escravos, pilhagem, poder, terminando por fundar um estado político com o monopólio do poder.

O desenvolvimento da guerra foi dando, aos poucos, uma superioridade ao soldado, e, pelo progresso técnico, a sua capacidade de matar foi aumentada. Os povos agrícolas e pastoris, não cavaleiros, são em geral pacíficos, desejam a cooperação amistosa, e deles saíram os grandes pregadores da paz e da cooperação entre os homens, como Moisés, Confúcio, Jesus, etc.

O desenvolvimento da guerra forçava um desenvolvimento da técnica, e esta, por seu turno, a própria guerra.

Os primeiros altos-fornos construídos na Europa foram destinados às fundições e à manufatura de material de guerra.

A primeira grande indústria organizada foi precisamente a da guerra.

Como a guerra e o exército são consumidores totais, e oferecem maiores lucros às indústrias, como vemos exemplos extraordinários na história, provocaram a construção das grandes fábricas de armas, realizadas por Colbert na França, as de Gustavo Adolfo na Suécia e as de Pedro, o Grande, na Rússia, onde uma única fábrica empregava quase 700 trabalhadores. Pode-se dizer que a primeira produção em série, organizada tecnicamente, se deu na fábrica de material de guerra.

Tais fatos vêm salientar a *pilhagem* como fator da história, por oferecer ela a aquisição de uma soma maior de bens à custa de outros, com um menor emprego de esforços.

Se nos recordarmos de que Luís XIV tinha um exército de 100 mil soldados, e que o exército é um grande consumidor, cujo consumo não é reprodutivo, podemos imaginar que procura extraordinária de mercadorias estandardizadas ele exigia.

As necessidades individuais dos gostos eram postas de lado para atingir-se a uniformização, o que tinha fatalmente de levar à criação de uma indústria em série, já que o exército é um consumidor ideal, que tende a reduzir a zero o produto, e, sendo todo-poderoso em suas exigências, foi ele, por seu imenso desgaste, o estimulador da indústria moderna.

Se observarmos, também, a psicologia do militar, se considerarmos as obtenções e as cruezas bestiais dos campos de batalha, os excessos praticados após as vitórias ou as batalhas, a exacerbação do erótico, o gasto descontrolado, o luxo, tudo isso teria de provocar uma ampliação da produção.

Num campo de batalha não se fazem restrições ao consumo. No decorrer da Idade Média, os senhores feudais e os grandes chefes militares procuraram, por todos os meios, aumentar o seu poder à custa dos outros.

Tal prática levou os imperadores a centralizarem o poder num poder superior, decorrendo daí a formação das cortes. Estas, pela necessidade da magnificência, capaz de impressionar os menores, foram levadas ao uso de um luxo desmedido. Os que se deixaram arrastar por esse plano inclinado do luxo acabaram por gastar mais do que podiam, comprometendo seus bens junto aos grandes banqueiros e mercadores, de quem obtinham empréstimos, terminando por se empobrecer.

A consequência foi a decadência da classe dominante e o domínio econômico de uma nova classe detentora do capital que, no século XVIII, já senhora do campo econômico, tornou-se finalmente senhora no campo político, cujo símbolo é a grande Revolução Francesa.

Já havia a aristocracia, levada pelo luxo, se relacionando, por meio de casamento, com os mercadores e fabricantes.

Com a vitória econômica e política da burguesia, esta transformou a classe aristocrática em subserviente, e permitiu que ela existisse enquanto não a prejudicou.

Acostumados ao luxo e ao consumo exagerado, a vitória da burguesia trouxe como consequência um aumento exagerado do consumo e da produção, do que em parte se aproveitaram as classes inferiorizadas.

3. A eotécnica

Foi Patrick Geddes quem dividiu as fases da técnica em três, partindo das análises de Kropotkin: a *eotécnica*, a *paleotécnica* e a *neotécnica*.

Na realidade, Geddes estudou as duas últimas, tendo deixado de lado a fase preparatória anterior a elas, que Mumford chamou de eotécnica, palavra formada de *eos*, que em grego quer dizer aurora, enquanto *páleos*, em grego, quer dizer antigo.

Essas três fases são sucessivas, mas superpõem-se uma à outra, isto é, estamos hoje, nos países mais civilizados, na neotécnica, mas ainda perduram elementos da eotécnica e da paleotécnica.

Cada fase tem sua origem em regiões determinadas, e apresenta a tendência de aproveitar matérias-primas especiais.

> Cada fase [...] tem sua origem em regiões determinadas, e apresenta a tendência de empregar certos recursos e matérias-primas especiais. Cada fase tem seus meios específicos de utilizar e gerar energia, e suas formas especiais de produção. Finalmente, cada fase traz à existência tipos particulares de trabalhadores, treina-os de maneiras determinadas, estimula certas aptidões e desencoraja outras, e se baseia em, e posteriormente desenvolve, certos aspectos da herança social.[1]

Há exemplos que são claros: as penas de ganso são um produto da eotécnica; a pena de aço, da paleotécnica; e a caneta-tinteiro, da neotécnica.

---

[1] Lewis Mumford, *Technics and Civilization*. Londres, Routledge & Kegan Paul, 1934, p. 109-10.

A *eotécnica*, quanto à energia e aos materiais característicos, é um complexo de água e madeira; a *paleotécnica*, complexo de carvão e de ferro; e a *neotécnica*, um complexo de eletricidade.

A chamada *biotécnica* será a época da energia atômica, e outras energias a serem descobertas e controladas.

A eotécnica, no Ocidente, conheceu o momento mais alto no período compreendido entre o ano 1000 e o ano 1750.

Durante esse período foram aproveitados os problemas e as sugestões técnicas de outras civilizações, quando foram ideados os principais inventos, que condicionaram o desenvolvimento da maquinaria.

Os trabalhos de Leonardo da Vinci, de Galileu, entre outros, mostram os pontos altos dessa época.

Foi um momento grandioso, apesar de seus malogros políticos, que realizou todo o grande arcabouço da arte e da filosofia dessa época.

Do ponto de vista sociológico, o Renascimento não foi a aurora de um novo dia, mas sim seu crepúsculo, afirma Mumford.[2]

No terreno sociológico, o sentido orgânico dos gregos e dos romanos fora substituído pela direção espiritual-mística do cristianismo.

Com o Renascimento, há um desejo de retorno ao orgânico, mas isso é já impossível, porque a vida e o mundo estavam irremediavelmente modificados pela visão cristã.

Deu-se o inevitável: retiraram do orgânico helênico apenas seu aspecto *quantitativo*, o *mecânico*, que encerra o movimento, o dinamismo; não, porém, o vital.

As artes debilitaram-se, e as artes mecânicas tiveram seu maior desenvolvimento.

O homem diminuiu no sentir, mas aumentou no poder.

Tivemos nas eras anteriores da eotécnica, e durante a primeira fase desta, o emprego da força física, exclusivamente do homem, livre ou escravo, e a dos animais.

---

[2] Ibidem, p. 112.

Eram esses os geradores e produtores da energia. No artesão, temos o exemplo dessa fase, em que se une a habilidade humana aos instrumentos de trabalho.

O período eotécnico mostra um aumento da utilização do animal para a produção da energia. A introdução da ferradura de aço nos cavalos, aumentando o seu poder de tração, favoreceu um maior rendimento, bem como o aproveitamento do arnês, no século X, já conhecido dos chineses duzentos anos antes de Cristo, permitiu aos cavalos tirarem pelas espáduas, em vez de pelo pescoço, como era antes.

Foram usados os cavalos para mover os moinhos de trigo e para bombear a água. Com os cavalos, agora aproveitados, a agricultura teve um grande desenvolvimento, permitindo, por seu turno, que se pudessem criar mais cavalos, dadas as possibilidades maiores de alimentação.

Os progressos técnicos mais importantes se deram nas regiões onde os rios são de corrente mais rápida, como em torno do Ródano e do Danúbio, nos arroios da Itália e nas regiões do Mar do Norte do Báltico, açoitadas por fortes ventos. A nova civilização teve aí suas expressões culturais mais felizes.

As rodas hidráulicas, para levar água, foram descritas por Fílon de Bizâncio, no terceiro século antes de Cristo.

No século XIV, o moinho de água era empregado nas fábricas de todos os grandes centros industriais, como Bolonha, Augsburg, Ulm.

Em 1290, o moinho serviu para reduzir os farrapos de panos em uma polpa que se convertia em papel, e foi empregado, também, para acionar máquinas – anúncio das fábricas de ferro –, para serrar madeira, para bater couros nos curtumes, para fiar seda, etc.

Em 1400, foi aproveitado para bombear água nas minas e, nesse mesmo século, se empregaram moinhos de água para triturar minerais.

Graças aos moinhos foi possível fazer foles mais poderosos, alcançar temperaturas mais altas, empregar fornos maiores, aumentando a produção do ferro. Esse aumento da energia e da produção possibilitou a maior difusão das populações e permitiu maior equilíbrio entre as diversas regiões da Europa, e entre a cidade e o campo.

Com a concentração do poder financeiro e político, entre os séculos XIV e XVII, surgiram as grandes cidades de Londres, Amsterdam, Paris, Lyon, Nápoles.

Outra fonte importante de energia foi ministrada pelo vento.

Em fins do século XII, os moinhos de vento propagaram-se rapidamente na Europa. Em 1438, criou-se a primeira turbina de vento, que, no século XVI, teve maior desenvolvimento com os holandeses.

Nesta época se dá o grande desenvolvimento industrial dos Países Baixos, centro de produção de energia, como seria a Inglaterra no regime do carvão e do ferro. Situados numa região batida pelo vento, os moinhos, na Holanda, permitiram um grande desenvolvimento econômico, como também ganharam terra ao mar, evitando as inundações. Estas terras, conquistadas ao mar, depois de extraído o sal, proporcionavam boas pastagens, e eram de grande fertilidade.

Existiam na Holanda em 1836 doze mil moinhos que forneciam uma força motriz aproximadamente de 120 mil cavalos, o que era dez vezes maior que a força motriz de que dispunha a Alemanha na mesma época.

Convém notar que o moinho, depois de construído, dá uma energia sem nenhum custo de produção, o que já não se dava com a máquina a vapor que, no início, era custosa. Por outro lado, os moinhos de vento contribuíam para enriquecer a terra e facilitavam a implantação de uma agricultura estável, enquanto as indústrias mineiras deixavam atrás de si ruínas e vilas despovoadas, além de terras cansadas e de matas derrubadas, devido ao grande emprego da madeira para a construção das galerias.

No século XVIII, a grande produção das indústrias têxteis decorreu da utilização da energia hidráulica.

Benoît Fourneyron criara uma turbina hidráulica de grande eficiência e, em meados do século XIX, construíram-se turbinas de quinhentos cavalos de força (500 hp).

Pode-se concluir que a Revolução Industrial moderna podia ter-se registrado sem a necessidade da extração do carvão.

Já vimos que foi a madeira a matéria-prima da economia eotécnica.

3. A EOTÉCNICA

Se olharmos e examinarmos bem, veremos que quase tudo era feito de madeira. Só no século XV começaram a aparecer as rolhas de cortiça, depois da invenção das garrafas de vidro.

As máquinas empregadas na indústria eram feitas de madeira, como o torno. Mas a necessidade de armaduras, canhões e balas de canhão, e de metais para a guerra, favoreceu o desenvolvimento da arte de mineração.

Foram o vento, a água e a madeira que se combinaram para uma produção técnica importante: a construção de barcos. A arte de navegação desenvolveu-se extraordinariamente, graças aos grandes lucros que oferecia, e não só serviram os barcos para o comércio oceânico, como também para os transportes regionais e locais, graças aos sistemas de canais organizados há muitos séculos na Europa.

A velocidade dos navios também foi aumentada. Outra matéria de grande importância na economia eotécnica, que permitiu empregos dos mais variados, foi o vidro, um descobrimento feito pelos egípcios, ou provavelmente por povos mais primitivos.

No século XII, teve a indústria do vidro um grande desenvolvimento que culminou, no século XIII, com as famosas fábricas de vidro de Murano, perto de Veneza. O vidro mudou completamente o aspecto da vida doméstica, sobretudo nas regiões onde imperavam longos invernos e dias nublados.

O vidro das janelas permitiu uma visão da natureza emoldurada e das suas perspectivas, o que influiu na transformação da pintura do século XV em diante. Com o vidro, deu-se a descoberta das lentes e, em 1615, Hans Lippershey inventou o telescópio, permitindo a Galileu as suas observações astronômicas.

Outro holandês, Zacharias Janssen, inventou o microscópio composto, e provavelmente – de modo independente de Lippershey – também o telescópio.

Essas invenções permitiram estender o macrocosmo e o microcosmo, isto é, o mundo do "infinitamente" grande e o do "infinitamente" pequeno.

Desta forma, a concepção do espaço modificou-se radicalmente.

Com o vidro, a visão tornou-se mais ampla, aumentando o valor desse órgão para o homem. Com o vidro, a química obteve o seu grande progresso, por ser ele um corpo de propriedades únicas, não só transparente, como também não afetável pelas composições químicas.

Além de neutro às experiências, permitiu que o observador as visse com os olhos. Ademais, por ser passível de sofrer temperaturas relativamente altas, é um grande isolador, o que seria importante no século XIX. O vidro facilitou, além da criação da retorta, do frasco de destilação, do tubo de ensaio, do barômetro, do termômetro, das lentes, etc., também, na *paleotécnica*, a formação das lâmpadas de luz elétrica, dos tubos de raio X, etc.

Poderia acaso a ciência desenvolver-se tanto sem o vidro?

O vidro, além disso, permitia que através da luz coada por ele se percebesse melhor o pó que bailava no ar. A necessidade de mantê-lo limpo, para que por ele se coasse a luz, veio trazer um sentido de higiene muito mais alto, e, por isso, "a janela limpa, o assoalho lavado, os utensílios brilhantes são elementos característicos do lar eotécnico".[3]

Grandes ainda foram as influências do vidro, pois dele vem o espelho, oferecendo uma imagem muito mais nítida das feições humanas e desenvolvendo, assim, uma consciência muito mais profunda do eu, do introspectivo, que tanto influiu na obra de Rembrandt e dos retratistas.

* * *

A centralização que se verificava nessa época permitiu uma monopolização do poder das corporações e, também, do monarca absoluto, e as ideias de uma harmonia universal surgiram então, por encontrarem um campo mais favorável.

Já vimos quanto deve a eotécnica ao relógio, mas outro invento veio permitir uma transformação imensa nas condições do mundo eotécnico: foi a imprensa, que desenvolveu uma série de outras indústrias, como a do papel. A imprensa permitiu o desenvolvimento da cultura e da educação e, consequentemente, das necessidades humanas, fatores da produção, porque exigem ser satisfeitas.

---

[3] Ibidem, p. 128.

3. A EOTÉCNICA

Grandes problemas surgiram na eotécnica, devido às lutas das corporações contra os monopólios capitalistas, que cavavam cada vez mais um abismo entre os patrões e os trabalhadores.

A máquina, em vez de colaborar para o progresso da humanidade, vinha aumentar a exploração humana.

O operário era obrigado a um excesso de trabalho e a vender a sua força de trabalho, porque lhe faltavam os meios materiais para produzir mercadorias.

É no fim desse período, já no século XVIII, que termina o sistema corporativo e começa o do *trabalhador assalariado*.

A indústria atingia um grande progresso mecânico, mas retrocedia o respeito quanto ao homem. A agricultura especializava-se e a divisão do trabalho foi aplicada a ela.

O trabalho perdia na liberdade, restando-lhe apenas colonizar novas terras ou, então, converter-se numa máquina.

O século XIX agravou ainda mais essa degradação, criando a angustiosa situação por que passa a humanidade moderna.

A energia, na eotécnica, não se desvanecia em fumo nem tampouco em produtora de rápido desgaste. Com ela, a Europa encheu-se de bosques amplos, povoações e jardins, cidades solidamente construídas com ordem e beleza. Centenas de canais cortaram os campos europeus, os artefatos tinham boa qualidade e eram duráveis e, para os 365 dias no ano, tinham os homens cem dias de descanso.

Com a eotécnica, a arte atingiu os seus pontos mais altos, o refinamento dos sentidos foi o maior.

Ainda era humana a eotécnica porque tinha fins humanos.

Vamos agora entrar nessa época suja, de fumaça e de carvão e de desgastes, que é a *paleotécnica*.

* * *

A Revolução Industrial, em meados do século XVIII, transformou o modo de pensar, assim como os meios de produzir e as maneiras de viver.

Entrou-se num período de crescente *quantificação* da vida e os êxitos foram, desde então, medidos apenas pelo *quantitativo*.

De 1760 em diante, os inventos se sucedem. A nova fase técnica tem lugar na Inglaterra. Nesse país, o regime eotécnico deitara poucas raízes. Por isso foi fácil aceitar a nova fase.

A Inglaterra era um país atrasado economicamente, razão por que não opôs resistência ao novo desenvolvimento da técnica.

A indústria paleotécnica surgiu da derrocada da sociedade europeia e auxiliou a aumentar essa derrocada.

O interesse humano, em vez de dirigir-se aos valores da vida, transferiu-se para os valores pecuniários. Surgiram novas cidades industriais e a exploração do carvão, como combustível para as máquinas a vapor, era a grande fonte de negócios. As operações eram monótonas e a vida, nessas cidades sujas, era a mais cruel que se poderia imaginar.

Quatorze e dezesseis horas de trabalho eram o comum, e os operários alimentavam-se muito mal.

Os salários, que nunca haviam sido suficientes para manter um nível de vida normal, haviam ainda diminuído com o advento da nova indústria.

Eram tão baixos que não obrigavam os burgueses a melhorar a indústria, porque admitiam lucros espantosos. Colaborava o Estado para manter essa situação, e o empobrecimento dos trabalhadores agrícolas, que vinham aumentar o exército dos que necessitavam de trabalho, contribuía, também, para que os salários fossem cada vez mais baixos.

Além disso, a natalidade foi extraordinária. Tal fato tem sido mal explicado e as razões oferecidas não satisfazem.

Mas é aceitável compreender que muitos fatores influíram.

De um lado, a vida de misérias do proletariado, que procuraria uma evasão prazenteira ao desprazer da vida na fábrica ou na mina. E o amor sexual era um recurso para esquecer naquele instante, ao menos, a tortura da miséria espantosa dessa fase da paleotécnica.

(Estudos modernos comprovam que a natalidade *cresce* com certo crescimento da miséria.)

Com o amor, vieram os filhos. Mas estes, com o tempo, serviam para ajudar os pais desempregados, porque as crianças, desde os mais tenros anos de idade, iam para as fábricas trabalhar. E trabalhar numa fábrica ou numa mina significava a miséria inevitável. Eram precisos muita sorte e muita astúcia para evitar essa desgraça.

> Aqui está algo quase sem paralelo na história da civilização: não uma queda no barbarismo devida à decadência de uma civilização mais elevada, mas um *sobre-erguimento* [*upthrust*] até a barbárie, apoiado pelas mesmas forças e interesses que originalmente foram direcionados à conquista do ambiente e à perfeição da cultura humana.[4]

A paleotécnica teve seu momento mais alto na Inglaterra, onde o seu espírito ainda perdura. Vemo-lo na China e também aqui, no Brasil.

Vivemos com o espírito da paleotécnica, pois o desejo do *lucro imediato e desenfreado* predomina entre nós, mas, felizmente, em certa parte da indústria, marchamos para a neotécnica.

O que prejudicou o progresso neotécnico brasileiro foi o campo não ter podido acompanhar o mesmo ritmo, o que provocou a vinda de homens famintos para a cidade, que passaram a competir no mercado do trabalho e tiveram os salários reduzidos, o que é característico da paleotécnica.

Na Rússia, onde ainda predomina entre os bolchevistas essa mentalidade, pois o marxismo é uma filosofia para o *proletariado da paleotécnica*, assistimos ao domínio da mesma visão mecânica quantitativista. O povo russo, o *mujique*, conserva a mentalidade eotécnica, que o torna apto a promover uma revolução biotécnica, quando superar o marxismo, retornando à religiosidade

---

[4] Ibidem, p. 154. O grifo é de Mário Ferreira dos Santos.

fraternal do homem das estepes, ao apoio mútuo da *mir* (paz) e às formas de cooperação comungadas afetivamente, o que o policialismo e o conservadorismo bolchevistas não permitem desabrochar.

Note-se que o mecânico encerra o quantitativo e o qualitativo.

Na eotécnica, havia o mecânico, mas *qualitativo*, como já vimos.

Na paleotécnica, estamos no domínio do mecânico quantitativo. Os planos quinquenais russos dão resultados quantitativos, mas falham fragorosamente no *qualitativo*. O povo russo, apesar de haver atingido um alto progresso material paleotécnico, conhece uma das situações mais miseráveis do mundo.

Tal não se dá porque assim o queiram propriamente os dirigentes, mas apenas porque a economia, seguida pelos cânones de Marx, é uma economia quantitativista. Tal visão deformada, veremos, condiciona os gravíssimos erros, pois ali, contrariando todas as ideias de Marx, é mais a política que dirige a economia do que a economia a política.

* * *

O carvão já era conhecido muito antes de Cristo e usado pelos ferreiros, mas em 1709, graças à invenção de Abraham Darby, foi possível a construção de altos-fornos de muito rendimento. Só em 1760 alcançou o invento a sua maior capacidade de produção. É digno de nota que nessa época se desenvolve a grande natalidade na Inglaterra.

O capital financeiro pôs-se a explorar os campos carboníferos, em vista dos lucros espantosos que tal exploração oferecia.

O século XIX é um século da extração do ouro, do ferro, do cobre, do petróleo e do diamante, enquanto o século XVIII iniciara a exploração do carvão de pedra. Com a máquina a vapor e o carvão, podia a indústria pesada conhecer um desenvolvimento extraordinário, e, para diminuir as despesas de transportes, concentrou-se, perto das grandes jazidas carboníferas, a cidade típica da paleotécnica, a cidade-carvão, a cidade suja.

O espírito quantitativo tinha de ser exacerbado e justificado pelas próprias experiências gigantescas.

Decorreram daí a concentração da indústria e o crescimento consequente das fábricas. E como a máquina a vapor exigia uma tensão constante, surgiu a conveniência de se criarem máquinas cada vez maiores.

Esse processo aumentativo, quantitativo portanto, aparecia aos olhos de todos como um progresso, e daí para considerar-se o progresso apenas sob o ângulo *quantitativo* era um passo.

E vieram as máquinas de vapor gigantes, as fábricas gigantes, gigantes granjas de exploração, altos-fornos. O maior substituiu o melhor. Com a invenção das estradas de ferro e do transporte mais barato, grandes massas agrícolas empobrecidas passaram a se transferir para as cidades industriais, aumentando, assim, o mercado do trabalho.

A guerra deu à paleotécnica uma transformação radical. Os grandes fornos permitiram dar mais aço e ferro, e mais barato, aos grandes exércitos, canhões maiores, navios de guerra maiores e mais equipados, e um novo sistema de estradas de ferro tornou possível transportar maior número de soldados para os campos de batalha.

O que é espantoso na paleotécnica é a destruição, o desperdício.

As cidades paleotécnicas, sem sol e sem ar, submissas sob a fumaça das fábricas, das chaminés fumegantes de gases tóxicos, que exerciam uma ação corrosiva sobre os vegetais e sobre a vida humana, mereceram ditirambos de muitos escritores, mas hoje nos causa calafrios a memória dessa época de desperdício.

No século passado, calculou-se que só nos Estados Unidos, por ano, o desperdício atingia duzentos milhões de dólares.

A economia paleotécnica era uma economia de desperdício e de imundície em que até os cirurgiões, para testemunhar a sua longa prática, orgulhavam-se das manchas de sangue e de sujeira dos seus aventais.

Tal fato se dava nos hospitais das classes mais elevadas. Imaginai agora o que seria nos hospitais das classes pobres.

Para ter uma ideia dessa época, e a que ponto levou a degeneração do trabalhador e ofendeu a dignidade humana, basta reproduzir estas frases de Andrew Ure:

> a distribuição dos diferentes membros do aparato em um conjunto cooperativo, compelindo cada órgão com delicadeza e velocidade apropriadas, e, sobretudo, instruindo os seres humanos a renunciar aos seus desordenados hábitos de trabalho e a moldar a si mesmos à regularidade invariável do autômato complexo.[5]

Estas eram as grandes dificuldades que ele notava.

E prosseguia:

> Devido à debilidade da natureza humana sucede que, quanto mais hábil o trabalhador, mais obstinado e intratável ele está apto a se tornar, e, é claro, menos ele é adequado como um componente de um sistema mecânico, no qual, [...] por irregularidades ocasionais, ele pode causar grande prejuízo para o conjunto.[6]

Vemos que os requisitos para a fábrica paleotécnica eram a falta de habilidade, a disciplina miserável e cega, e a supressão de qualquer ocupação optativa. O operário era reduzido, assim, a uma peça do maquinismo; não podia trabalhar senão preso a uma máquina.

A miséria, a ignorância e o temor eram os fundamentos da disciplina industrial. A produção em série impedia ao operário a satisfação que conhecia o artesão independente, que podia deter-se no trabalho quando assim o quisesse. Com a produção em série, tal se tornava impossível e prejudicial.

As grandes greves que se verificaram nesse período tiveram um papel benéfico, maior do que se possa julgar, porque elas obrigaram a melhorias na produção.

---

[5] Andrew Ure, *The Philosophy of Manufactures: or, An Exposition of the Scientific, Moral, and Commercial Economy of the Factory System of Great Britain*. Londres, Charles Knight, 1835, p. 15 apud Mumford, *Technics and Civilization*, op. cit., p. 173.

[6] Ure, *The Philosophy of Manufactures*, op. cit., p. 20 apud Mumford, *Technics and Civilization*, op. cit., p. 173.

Também nunca foram repelidas com tanta energia como nessa época, pela polícia a serviço do capitalista da paleotécnica.

As grandes cidades da paleotécnica mostravam os bairros de miséria mais espantosos que já existiram em qualquer época na humanidade.

A adulteração dos alimentos foi a mais completa e apoiada até nos parlamentos pelos representantes do povo (temos aqui exemplos também).

O álcool fazia estragos terríveis; o sexo degradou-se ao extremo e, nas minas e fábricas, o ato sexual era praticado com a maior brutalidade. Nalgumas minas, as mulheres inglesas trabalhavam nuas e rebaixadas a um grau de indignidade poucas vezes conhecido entre os escravos da Antiguidade. O aborto era frequentíssimo e os mestres de fábricas abusavam das suas condições, pervertendo as jovens. Cresceram os lupanares, mas também cresceram as reações morais. Nunca se combateu tanto o sexo, e os moralistas, que se esqueciam da indignidade da exploração humana, queriam acabar com os efeitos sem procurar acabar com as causas.

A moda desvirtuava totalmente a beleza feminina, deformando-a monstruosamente. E essa época, no entanto, de sujeira, de imundície, julgava-se *progressista*, e acusava a Idade Média de falta de higiene.

* * *

Desejaríamos muito falar da ideia do progresso, esse grande mito da paleotécnica. Mas os limites deste livro permitem-nos apenas chamar a atenção para alguns aspectos, tais como este: a paleotécnica tinha uma concepção apenas quantitativa do progresso, e homens como Ruskin e Nietzsche, que tanto a combateram, foram obrigados a viver na solidão.

A justificação maior da exploração humana fundava-se no postulado da sobrevivência do mais apto, do domínio do mais forte.

A luta de classes assumiu proporções extraordinárias e aguçou-se a ponto de levar aos embates mais sangrentos os trabalhadores do mundo inteiro. Foi durante esses embates que, em Rochdale, na Inglaterra, por ocasião de uma greve, surgiu a ideia, já velha, mas com novas formas, da *cooperação*.

Aquele pequeno punhado de homens, que uniram seus esforços para um bem comum, haviam de semear os elementos de uma nova era, a era da cooperação, a era da biotécnica, em que ingressamos agora, aos poucos, e da qual trataremos, em lugar oportuno.

Foi a paleotécnica a época dos políticos mais sórdidos da história e nunca esta desceu a graus tão baixos. Em nossa política, dominada pelo espírito da paleotécnica, temos esses exemplos, e não devemos esquecer que o sucedido entre nós é consequência desse espírito de lucro desenfreado e de aventureirismo sem peias que a paleotécnica permite emergir e alimenta.

Quando estudarmos analiticamente a economia, veremos quanto o espírito paleotécnico influiu nesta, pois é nesse período que ela se estrutura, porque é nele que o econômico se apresenta mais agudamente aos olhos de todos. Daí a atualização do econômico procedida pelos liberalistas e marxistas.[7]

As interpretações de Marx, imbuídas do espírito paleotécnico, representavam um estudo crítico coordenado do capitalismo paleotécnico – especialmente se considerarmos outras análises dessa época. Mas surgiu depois uma transformação radical, profunda e muito maior do que poderia parecer, com o advento de uma verdadeira revolução na técnica que, aos poucos, irá transformando totalmente o panorama do mundo.

É a *neotécnica*.

---

[7] À análise dialética da Economia, procedemos em nosso livro *Tratado Dialético de Economia*, de próxima publicação. [Editado como *Tratado de Economia*. 2 vols. São Paulo, Logos, 1962.]

4. Neotécnica

Essa época, mais curta que a outra, está sendo substituída, em muitos aspectos, pela biotécnica, a fase prevista por Kropotkin, em que se dará a incorporação do orgânico ao mecânico, a fase verdadeiramente concreta, e que será o começo de uma nova aurora para a humanidade, depois de destruídos, de uma vez para sempre, o espírito e as formas de vida e de exploração paleotécnicas. Estudemo-la:

Essa fase vem das concepções geniais de Bacon, Da Vinci, Galileu, Glanvill e outros filósofos e técnicos do século XVI. Nas obras de Cellini e de Michelangelo, muito já transparecia dessa época. Ainda predominam entre nós as concepções bárbaras da paleotécnica, sobretudo no terreno da luta de classes e das lutas nacionais.

Uma pergunta logo surge: quando se iniciou a neotécnica?

Não teve, propriamente, um início determinado, mas uma série de inventos foram permitindo que ela surgisse e que se modificasse, também, a mentalidade de muitos homens pela atualização do que havia ficado inibido durante o predomínio quase total da paleotécnica.

Os inventos de Fourneyron, de que já falamos, os de Faraday, o isolamento da benzina, que permitiu o aproveitamento comercial da borracha, as descobertas de Volta, Galvani, Ørsted, Ampère, Ohm, o eletromagnetismo, as experiências de Joseph Henry, a pilha elétrica, o acumulador, o dínamo, o motor, a lâmpada elétrica, o espectroscópio e a doutrina da conservação da energia, tudo isso influiu para modificar o panorama da técnica, como salienta Mumford.

Essas invenções, no período de 1875 a 1900, começaram a ser empregadas na indústria, ainda paleotécnica, para influir na sua transformação rápida, apesar das resistências do espírito bárbaro que nela predomina.

A Primeira Guerra Mundial mostra talvez o marco desse início, embora a neotécnica ainda não tenha alcançado o seu apogeu, devido às resistências políticas e aos interesses criados.

Cabe à ciência um grande papel nessa fase. Os trabalhos de um Louis Pasteur, de um James Clerk Maxwell, de um Heinrich Hertz, de um Lee De Forest, de um Niels Bohr, Albert Einstein, Ernst Mach, Max Planck, Thomas Edison, Leo Baekeland, Elmer Sperry, Lord Kelvin, John Mitchell, Michael Pupin, Graham Bell, Josiah Willard Gibbs e de muitos outros, como também dos grandes institutos e universidades, as ações de grandes homens como Werner von Siemens, Sigmund Schuckert, Friedrich Krupp, Carl August von Steinheil, Henry Ford, Samuel Morse, Nikola Tesla, permitiram que novas fontes de energia fossem descobertas, sobretudo as forças eletromagnéticas, cujo aproveitamento transformou totalmente o aspecto do mundo.

Muitas fontes de energia, como a luz solar, ainda não foram aproveitadas senão em fraca intensidade. Mas as quedas d'água tiveram um aproveitamento novo extraordinário, permitindo que países como Holanda, Suécia, Suíça, Noruega e Finlândia se tornassem industriais sem os combustíveis clássicos da paleotécnica, movendo-se da eotécnica para a neotécnica sem passar pela barbárie da paleotécnica, consequentemente atingindo um nível de vida mais alto que os países onde ainda a paleotécnica continua fazendo seus estragos pavorosos. Imagine-se a possibilidade imensa da América do Sul, dotada de um potencial hidráulico extraordinário, ainda não devidamente aproveitado pelos entraves que oferecem obstinadamente a mentalidade e os interesses paleotécnicos.

A transmissão da força permitiu a descentralização. Se as fábricas Ford tivessem de se concentrar, acumulariam elas milhares e milhares, até milhões, de trabalhadores.

A transmissão da força permitiu libertar o homem das concentrações da paleotécnica e das cidades sujas de carvão e fumo.

O proletariado pôde retornar para mais perto do campo e ter possibilidades de uma vida humana e mais saudável.

A higiene nas fábricas pôde ser maior. Os seus planos de organização poderiam ser totalmente modificados, permitindo, também, o aumento da produção que atingiu uma percentagem elevadíssima.

Pequenas unidades de produção podem ser utilizadas por grandes unidades da administração, bem como comunicações mais rápidas, supervisão mais técnica.

Ambientes mais distantes e mais vastos podem ser usados, portanto mais ar, mais luz, mais saúde podem ser alcançados.

Mas o que caracteriza sobretudo a neotécnica é a *luta contra o desperdício*. O aproveitamento dos bens é integral. Enquanto na paleotécnica se envenenavam os rios, os arroios, o ar, a neotécnica limpa, higieniza, porque aproveita tudo. Pequenas oficinas podem ser criadas, e o operário pode deixar de ser apenas uma engrenagem para tornar-se também criador, porque procura-se novamente aproveitar a sua inteligência.

Por outro lado seu esforço é menor, seu trabalho mais leve, mesmo quando automatizado. Dessa forma, a indústria da neotécnica torna-se capaz de fabricar, com 10% de homens de uma indústria tipicamente paleotécnica, uma produção comparativamente muito multiplicada.

Benjamin Franklin já imaginava a organização do trabalho e a eliminação das classes possuidoras, e que seria possível produzir tudo quanto é necessário trabalhando cada operário apenas cinco horas por dia. Hoje, cálculos mais perfeitos mostram que bastariam duas horas, numa produção neotécnica, apesar de terem aumentado os nossos padrões de consumo.

O progresso da química, de 1870 em diante, permitiu um aproveitamento integral, e o desperdício pôde ser anulado. Cresce o número de técnicos; a competência se afirma, novos metais são descobertos e outros são aproveitados para fins industriais, sobretudo os metais leves. Uma série de compostos sintéticos supre o papel, o vidro e a madeira: a celuloide, a vulcanite, a baquelita e as resinas sintéticas, irrompíveis e elásticas, imunes à ação dos ácidos, preparam uma nova era. Graças à eletricidade, o cobre e o alumínio tomam um papel importante. O tântalo, o tungstênio, o tório, o cério, o irídio, a platina, o níquel, o vanádio, o magnésio, o cromo, o selênio surgem para a indústria. O amianto, a mica, o cobalto, o rádio, o urânio, o hélio, o molibdênio começam a ter possibilidades imensas.

Abrem-se as fronteiras, apesar dos nacionalismos extremados e bárbaros. Os inventos novos vão beneficiar os povos de todo o mundo.

A ciência rompe as fronteiras e trabalha para a humanidade.

O amplificador de De Forest e a válvula de Fleming criam possibilidades novas.

Além da fase criadora da química, que continua, temos agora a fase da fisiologia, da biologia e da psicologia. O orgânico retorna para incorporar-se ao mecânico, e inicia-se a preparação de uma nova fase do futuro, a *biotécnica*.

O automóvel e o aeroplano, de 1910 para cá, conhecem progressos extraordinários. A radiotelefonia invade o mundo, a cinematografia cria possibilidades educacionais ainda não aproveitadas pelo entrave do espírito paleotécnico. A câmera fotográfica permite a formação de uma visão nova das coisas e do mundo. A mortalidade decresce, a higiene melhora, a cirurgia realiza milagres e os aspectos mais belos da eotécnica podem novamente encontrar campo para suas plenas realizações. A fertilização dos campos aumenta, a alimentação torna-se mais racional, as habitações melhoram de condições. No entanto, a predominância do espírito paleotécnico na política e na economia não permite que ingressemos em cheio nessa fase.

4. NEOTÉCNICA

Ainda se favorecem as concentrações humanas. Moscou abre subterrâneos para aumentar e facilitar o desenvolvimento ciclópico da sua metrópole. Grandes fábricas, sob as normas da paleotécnica, ainda são construídas.

O liberalismo econômico continua ainda fazendo seus estragos, e as lutas de classe não permitem que os homens atualizem senão ódios e ressentimentos.

Não poderíamos penetrar devidamente o terreno das ideias a serem expostas neste livro se não as precedêssemos com este estudo sintético das ideias de Kropotkin, Geddes e Mumford, que acabamos de fazer.

É natural que a nossa atenção se endereçe sobretudo para o que constrói a nossa época, tão rica de ideias diversas e de tantos embates. O estudo acurado das ideias políticas que germinaram do Renascimento até os nossos dias é inseparável das coordenadas sociológicas, econômicas e históricas, pois são elas, na verdade, campos nos quais se processam diversas relações humanas, que se formam nesse período tão importante da história. Elas nos dizem respeito mais de perto, em face da influência que tais fatos exercem, nesta hora conturbada de nossa vida, em que todos sentem que grandes acontecimentos nos esperam, e nem todos são capazes de guiar-se com cuidado pelo emaranhado de ideias que disputam entre si a primazia e, o que é mais grave, a posse de uma verdade absoluta.

5. Marx e o marxismo

"Semeei dragões e colhi pulgas."
(Karl Marx)[1]

Uma síntese do que constitui propriamente a doutrina marxista nos levaria muito longe. No entanto, aqui, pretendemos apresentar os aspectos mais importantes, suficientes para predispor elementos para a análise dialética a ser empreendida.

Na construção da sua doutrina, Marx sofreu diversas influências do pensamento que lhe antecedera e que se desenvolvia em sua época no setor da história e das ideias sociais.

Reproduzamos a seguir as influências que sofreu Marx, segundo a classificação de Barnes e Becker.

1. Devia a Hegel seu sistema dialético e sua fé na atividade estatal;
2. foi provavelmente nos trabalhos de Lorenz von Stein que encontrou pela primeira vez notícias gerais sobre o socialismo e o comunismo na França e em

---

[1] Mais exatamente, a frase é atribuída ao poeta Heinrich Heine, amigo de Karl Marx. Foi Friedrich Engels quem cogitou, numa carta escrita a Paul Lafargue, genro do autor de *O Capital*, que o sogro do revolucionário franco-cubano poderia empregar os mesmos termos a respeito de alguns dos seus autoproclamados seguidores. Cf. Friedrich Engels, "Carta a Paul Lafargue" (27/10/1890). In: Karl Marx e Friedrich Engels, *Sobre Literatura e Arte*. 4. ed. São Paulo, Global, 1986, p. 37. (N. E.)

outros países; e também é muito provável que tenha encontrado em Stein as ideias da "sociedade civil" e das classes sociais;
3. o materialismo histórico, tomou-o de Feuerbach e, em parte, talvez, de Arnold Heeren;
4. a teoria do trabalho como medida do valor deriva de Ricardo, de Rodbertus e dos socialistas ricardianos;
5. encontrou a doutrina da mais-valia nos escritos de William Thompson;
6. a noção da luta de classes e a necessidade de um levante proletário tinham sido assinaladas nas obras de Louis Blanc, Proudhon e Weitling;
7. Marx recebeu de Sismondi a convicção de que os capitalistas se iriam debilitando pela progressiva concentração da riqueza em mãos de uns poucos;
8. suas ideias acerca da "sociedade primitiva sem classes" derivam, parece, de sua herança hebraica do *mishpat* e de certas teorias sobre os "direitos naturais" – Morgan apenas trouxe uma "confirmação" posterior;
9. pode ter derivado de Johann Karl Rodbertus a tese segundo a qual as crises econômicas recorrentes constituem um aspecto necessário da produção sob o capitalismo;
10. sua fé numa futura Idade de Ouro de caráter quase místico pode ter derivado de suas leituras do Antigo Testamento;
11. por último, embora de modo algum seja o fator de menor importância, suas noções da tática revolucionária derivavam, em parte, de Danton e de outros líderes jacobinos da Revolução Francesa.[2]

Numa carta que escreveu a Joseph Weydemeyer, em 5 de março de 1852, Marx destacava as suas contribuições:

---

[2] Harry Elmer Barnes e Howard Becker (com a colaboração de Emile Benoît-Smullyan), *Historia del Pensamiento Social, I – Historia e Interpretación de las Ideas acerca de la Convivencia Humana*. Trad. Vicente Herrero e Tomás Muñoz Molina. Cidade do México, Fondo de Cultura Económica, 1945.

5. MARX E O MARXISMO

> [...] no que me diz respeito, não é a mim que me cabe o mérito de haver descoberto nem a existência das classes na sociedade moderna, nem a luta em que elas estão envolvidas. Muito tempo antes de mim, historiadores burgueses já haviam estudado o desenvolvimento histórico dessa luta entre as classes e economistas burgueses haviam descrito a sua anatomia econômica. Minha originalidade consistiu:
>
> 1. em demonstrar que a *existência das classes* está ligada a *certas fases históricas de desenvolvimento da produção*;
>
> 2. que a luta de classes conduz necessariamente à *ditadura do proletariado*;
>
> 3. que essa mesma ditadura não representa senão uma transição para *a abolição de todas as classes* e para uma *sociedade sem classes*. [...][3]

Para os críticos antimarxistas, todo esse processo leva a um círculo vicioso. Se as classes surgem de um desenvolvimento histórico da produção e se a ditadura do proletariado implica a formação do Estado, então tende a se instituir uma casta dirigente, que se separa da produção, é fatalmente parasitária e termina por tornar-se uma classe cuja manutenção se processa à custa da mais-valia, realizada através de impostos e contribuições de toda espécie, provocando consequentemente uma nova luta de classes, que levaria a uma nova ditadura do proletariado, que, instituindo-se em forma estatal, geraria outra classe usufrutuária da mais-valia, provocando outra luta de classes e assim sucessivamente. O exemplo russo é demasiadamente expressivo e revela, de forma irretorquível, que a "ditadura do proletariado" se estruturou de modo não previsto nem por Marx, nem por Engels, nem por Lênin, refutando, na prática, o que fora afirmado em teoria.

---

[3] Karl Marx, "36. Marx a Joseph Weydemeyer, a New York". In: Karl Marx e Friedrich Engels, *Correspondance*, vol. 3 (1852-juin 1853). Trad. Gilbert Badia, Gérard Bernhard, Jean Chabbert et al. Paris, Editions Sociales, 1972, p. 79. Cf. também Karl Marx, "31. Marx to Joseph Weydemeyer, in New York". In: Karl Marx e Friedrich Engels, *Collected Works*, vol. 39 (1852–1855). Trad. Peter e Betty Ross. Nova York, International Publishers, 1983, p. 62, 65.

É verdade que os defensores do estatismo russo alegam que as conjunturas históricas, etc. impediram a realização do que fora "cientificamente" previsto por Marx.

Mas os adversários do marxismo respondem: e que valor científico tem essa doutrina que não previu tais conjunturas? Marx, Engels e Lênin acreditaram sempre no deperecimento do Estado, e, no entanto, este aumentou de poder constantemente, fortaleceu-se cada vez mais, em vez de definhar.

Que maior refutação às afirmativas que os fatos?

Na verdade, os marxistas fazem malabarismos espantosos para justificar a imprevisão de Marx e de Lênin. Mas tais justificativas não destroem as afirmativas que estes fizeram. Nunca admitiram a possibilidade do que aconteceu depois. Portanto, exclamam os antimarxistas, Marx e Lênin foram legítimos utopistas. Os fatos vieram comprovar, de maneira irrefutável, que os chamados utopistas que os combatiam eram muito mais realistas que os realistas Marx e Lênin.

Inegavelmente os fatos confirmam a crítica ao marxismo feita antes e durante a Revolução de Outubro.

Esses aspectos importantes serão por nós examinados.

* * *

Não se pode, entretanto, deixar de consignar que a contribuição de Marx a essas teses é verdadeiramente importante. Seria até primarismo desejar atribuir-lhe originalidade, que seria em grande parte desabonadora. Ele não era um *littérateur*, em busca de expressões inéditas. Procurava interpretar os fatos, captar através deles o nexo que apontariam através de sua simbólica e significação. Naturalmente que seu pensamento teria de encontrar precursores, e nisso não há nada a desabonar sua ação. Mas as contribuições pessoais, o rigor de suas análises, discutíveis em grande parte, aceitáveis ou não, obedeciam a certa intenção honesta, filosófica e cientificamente cuidadosa. Se falhou muitas vezes, deve-se mais à precariedade dos fatores conhecidos, aos meios de que dispunha, à deficiência de certos conhecimentos que não adquirira, o que lhe criava óbices a um estudo mais fundamentado.

É digna de menção esta passagem de Gray, grande estudioso da obra de Marx, embora não seja propriamente "marxista". Vejamos:

> Marx [...] sustentava que a revolução e a marcha acumulativa da tecnologia e da ciência eram o modo fundamental do desenvolvimento social, embora tivesse feito uma contribuição valiosíssima à ciência social ao assinalar o significado desses fatores. É uma ironia que os modernos sociólogos, guiados pela ciência natural, destaquem como principal contribuição de Marx ao pensamento do século XIX o que o próprio Marx considerava um apêndice de sua doutrina essencial.
>
> Foi a social-democracia alemã, e não Karl Marx, quem apadrinhou a noção do "determinismo econômico" como lei sociológica completa. A doutrina de Kautsky, equivalente alemão do metodismo inglês, assegurou às massas exploradas que o milênio social havia de produzir-se sem necessidade de nenhum esforço feito por elas, simplesmente pela marcha irresistível dos acontecimentos econômicos. As opiniões de Marx [...] não postulavam esse necessitarismo. Salvaram-no desse defeito político fatal a concepção da dialética e a teoria da luta de classes. Marx [...] cria no poder da vontade humana de forçar o ritmo da mudança social, de produzir uma revolução num lugar de preferência a outro, num momento de preferência a outro. A dialética não é uma filosofia determinista. É uma exposição do módulo geral pelo qual os homens mudam o mundo.[4]

* * *

Embora a teoria do Estado de Marx tenha decorrido da concepção de Hegel, ele não permaneceu na deificação do Estado. Já em sua polêmica com

---
[4] Apud Barnes e Becker, *Historia del Pensamiento Social*, I, op. cit., p. 626.

Arnold Ruge em 1844, no *Vorwärts!*, atacou o socialismo de Estado, e declarou que o Estado era "uma instituição da sociedade" que devia estar subordinada a esta.[5] Tanto Marx como Engels estavam longe de admitir que às funções do Estado coubesse a direção dos "interesses comuns da sociedade". Ideia esta que julgavam absurda e impossível. (Vejam-se, de Engels, a conclusão de *A Origem da Família, da Propriedade Privada e do Estado* e a "Introdução" à terceira edição alemã de *A Guerra Civil na França*, de Marx.)[6]

Em primeiro lugar, a expressão "ditadura do proletariado" não aparece de forma explícita no *Manifesto Comunista*. Há, entretanto, naquele documento expressões tais como "elevação do proletariado [à posição de] classe dominante" e "[o] Estado, ou seja, [o] proletariado organizado como classe dominante".[7]

Foi somente depois da Revolução de 1848 que Marx deu um significado concreto à ideia da "ditadura do proletariado". Foi em *As Lutas de Classes na França*, onde vemos esta frase: "[...] As exigências [de reforma] [...] deram lugar à ousada palavra de ordem revolucionária: *Derrubar a burguesia! Ditadura da classe operária!*".[8]

---

[5] Otto Rühle, *Karl Marx – Vie et œuvre*. Trad. Alexandre Vialatte. Genebra, Entremonde, 2011, p. 76.

[6] Ver Friedrich Engels, *A Origem da Família, da Propriedade Privada e do Estado*. 9. ed. Trad. Leandro Konder. Rio de Janeiro, Civilização Brasileira, 1984, p. 201; Idem, "Introdução à *Guerra Civil na França*, de Karl Marx (1891)". In: Karl Marx, *A Guerra Civil na França*. Trad. Rubens Enderle. São Paulo, Boitempo Editorial, 2011, p. 187-97 (ePub). A conclusão de *A Origem da Família, da Propriedade Privada e do Estado*, da qual fornecemos a referência acima, consiste na verdade em uma citação – bastante abonadora – de *A Sociedade Antiga*, de Lewis Henry Morgan, em que se lê: "chegará um tempo em que a razão humana será suficientemente forte para dominar a riqueza e fixar as relações do Estado com a propriedade que ele protege e os limites aos direitos dos proprietários. Os interesses da sociedade são absolutamente superiores aos interesses individuais, e entre uns e outros deve estabelecer-se uma relação justa e harmônica". (N. E.)

[7] Friedrich Engels e Karl Marx, *Manifesto do Partido Comunista*. Trad. Marco Aurélio Nogueira e Leandro Konder. Petrópolis, Vozes, 2011, p. 65-66. Cf. também ibidem, *Werke*, vol. 4. Berlim, Dietz Verlag, 1959, p. 481.

[8] Karl Marx, *As Lutas de Classes na França – De 1848 a 1850*. Trad. Nélio Schneider. São Paulo, Boitempo Editorial, 2012, p. 26 (ePub).

Já em *A Guerra Civil na França* assinala: "a classe operária não pode simplesmente se apossar da máquina do Estado tal como ela se apresenta e dela servir-se para seus próprios fins".[9]

Daí deduz-se evidentemente que Marx queria destruir a velha máquina e construir uma nova. Quanto à natureza desse estado provisório, assim assinalava, como recorda Max Beer:

> Gradualmente se socializarão os meios de produção, a produção será colocada sobre uma base cooperativa, a educação será combinada com o trabalho produtivo, com o objetivo de transformar os membros da sociedade em produtores. Enquanto dure o período de transição, não pode chegar a funcionar a máxima comunista, "de cada um segundo sua capacidade, para cada um segundo suas necessidades", pois esse período está ainda assinalado em todos os aspectos – econômicos, sociais e intelectuais – com os traços da velha sociedade e "os direitos não podem transcender a estrutura econômica da sociedade e o desenvolvimento cultural por ela determinado".[10]

Só depois desse período transitório chegar-se-ia à sociedade livre, sem classes. É Engels quem a anuncia nessas palavras:

> A sociedade, reorganizando de uma forma nova a produção, na base de uma associação livre de produtores iguais, mandará toda a máquina do Estado para o lugar que lhe há de corresponder: o museu de antiguidades, ao lado da roca de fiar e do machado de bronze.[11]

* * *

---

[9] Karl Marx, *A Guerra Civil na França*. Trad. Rubens Enderle. São Paulo, Boitempo Editorial, 2011, p. 54 (ePub).

[10] Max Beer, *The Life and Teaching of Karl Marx*. Social Studies Series, vol. 2. Trad. T. C. Partington e H. J. Stenning. Londres/Manchester, The National Labour Press, 1921, p. 90-91. O último trecho destacado por aspas é citado por Beer a partir da *Crítica ao Programa de Gotha*.

[11] Engels, *A Origem da Família, da Propriedade Privada e do Estado*, op. cit., p. 196.

Procurar determinar quais as forças motrizes do capitalismo, em seu pleno desenvolvimento, não é encontrar apenas formas simplistas. É preciso investigar mais longe. A "tendência do capital à mais-valia", embora seja exatamente uma força motriz, não é a única nem sempre o ponto central do sistema econômico capitalista. A mais-valia é um simples esquema de relação social. É realmente uma força predisponente de sentido; para tornar-se afetiva exige, entretanto, outros elementos. As forças ativas no curso da história, apresentadas tantas vezes como causais, revelam apenas uma simultaneidade e talvez um efeito. É vício de que há muito deviam ter-se libertado: o de emprestar a qualquer mudança de circunstâncias sociais o papel de causa única do acontecer social.

O grande tema filosófico e científico, também, da teoria de causa e efeito, muito tem perturbado a análise de inúmeros fenômenos. Este tema ainda é atual na filosofia e deve ser examinado profundamente mais uma vez, para que se evitem certos preconceitos da filosofia moderna, que tanto obstaculizam uma nítida visão dos fenômenos que já se apresentam na sociedade.

Já Werner Sombart assinalou muito bem que fenômenos tais como "divisão do trabalho" e a competição são mais efeitos que propriamente causas. Sombart mostra como, por exemplo, a ordem jurídica não determina, não "produz" sempre uma ordem econômica. E citou o exemplo da lei da ordem industrial livre prussiana de 1810 e 1811. Quanto à técnica, de *per si*, não é suficiente. Basta recordarmos certas descobertas, em certos momentos da história, desprezadas e não aproveitadas. Nem o aumento de população gera sempre mudanças econômicas, como se verificou na China e na Índia.

O papel dialético da cooperação dos fatores de emergência e de predisponência, que temos estudado em nossos livros de filosofia, mostra como se dá o processo social que não pode ser visto de ângulos abstratos e primários, sob pena de se falsear a realidade por não se considerarem suas coordenadas. Sobre este tema nos demoraremos adiante.

Seria um grande erro e uma desonestidade negar o papel importante que tem Marx para o pensamento histórico e econômico. Podemos encontrar defeitos e não recusamos atribuí-los à sua obra. Mas é preciso reconhecer de que elementos dispunha em sua época.

Marx fundamentou suas teorias sobre as condições prevalecentes no século XIX. Mas, no século XX, a burguesia modificou muito as suas condições, como já vimos. Seus postulados precisavam ser novamente adaptados a este século. Foi o que tentou Lênin, com relativo sucesso.

Deve-se construir a lógica sobre a natureza, e não julgar-se que se pode construir a natureza sobre a lógica. Os marxistas nem sempre compreenderam essa verdade, e muitas de suas afirmações caracterizam-se mais pelo desejo de torná-las verdadeiras do que por terem sido deduzidas da existência. A dialética necessita, por isso, de novas investigações, apesar de muitos julgarem ter alcançado o fim, a meta do caminho. Este é um dos preconceitos mais ingênuos que conhecemos.

* * *

A interpretação econômica da história exige que expliquemos o conteúdo da ideia econômica, segundo Marx. Para Mikhail Tugan-Baranovsky, se a definição marxista do econômico se estender até incluir a coordenação da atividade humana exercida sobre o mundo exterior, que tem como objetivo a criação de um meio material necessário para a satisfação das necessidades humanas, poderemos incluir naquele até os fatores fisiológicos e os não práticos, incluindo os religiosos, que realmente muitas vezes preponderam no desenvolvimento social.

A dependência dos fatores econômicos pelo homem é variável. Se em certas épocas eles predominam com mais força, não predominam noutras, e encontramos variações da influência de indivíduo para indivíduo, de grupo para grupo. Essa lei conhece portanto uma variabilidade, e se poderá prever, até, a libertação do homem, da vontade do homem, sobre eles.

Por outro lado é preciso salientar que os interesses humanos não são os únicos interesses do homem, e nem sempre os seus antagonismos levam a um antagonismo geral em todo o âmbito social.

* * *

Se os fatores emergentes e predisponentes – *emergentes*: o homem como *biologicamente* constituído, em seu processo bionômico, e como *psiquismo*, como espírito; e *predisponentes*: o homem como ser que se dá num ambiente geográfico (os *fatores ecológicos*), e como membro de uma sociedade (*fatores histórico-sociais*) – são *invariantes* como presença em *tudo quanto o homem realiza*, a cooperação e a reciprocidade entre eles nos explicam a *variância* do acontecer histórico.

Uma visão genuinamente dialética evita as interpretações primárias que, ao caírem na afirmação absolutista de um fator, como o econômico, que é complexo e vário, levam a tomadas de posição apriorísticas, abstratas, perigosas, e pouco dialéticas, que se tornam, afinal, causas de futuros erros maiores.

* * *

Podem muitos admitir que não caiba ao filósofo descobrir a *unidade* do cosmos, mas a ele cabe, pelo menos, *construir* essa unidade: eis uma bela tarefa para a filosofia.

As leis da natureza são "formalidades" por nós captadas, cuja subsistência, existência de *per si*, é tema filosófico. Pode partir-se de que o homem as constrói para dar ao universo uma inteligibilidade.

Quando Marx estabeleceu leis na vida social, procurou apenas construir uma interpretação, um corpo de leis interpretativas, que pudessem explicar a história. Dessa forma, devemos humanizar Marx.

Outros podem afirmar que tal se deveu a precisamente uma sobrevivência atávica da tendência mística de emprestar ao homem de ciência o mesmo caráter do legislador religioso.

A base da dialética marxista consiste em afirmar que as leis dialéticas, isto é, as leis que operam sobre a inteligência humana, são as mesmas dos processos da natureza.

O homem é regulado pelas mesmas leis que regulam sua inteligência.

"As circunstâncias podem ser alteradas pelo homem", afirmava Marx, e nessa afirmativa havia muito de subjetivismo. Lênin, ao criar a teoria do "revolucionário profissional", realmente a sua maior contribuição ao marxismo, pois tudo quanto afirmou de aparentemente novo estava já implícito na doutrina de Marx, prossegue naquele terreno e afasta-se, assim, do fatalismo econômico de Plekhanov, seu mestre e verdadeiro iniciador doutrinário.

É natural que, no ambiente predominante do século XIX, o subjetivismo fosse posto à margem e sujeito a dúvidas. Mas, assim como o subjetivismo de muitos socialistas russos como Lavrov, os Narodnik, Mikhailovski, etc. pecava pelo excesso, pecava também por excesso o fatalismo econômico, que era uma degeneração da verdadeira concepção de Marx.

Na sociedade e no mundo, o homem não é um ser passivo, apenas dirigido pelas forças da natureza. É um ser que pensa, que sente e que quer.

E o sentimento, o pensamento e a vontade são, também, forças dinâmicas que atuam sobre o meio ambiente e determinam sua ação.

Marx, quando afirmou a ação do objeto sobre o sujeito, não negou a ação do sujeito sobre o objeto. Essa interpretação faz parte da doutrina marxista, embora tantas vezes tenha sido esquecida, como tantas outras ideias, por seus epígonos.

* * *

No mundo social, o mais difícil de determinar é a direção. Pode haver antevisões geniais, intuitivas até. Mas, quando as condições são indeterminadas e as possibilidades variam, a direção, quando decretada, está sujeita a imprevistos. Ainda hoje é difícil uma visão total do conjunto social, e mais ainda no tempo de Marx. Decretar uma direção correspondia mais a um desejo do que a uma previsão do amanhã. Se muitas previsões de Marx não se deram, isso é consequência das condições indeterminadas ainda da época.

Ele viu no capitalismo o prólogo do socialismo. Sim, este só poderia sobrevir após aquele. Como nada se cria do nada, o socialismo deveria estar incluído, em germe, naquele. Essa a contradição do próprio capitalismo, que o criava como uma fatalidade. Daí desejar Marx ardentemente o desabrochamento total do capitalismo. Este precisava alcançar sua plena maturidade, atingir sua totalidade, para estancar-se, para conhecer, então, seu fim.

Foi este o desenvolvimento lógico do pensamento de Marx. E se aceitarmos que o socialismo é a decorrente de certas condições sociais determinadas em dado momento histórico, muito de verdade lhe assistia. Nós pensamos diferentemente, porque, para nós, o socialismo é sempre possível.

São os discípulos, muitas vezes, os inimigos dos mestres. Nem sempre por desvirtuá-los, mas por condenarem à esterilidade as primeiras investigações, por tornarem estáticas as doutrinas ou consequências decorrentes das obras. Os epígonos são temerosos de avançar, de aventar novas possibilidades. Vemos isso patentemente no que se refere a Marx. Em sua obra foi um grande interrogador, um investigador, um analisador. No entanto, seus epígonos, com raras exceções, querem condenar sua doutrina à mais absoluta esterilidade.

Reconhecemos na obra de Marx a influência das condições históricas que a geraram. Conhecendo o capitalismo em seus albores, era obrigado mais a deduzir dos fatos o futuro. Dispondo de elementos tão precários, sua obra tinha de sofrer a fatal imperfeição de quem dispõe de parcos elementos.

Por outro lado, não podia libertar-se das próprias condições psicológicas. O crime dos "marxistas" consistiu, e consiste principalmente, em terem procurado esterilizar sua obra, quando lhes cabia continuá-la.

Marx julgou que o capitalismo era um sistema de transição. Estava certo. Equivocou-se, porém, ao julgá-lo mais transeunte do que o foi e o é.

O capitalismo, como sistema econômico, mostrou-se mais rico em novas fórmulas do que parecia aos olhares "históricos" de Marx. Precisava ele ter-se lembrado de que a chance do imprevisto é um elemento com que sempre se deve contar.

As próprias condições imprecisas em que desabrochava o capitalismo não lhe permitiam uma visão maior e mais nítida da realidade futura.

Ele teria caído no imaginativo se tentasse figurar o amanhã, e, de fato, desse imaginativo nem sempre pôde esquivar-se. O impossível não é nunca um argumento de fraqueza para alguém. Humanizar Marx é uma tarefa hoje para seus discípulos; o contrário é que o tem comprometido.

* * *

Pode-se acreditar que do capitalismo surja o socialismo? Que Marx tivesse se empolgado nessa antevisão era mais fruto de seus desejos.

O capitalismo não é uma força criadora de formas que o neguem.

O proletariado é menos revolucionário precisamente nas zonas mais desenvolvidas do capitalismo.

A teorização do socialismo em nosso tempo, e sobremaneira ainda no de Marx, seria sempre uma obra imperfeita, primitiva, eivada de erros, sobretudo pela interpenetração dos conceitos referentes ao domínio das ideias com os correspondentes à realidade.

Que diríamos de alguém que, em pleno século XVI, quisesse teorizar sobre o capitalismo ainda mal esboçado?

Assim como a teorização do capitalismo é obra tardia, possível no crepúsculo de sua vida, a teorização do socialismo não pode preceder a este, mas se fará somente quando o socialismo já conheça sua plena maturidade.

O capitalismo conhecerá o seu declínio ou será vencido pelo socialismo, sem desaparecer totalmente de imediato, mas conhecerá uma lenta agonia depois de sua derrota.

Durante o domínio do capitalismo não desapareceram outras formas de sistemas econômicos; ele não foi o único. O artesanato, a agricultura, conheceram até novos desenvolvimentos.

Talvez o desenvolvimento do socialismo conheça um predomínio e possa viver e desabrochar concomitantemente a outros sistemas econômicos.

São essas perguntas uma verdadeira temática para futuras análises.

6. Marx e Proudhon

Quando Proudhon publicou seu famoso livro *Sistema das Contradições Econômicas ou Filosofia da Miséria*, foi recebido por Marx com entusiasmo.

Nessa época, era Marx proudhoniano, e elogiou a obra considerando-a um trabalho "científico", que honrava o socialismo francês. (Lembremos que ele sempre fez questão, posteriormente, de distinguir o socialismo francês do socialismo alemão.)

Subitamente, porém, lançou seu livro *Miséria da Filosofia*, um panfleto virulento, que se difundiu entre os marxistas, que o leem sem ler a obra de Proudhon, já "totalmente refutada" por Marx.

No entanto, poderíamos aconselhar aos marxistas que a lessem ao mesmo tempo, comparando-a com a de Marx, e veriam quanta coisa interessante acabaria por surgir. É mesmo este um dos pontos mais graves do movimento socialista, um daqueles em que as maiores patranhas perduram.

O afastamento entre os dois socialistas, e o ataque posterior, no entanto, têm sua nítida explicação nas cartas que reproduzimos. Uma de Marx para Proudhon e a resposta deste ao primeiro, ao qual nunca devotou grande simpatia.

A simples leitura destas cartas explica melhor do que se pensa o divórcio posterior e nos mostra o grau de ressentimento de Marx, ante a negativa de Proudhon de acompanhá-lo em seus planos autoritários.

CARTA DE MARX

Bruxelas, 5 de maio de 1846

Meu caro Sr. Proudhon,

Propus-me frequentemente escrever-lhe, desde que saí de Paris; circunstâncias independentes de minha vontade me impediram até agora. Rogo-lhe que creia que o excesso de trabalho, os inconvenientes de uma mudança de domicílio, etc. são os únicos motivos do meu silêncio.

E agora saltemos *in medias res*! Conjuntamente com dois dos meus amigos, Friedrich Engels e Philippe Gigot (os dois em Bruxelas), organizei, com os comunistas e os socialistas alemães, uma correspondência contínua, que deverá ocupar-se da discussão de questões científicas, da vigilância a exercer sobre os escritos populares e da propaganda socialista que se possa fazer na Alemanha por esse meio. O objetivo principal de nossa correspondência será, contudo, pôr os socialistas alemães em contato com os socialistas franceses e ingleses; manter os estrangeiros a par dos movimentos socialistas que se realizem na Alemanha e informar aos alemães, na Alemanha, sobre os progressos do socialismo na França e na Inglaterra. Desta maneira, as diferenças de opinião poderão manifestar-se; poderá chegar-se a uma troca de ideias e a uma crítica imparcial. É um passo que terá dado o movimento social em sua expressão *literária* para desembaraçar-se dos limites da *nacionalidade*. E no momento da ação é certamente de um grande interesse para cada um estar a par do estado dos assuntos no estrangeiro, tanto como no próprio país.

Além dos comunistas na Alemanha, nossa correspondência compreenderá, também, os socialistas alemães em Paris e em Londres. Nossas relações com a Inglaterra já estão estabelecidas; quanto à França, cremos todos que não podemos encontrar melhor correspondente que você: você sabe que os ingleses e os alemães lhe apreciaram até o momento muito mais que seus próprios compatriotas.

Você vê, pois, que se trata apenas de criar uma correspondência regular e de assegurar a ela os meios para seguir o movimento social nos diferentes países, para chegar a um benefício rico e variado, que o trabalho de um só nunca poderia realizar.

Se você quer concordar com a nossa proposta, os gastos de correio das cartas que lhe sejam enviadas, como os daquelas que você envie, serão pagos por aqui, pois as coletas feitas na Alemanha estão destinadas a cobrir os gastos da correspondência.

[...]

Não tenho necessidade de acrescentar que toda essa correspondência exige da sua parte o mais absoluto segredo; na Alemanha nossos amigos devem agir com a maior circunspecção, para evitar comprometerem-se.

Responda-nos logo e creia na amizade muito sincera de

Seu abnegado,

Karl Marx.

P.S. Denuncio-lhe aqui o senhor Grün, em Paris. Esse homem é apenas um cavalheiro de indústria literária, uma espécie de charlatão que quer comerciar com as ideias modernas. Procura ocultar sua ignorância sob frases pomposas e arrogantes, mas apenas conseguiu pôr-se no ridículo, por meio de seu *palavrório*. Além disso é um homem *perigoso*. Ele *abusa* do conhecimento que estabeleceu com autores de renome, graças à sua insolência para construir um pedestal, e compromete-os assim ante o povo alemão. Em seu livro sobre os "socialistas franceses", atreve-se a chamar-se o professor [*Privat Dozent*] de Proudhon, pretende ter-lhe revelado os axiomas importantes da ciência alemã, e *faz piada* sobre seus escritos. Cuide-se, pois, desse parasita. Talvez eu volte a escrever-lhe mais tarde sobre esse indivíduo.

* * *

Aproveito com prazer a ocasião que se me oferece com esta carta para assegurar-lhe quão agradável é para mim entrar em contato com um homem tão distinto como você. Enquanto espero, permita-me dizer-me

Seu abnegado

Philippe Gigot.

*

Quanto a mim, não posso senão esperar que você, Sr. Proudhon, aprovará o projeto que acabamos de lhe propor, e que terá a complacência de não nos recusar a sua cooperação. Assegurando-lhe o profundo respeito que seus escritos me inspiraram, eu sou

Seu mui abnegado

Friedrich Engels.[1]

RESPOSTA DE PROUDHON

Lyon, 17 de maio de 1846

Meu caro Sr. Marx, consinto de boa vontade em tornar-me um dos destinatários de sua correspondência, cujo propósito e organização me parece devem ser muito úteis. Não lhe prometo, contudo, escrever-lhe muito amiúde, nem muito extensamente; minhas ocupações de toda espécie, unidas a uma preguiça natural, não me permitem esses esforços epistolares. Tomarei, também, a liberdade de expor-lhe algumas reservas que me são sugeridas por diversas passagens de sua carta.

Antes de tudo, embora minhas ideias em matéria de organização e de realização estejam, neste momento, pelo menos no que diz

---

[1] Karl Marx, "107. Marx a Proudhon, a Paris". In: Karl Marx e Friedrich Engels, *Correspondance*, vol. 1 (novembre 1835-décembre 1848). Trad. Henri Auger, Gilbert Badia, Jean-Paul Barbe et al. Paris, Editions Sociales, 1977, p. 381-83, grifos no original.

respeito aos princípios, por completo definidas, creio que é meu dever, que é o dever de todo socialista, conservar por algum tempo ainda a forma antiga ou dubitativa; numa palavra, professo ante o público um antidogmatismo econômico quase absoluto.

Busquemos juntos, se você quiser, as leis da sociedade, o modo como se realizam essas leis, o processo segundo o qual chegamos a descobri-las; mas, por Deus!, depois de ter demolido todos os dogmatismos *a priori*, não pensemos, por nossa vez, em doutrinar a população; não caiamos na contradição de seu compatriota Martinho Lutero, o qual, depois de ter derruído a teologia católica, pôs-se logo, com grandes esforços de excomunhão e de anátemas, a fundar uma teologia protestante. Há três séculos a Alemanha tem se preocupado exclusivamente em destruir o remendo de Martinho Lutero; não venhamos a dar ao gênero humano um novo trabalho com novas confusões. Aplaudo de todo o coração seu pensamento de trazer à luz todas as opiniões; façamos uma boa e leal polêmica; demos ao mundo o exemplo de uma tolerância sábia e perspicaz, mas, por estarmos à frente do movimento, não nos tornemos chefes de uma nova intolerância, nem nos apresentemos como apóstolos de uma nova religião; ainda que esta fosse a religião da lógica, a religião da razão. Acolhamos, estimulemos todos os protestos; enfraqueçamos todas as exclusões, todos os misticismos; nunca consideremos uma questão esgotada e, quando tenhamos empregado até o nosso último argumento, recomecemos se for preciso, com a eloquência e a ironia. Com esta condição entrarei com prazer em sua associação; caso contrário, não!

Tenho, também, de fazer alguma observação sobre esta expressão de sua carta: *no momento da ação*. Talvez conserve você ainda a opinião de que nenhuma reforma é atualmente possível sem um *coup de main* ["mão amiga"], sem o que antes se chamava uma revolução, e que afinal de contas não passa de uma sacudida. Essa opinião, que eu concebo, que eu escuso, que eu discutiria de boa vontade, tendo eu a compartilhado por muito tempo, confesso-lhe que meus últimos estudos me fizeram revisá-la completamente. Eu creio que nós não temos necessidade disso para triunfar; em consequência, não devemos apresentar a ação *revolucionária* como meio de reforma social, porque este pretendido meio seria simplesmente um apelo à força, à arbitrariedade, numa palavra, uma contradição. Eu coloco assim o problema: *fazer entrar na sociedade, por uma combinação econômica, as riquezas que saíram da sociedade por outra combinação econômica.* Noutros termos, converter em Economia política a teoria da Propriedade, contra a Propriedade, de maneira como para engendrar o que vocês, socialistas alemães, chamam *comunidade*, e que eu me limitarei, no momento, a chamar *liberdade, igualdade*. Agora, creio conhecer o meio para resolver, em curto prazo, este problema: prefiro, pois, fazer arder a sociedade em fogo lento, antes de lhe dar uma nova força, fazendo uma São Bartolomeu de Proprietários.

[...]

Eis aqui, meu querido filósofo, onde estou no momento; salvo engano, e que, se tal se der, receba eu a férula de sua mão; à qual me submeto de boa vontade à espera de minha *revanche*. Devo dizer-lhe por alto que tais me parecem ser, também, as disposições da classe operária da França; nossos proletários têm tanta sede de ciência que seria mal acolhido por eles todo aquele que lhes desse a beber apenas sangue. Numa palavra, em minha opinião, seria uma má política para nós falarmos como exterminadores; os meios de rigor virão proporcionalmente; o povo não tem necessidade, para isso, de nenhuma exortação.

Lamento sinceramente as pequenas divisões que, segundo parece, existem já no socialismo alemão, e das quais suas queixas contra o Sr. G[rün] me oferecem a prova. Temo muito que você tenha visto esse escritor sob uma luz falsa; apelo, meu caro Sr. Marx, ao seu sentido sereno. G[rün] encontra-se desterrado, sem fortuna, com mulher e dois filhos, sem outra coisa para viver do que a sua pena. Que quer você que explore para viver senão as ideias modernas? Compreendo sua cólera filosófica, e aceito que a santa palavra da humanidade nunca deveria constituir matéria de comércio; mas não quero ver aqui mais do que a desgraça, a extrema necessidade, e desculpo o homem. Ah! se todos fôssemos milionários, as coisas iriam melhor; seríamos santos e anjos. Mas é preciso *viver*, e você sabe que essa palavra não expressa ainda nem de leve a ideia que dá a teoria pura da associação. É preciso viver, quer dizer, comprar pão, lenha, carne, pagar o senhorio; e, assim o creio!, o que vende ideias sociais não é mais indigno do que o que vende um sermão. Ignoro completamente se G[rün] se apresentou como meu mestre; mestre de quê? Eu só me ocupo de Economia política, coisa de que ele não sabe quase nada; considero a literatura um brinquedo para meninas; e quanto à filosofia, sei o bastante para ter o direito de burlar-me dela quando seja ocasião. G[rün] nada me revelou em absoluto; se o disse, disse uma impertinência de que estou certo que se arrepende.

O que eu sei e estimo mais do que censuro, um pequeno acesso de vaidade, é que devo ao Sr. G[rün], assim como a seu amigo Ewerbeck, o conhecimento que tenho de seus escritos, meu caro Sr. Marx, daqueles do Sr. Engels e da obra tão importante de Feuerbach. Aqueles senhores, a meu pedido, quiseram fazer algumas análises para mim em francês (porque tenho a desgraça de não ler o alemão) das publicações socialistas mais importantes e é a seu pedido que devo incluir (o que, de resto, teria feito por mim mesmo), em minha próxima obra, uma menção às obras dos senhores Marx, Engels, Feuerbach, etc. Finalmente, G[rün] e Ewerbeck trabalham para manter o fogo sagrado entre os alemães que residem em Paris, e a deferência que têm para esses senhores os operários que os consultam parece-me uma segura garantia da retidão de suas intenções.

Veria com prazer, meu caro Sr. Marx, que retificasse um juízo produzido por um instante de irritação; porque você estava colérico quando me escreveu. G[rün] me testemunhou o desejo de traduzir meu livro atual; compreendi que essa tradução, precedendo a qualquer outra, lhe daria algum auxílio; ficar-lhe-ia, pois, muito agradecido, assim como a seus amigos, não por mim, mas por ele, se lhe prestassem assistência nessa ocasião, contribuindo para a venda de um escrito que poderia, sem dúvida, com sua ajuda, dar-lhe mais proveitos que a mim.

Se você me quer dar a segurança de seu concurso, meu caro Sr. Marx, enviarei sem interrupção minhas provas ao Sr. G[rün], e creio, apesar de seus aborrecimentos pessoais, dos quais não quero constituir-me juiz, que essa conduta nos honraria a todos.

Minhas saudações aos seus amigos, Srs. Engels e Gigot.

Seu abnegado.

P. J. Proudhon.[2]

O que dizem estas duas cartas é mais eloquente do que se julga. Temos, daí, o início da ruptura no movimento socialista, de tão grandes consequências posteriores.

Daí por diante, o socialismo, que era homogêneo, passa a subdividir-se em três movimentos nitidamente separados:

1. socialismo democrático (trabalhistas, fabianos, socialistas reformados, etc.);
2. socialismo libertário (mutualistas, proudhonianos, anarquistas, etc.);
3. socialismo autoritário, o de Marx.

Essa subdivisão atrasou sem dúvida a eclosão da revolução socialista, esperada para ocorrer em questão de dias no século passado.

A crise aberta no socialismo prosseguiu num crescendo, e hoje essas três correntes se digladiam mutuamente, num encarniçamento extremado. Há mais ódios entre eles do que contra as classes possuidoras, até então combatidas.

E, com isso, o capitalismo respirou. Quanto às consequências desse divórcio, teremos, em breve, oportunidade de falar.

---

[2] Pierre-Joseph Proudhon, "A M. Marx". In: Idem, *Correspondance de P.-J. Proudhon*, vol. 2. Paris, A. Lacroix Éditeurs, 1875, p. 198-202, grifos no original.

Como não caberia neste livro um melhor estudo da luta entre Marx e Proudhon, deixamo-lo para trabalhos posteriores. Mas essa luta tem uma importância muito maior do que julgam os socialistas de hoje. E o importante disso tudo é que as ideias proudhonianas, julgadas pelos marxistas como definitivamente destruídas, conhecem hoje uma ressurreição, embora com outros nomes, marcando um novo destino ao socialismo. Tais ideias, afirmamos, sem poder por ora demonstrar, avassalarão, em breve, todo o movimento social. O marxismo está atravessando uma crise interna, em que as depurações e o autoritarismo excessivo dos seus dirigentes, as ameaças que fazem aos seus adeptos, não são mais capazes de conter a massa que ameaça romper os diques da coesão do partido, a qual é mais uma coesão produzida pela força do que uma força produzida pela coesão.

Outro momento crítico do socialismo foi o rompimento entre Marx e Mikhail Bakunin. Para os marxistas, a batalha foi ganha por Marx, mas os frutos dessa vitória estão amadurecendo e são bem ácidos.

Contemos, pois, essa página da história do socialismo.

Bakunin opusera-se a Marx na Primeira Internacional. Acusava-o de autoritário, e pretendia que se concedesse, ou melhor, se respeitasse a liberdade das organizações operárias. Marx, que pretendia dominar a Internacional, via em Bakunin e em James Guillaume dois inimigos de que era preciso desfazer-se.

Não titubeou em lançar mão de infâmias. Conhecem bem os marxistas a Franz Mehring, que foi o mais famoso biógrafo de Marx. Foi um marxista, sobre o qual nunca puseram dúvidas.

Mas Mehring, em face do fato da expulsão de Bakunin, diz estas palavras, no livro *Karl Marx – A História de sua Vida*:

> Esta cena final do Congresso de Haia era certamente indigna dele. Naturalmente, o congresso não poderia saber que as decisões da maioria da comissão *eram inválidas* por haver entre eles um membro que era um *espião*, e teria sido pelo menos compreensível se se houvesse expulsado Bakunin por razões políticas, como um resultado

> da convicção moral de que era um perturbador incorrigível e sem que pudessem provar documentadamente todas as suas intrigas; *mas que o congresso tenha tentado manchar a sua honra em questões de* meum et tuum *["meu e seu", i.e. propriedade] é algo imperdoável, e desgraçadamente foi Karl Marx o culpado por isso.*³

E depois de relatar todas as misérias dessa página negra do socialismo, termina por dizer:

> [Bakunin] morreu no dia primeiro de julho de 1876, em Berna. Havia merecido uma morte melhor e uma recordação mais leal do que a que recebeu em numerosos, senão em todos, setores da classe operária, em favor da qual lutou bravamente e pela qual tanto sofreu.⁴

Essas palavras são por si mesmas demasiadamente eloquentes para nos mostrar um dos aspectos do caráter do fundador do "socialismo científico".

---

³ Franz Mehring, *Karl Marx – The Story of his Life*. Trad. Edward Fitzgerald. Ann Arbor, The University of Michigan Press, 1962, p. 491-92. Os grifos são de Mário Ferreira dos Santos. Em língua portuguesa, ver: Idem, *Karl Marx – A História de sua Vida*. São Paulo, Sundermann, 2013.

⁴ Mehring, *Karl Marx – The Story of his Life*, op. cit., p. 499.

7. Marx e Engels contra os marxistas

Nos últimos dias de sua vida, ao assistir ao que os seus discípulos faziam de suas ideias, Marx não pôde deixar de exclamar frases como esta: "Se isso é marxismo, eu não sou marxista". Ou, com um olhar magoado, e uma voz que não escondia a revolta: "Semeei dragões e colhi pulgas". E essas "pulgas", exegetas do marxismo, acusavam-se mutuamente de traidores, de falsificadores do pensamento do mestre. Marx viveu, assim, em seus últimos anos, o que monotonamente conhece a história. Não tinha sido ele, também, um epígono de Hegel? E Hegel, se fosse vivo, e examinasse a obra de Marx, não poderia dizer o mesmo: "Semeei dragões e colhi pulgas"?

Marx pretendera superar o mestre, que, na verdade, nunca o fora. No fundo, não havia apenas mal interpretado, como tantos outros, a filosofia hegeliana?

Em *Lógica e Dialética* estudamos essa interpretação, e, em face dos textos de Hegel, mostramos quanto havia de falsificação de sua obra, apreendida por aqueles que se digladiavam, acusando-se uns aos outros de falsificadores, mas todos falsificando, por sua vez, o pensamento hegeliano, que é nítido e claro, apesar das aparentes nebulosidades em que se oculta, como já vimos.

Mas voltemos às sombrias queixas de Marx e de Engels quanto aos marxistas. Vejamos esta carta de Engels a Conrad Schmidt, de 5 de agosto de 1890. Reproduzamos suas palavras:

[...]

Em geral, a palavra *materialista* serve a muitos escritores recentes na Alemanha de simples frase por meio da qual se dá nome a toda espécie de coisas sem estudá-las mais a fundo, pensando que basta colar-lhes esta etiqueta para se resolver a questão. Ora, nossa concepção de história é, antes de tudo, uma diretriz para o estudo, e não uma alavanca que sirva para fazer construções à maneira dos hegelianos. É necessário reestudar toda a história, é necessário submeter a uma investigação detalhada as condições de existência das diversas formações sociais antes de deduzir delas as noções políticas, jurídicas, estéticas, filosóficas, religiosas, etc. que lhes são correspondentes. A esse respeito, só se fez pouca coisa até agora, porque poucas pessoas se dedicaram seriamente a estes assuntos. A esse respeito, temos necessidade da ajuda de grande número; seu domínio é infinitamente vasto e aquele que quiser trabalhar seriamente muito pode fazer e distinguir-se na matéria. Mas, em lugar disso, o materialismo histórico, que foi transformado numa frase (pode-se transformar *tudo* numa frase), não tem servido a numeroso grupo de jovens alemães senão para fazer, o mais rapidamente possível, de seus conhecimentos históricos relativamente minguados – não é verdade que a história econômica se acha ainda em sua infância? – uma construção sistemática e artificial, com o que imaginam ser, desde logo, espíritos muito poderosos. [...]

[...] Você, que já fez realmente alguma coisa, deve ter notado quão reduzido é o número de jovens literatos aderentes ao partido que se dão ao trabalho de estudar economia, história da economia e história do comércio, da indústria, da agricultura, das formas de sociedade. Quantos deles sabem a respeito de Maurer algo além de seu nome? A falta de vergonha do jornalista tem de alcançar todas as coisas, e o resultado é proporcional. Dir-se-ia, por vezes, que esses senhores acreditam que, para os operários, qualquer coisa serve. Se esses senhores soubessem que Marx achava que suas melhores produções não eram ainda suficientemente boas para os

7. MARX E ENGELS CONTRA OS MARXISTAS

operários e considerava um crime oferecer a estes alguma coisa inferior ao que há de melhor!

[...]¹

A concepção da história é apenas uma diretriz, e não uma alavanca para fazer construções. O materialismo histórico fora reduzido a uma frase e ainda é uma frase. As construções sistemáticas foram realizadas e os fatos vieram desmenti-las.

E prossegue Engels, em carta de 21 de setembro de 1890 a Joseph Bloch:

> [...] Segundo a concepção materialista de história, seu fator determinante são, *em última análise*, a produção e a reprodução na vida real. Nem Marx nem eu afirmamos jamais outra coisa senão isso. Se, posteriormente, alguém deturpou esse conceito, chegando ao ponto de dizer que o fator econômico é o *único* determinante, esse alguém transforma tal proposição numa frase vazia, abstrata, absurda. A situação econômica é a base, mas os diversos elementos da superestrutura (as formas políticas da luta de classes e seus resultados: as Constituições estabelecidas pela classe vitoriosa uma vez ganha a batalha, etc., as formas jurídicas, e até mesmo os reflexos de todas essas lutas reais nos cérebros dos participantes, teorias políticas, jurídicas, filosóficas, concepções religiosas, e seu desenvolvimento ulterior até transformar-se em sistemas de dogma) exercem igualmente sua ação sobre o curso das lutas históricas e determinam, de maneira preponderante, sua *forma* em muitos casos. Há uma ação recíproca de todos esses momentos, no seio dos quais o movimento econômico, através de um *conjunto* infinito de casualidades (isto é, de coisas e acontecimentos cuja ligação íntima é entre eles tão afastada ou tão indemonstrável que podemos considerá-la inexistente, podemos negligenciá-la) acaba por abrir caminho, afirmando-se como

---

¹ Friedrich Engels, "212. Engels to Conrad Schmidt". In: Karl Marx e Friedrich Engels, *Correspondence (1846-1895) – A Selection with Commentary and Notes*. Calcutá, National Book Agency, 1945, p. 416.

necessário. Não fosse assim, a aplicação da teoria a um período qualquer da história seria, posso garantir, mais fácil que a resolução de uma simples equação de primeiro grau.

Nós fazemos nossa própria história, mas, antes de mais nada, de acordo com premissas e condições perfeitamente determinadas. Entre estas, são as condições econômicas que se tornam finalmente decisivas. Mas as condições políticas, etc., e até mesmo a tradição que assombra a mente dos homens, desempenham, também, seu papel, embora não seja decisivo. Foram as causas históricas e, em última análise, econômicas que deram origem ao Estado prussiano e continuaram na base de seu desenvolvimento. Mas dificilmente se poderia pretender, sem certo pedantismo, que entre os numerosos pequenos Estados da Alemanha do Norte, o de Brandenburg tenha sido destinado pela necessidade econômica, e não por outros fatores (como, sobretudo, devido à sua difícil situação em face da Polônia, graças à posse da Prússia, e portanto no terreno das relações políticas internacionais, as quais são decisivas igualmente na formação da Casa d'Áustria), a tornar-se a grande potência em que se concentraram as diferenças na economia, na língua e, também, depois da Reforma, na religião entre o norte e o sul. Dificilmente se poderia explicar, sem o risco de cair no ridículo, baseados em causas econômicas, a existência de todos os pequenos Estados alemães do passado e do presente ou, ainda, a origem da troca de consoantes do alto alemão, que ampliou a linha geográfica divisória constituída pela cadeia de montanhas dos Sudetos até o Taunus, estabelecendo uma verdadeira cunha através da Alemanha.

Mas, de maneira secundária, a história processa-se de tal forma que o resultado é sempre uma consequência do conflito de *grande número de vontades individuais* [ênfase de MFS] que, por sua vez, se apresentam tais como são em virtude de várias condições particulares da existência. Existem, pois, inumeráveis forças que se intersectam, um grupo infinito de paralelogramos de força que produzem uma resultante – o acontecimento histórico – que, por sua vez, pode ser considerado produto de *uma força que, tomada como um todo, age de maneira inconsciente e cega* [ênfase de MFS]. Isso porque o que deseja cada indivíduo é contrariado por outros e o que daí resulta é coisa que ninguém desejou. Por isso é que a história, até hoje, se tem desenvolvido à maneira de um processo da natureza, sendo, também, submetida, em sua essência, às mesmas leis de movimento que a regem. Mas, do fato de que as diversas vontades, cada uma desejando aquilo a que a impelem sua constituição material e as circunstâncias exteriores ou, em última análise, econômicas (ou suas próprias *circunstâncias pessoais* [ênfase de MFS] ou as circunstâncias sociais gerais), não consigam chegar a realizar o que desejam, fundindo-se numa média geral, numa resultante comum, por esse fato não temos o direito de concluir que seu valor é igual a zero. Pelo contrário, cada uma delas contribui para determinar a resultante e, nesta medida, está incluída nela.

Desejava, além disso, pedir-vos para estudar essa teoria em suas fontes originais, e não de segunda mão, o que é muito mais fácil. Marx raramente escreveu alguma coisa em que ela não desempenhe seu papel. Mas, particularmente, *O 18 Brumário de Luís Bonaparte* é um exemplo excelente de sua aplicação. Em *O Capital* ela é aludida diversas vezes. Em seguida, tomo a liberdade de recomendar igualmente minhas obras: *Herrn E. Dühring's Umwälzung der Wissenschaft* [*A Revolução da Ciência segundo o Senhor E. Dühring*, também conhecida como *Anti-Dühring*] e *L. Feuerbach und der Ausgang der Klassischen Deutschen Philosophie* [*L. Feuerbach e o Fim da Filosofia Clássica Alemã*], em que faço, sobre o materialismo histórico, a exposição mais detalhada que, a meu ver, existe.

A Marx e a mim, parcialmente, deve caber a responsabilidade pelo fato de, por vezes, certos jovens emprestarem mais importância do que é devida ao lado econômico de nossa teoria. Em face de nossos adversários, impunha-se-nos que déssemos maior destaque ao princípio por eles negado. Mas a verdade é que nunca encontramos tempo, nem lugar, nem ocasião para fazer justiça aos outros fatores que participam da ação recíproca. Mas, desde que se tratava da descrição de um pedaço de história, isto é, de passar à aplicação prática, a coisa mudava de caráter e não havia erro possível. Infelizmente, porém,

> acontece com muita frequência que acreditemos ter compreendido perfeitamente uma nova teoria e poder manejá-la sem dificuldade uma vez nos tenhamos apropriado de seus princípios essenciais, e mesmo estes nem sempre com exatidão. Não me é possível isentar dessa censura muitos de nossos novos "marxistas", tão incrível é o lixo que tem sido produzido a este respeito nos últimos três meses.[2]

As partes grifadas [e assim identificadas entre colchetes] o foram propositadamente por nós. A simples leitura dessas páginas oferece dados importantes para compreender qual o clima do marxismo naquela época. É muito diferente acaso o de hoje?

Vejamos a carta de Engels a Heinz Starkenburg:

> [...] a economia não cria nada absolutamente novo, mas determina a espécie de modificação e de desenvolvimento da matéria intelectual existente, e faz isso na maioria das vezes indiretamente, pelo fato de que são os reflexos políticos, jurídicos e morais que exercem a principal ação direta sobre a filosofia.[3]

E aceitava de tal forma a influência da vontade humana na história que estas suas palavras são expressivas:

> [...] se Ricardo Coração de Leão e Filipe Augusto tivessem instaurado o livre-cambismo em lugar de se terem engajado nas Cruzadas, ter-nos-iam poupado quinhentos anos de miséria e de estupidez.
>
> Esse aspecto do problema, que posso aqui apenas indicar, todos o temos negligenciado, segundo penso, mais do que ele merece. É a

---

[2] Friedrich Engels, "213. Engels to J. Bloch". In: Karl Marx e Friedrich Engels, *Correspondence (1846-1895)*, op. cit., p. 417-19, grifos no original (salvo indicação contrária); cf. também Friedrich Engels, "Carta a Joseph Bloch (em Konigsberg)". In: Karl Marx e Friedrich Engels, *Obras Escolhidas*, vol. 3. Trad. José Barata-Moura. Lisboa/Moscou: Editorial Avante!, 1982, p. 547-49.

[3] Friedrich Engels, "214. Engels to Conrad Schmidt". In: Marx e Engels, *Correspondence (1846-1895)*, op. cit., p. 425; cf. também Friedrich Engels, "Carta a Conrad Schmidt (em Berlim)". In: Marx e Engels, *Obras Escolhidas*, vol. 3, op. cit., p. 549-56.

> velha história: no começo, negligenciamos sempre a forma em benefício do conteúdo. Conforme já o disse, eu precedi da mesma maneira e essa falta não me foi revelada senão tardiamente [*post festum*]. Eis por que não somente estou muito longe de vos fazer qualquer censura a este respeito, sendo eu um velho cúmplice de forma alguma qualificado para isso, mas, pelo menos, desejaria chamar vossa atenção para esse ponto daqui para o futuro. A isso está ligada igualmente esta concepção estúpida dos ideólogos: como recusamos às diversas esferas ideológicas que desempenham certo papel na história um desenvolvimento histórico independente, lhes recusamos, também, qualquer eficácia histórica. É partir de uma concepção banal, não dialética, de causa e efeito, como se fossem polos opostos um ao outro de maneira rígida, revelando uma ignorância absoluta da ação recíproca. Esses senhores esquecem-se inteiramente, quase sempre a seu bel-prazer, do fato de que um fator histórico, desde que trazido ao mundo por outros elementos, e em última análise por fatos econômicos, reage também, por sua vez, e pode reagir sobre o seu meio e até mesmo sobre suas próprias causas. Como no exemplo de Barth (que aparece na página 475 do seu livro), referindo-se à casta dos padres e à religião. [...][4]

A aceitação da reciprocidade do ideal sobre o real, embora considerando aquele como tendo sua origem neste, mas atuando, posteriormente, sobre o real, já coloca Marx e Engels num ponto diferente ao dos seus epígonos. Todos esses elementos cooperam para que possamos, afinal, fazer a nossa análise dialética, mostrando quanto de abstrato dominava e ainda domina o pensamento marxista, que se julga dialético.

Marx e Engels não só se queixavam de seus discípulos, mas até de si mesmos. Eles não haviam sempre conseguido controlar suas próprias paixões. As suas confissões valem muito. Mas, como todas as confissões, só foram

---

[4] Friedrich Engels, "227. Engels to Mehring". In: Marx e Engels, *Correspondence (1846-1895)*, op. cit., p. 449; cf. também Friedrich Engels, "Carta a Franz Mehring (em Berlim)". In: Marx e Engels, *Obras Escolhidas*, vol. 3, op. cit., p. 556-61.

proclamadas após os erros praticados. Mas, o pior, e este é o argumento dos adversários, não serviram de exemplos. Os discípulos enveredaram pelos mesmos caminhos, herdando dos mestres o que tinham de mais fraco, e não de mais poderoso. Veremos, em breve, se há ou não razão a favor dos que afirmam tal ponto de vista.

É o que se dá também na arte. Petrarca não foi imitado, mas o petrarquismo foi. Assim, Marx não teve imitadores, mas *marxistas*, seguidores do *marxismo*, um "ismo" a mais para evidenciar a forma viciosa que teimosamente surge na história como destino de todas as ideias ou atitudes.

Polêmica sobre o Estado entre marxistas e anarquistas

8. A teoria marxista do Estado

Vejamos, através das próprias palavras dos marxistas, como concebem eles o Estado. Em *A Origem da Família, da Propriedade Privada e do Estado*, assim Engels se expressa resumidamente:

> O Estado não é pois, de modo algum, um poder que se impôs à sociedade de fora para dentro; tampouco é "a realidade da ideia moral", nem "a imagem e a realidade da razão", como afirma Hegel. É antes um produto da sociedade, quando esta chega a um determinado grau de desenvolvimento; é a confissão de que essa sociedade se enredou numa irremediável contradição com ela própria e está dividida por antagonismos irreconciliáveis que não consegue conjurar. Mas para que esses antagonismos, essas classes com interesses econômicos colidentes não se devorem e não consumam a sociedade numa luta estéril, faz-se necessário um poder colocado aparentemente por cima da sociedade, chamado a amortecer o choque e a mantê-lo dentro dos limites da "ordem". Este poder, nascido da sociedade, mas posto acima dela se distanciando cada vez mais, é o Estado.[1]

E comentando a citação acima escreve Lênin em *O Estado e a Revolução*:

> Aqui se encontra expressa com toda a clareza a ideia fundamental do marxismo acerca do papel histórico da significação do Estado.

---

[1] Friedrich Engels, *A Origem da Família, da Propriedade Privada e do Estado*. 9. ed. Trad. Leandro Konder. Rio de Janeiro, Civilização Brasileira, 1984, p. 191.

> O Estado é o produto e a manifestação do fato de as contradições das classes serem *inconciliáveis*. O Estado aparece precisamente no momento e na medida em que, objetivamente, as contradições das classes *não podem* ser conciliadas. E inversamente: a existência do Estado prova que as contradições das classes são inconciliáveis.[2]

Em síntese, para o marxismo, o Estado:

a. não é uma força imposta do exterior à sociedade;
b. é um produto da sociedade numa certa fase de seu desenvolvimento;
c. é resultante de um embaraço decorrente de uma insolúvel contradição interna da sociedade, dividida em antagonismos inconciliáveis;
d. é uma força que está *aparentemente* acima da sociedade, sendo criada para evitar o entredevoramento das classes com interesses antagônicos e da própria sociedade, com o fim de atenuar o conflito.

Para tanto é preciso haver, na sociedade, um antagonismo *inconciliável* de classes.

Diz ainda Lênin:

> Segundo Marx, o Estado é um órgão de *dominação* de classe, um órgão de *opressão* de uma classe por outra, é a criação de uma "ordem" que legaliza e consolida esta opressão, moderando o conflito das classes.[3]

E adiante acrescenta, ao comentar a opinião de Kautsky:

> "Teoricamente", não se contesta nem que o Estado seja um organismo de dominação de classe nem que as contradições de classe sejam inconciliáveis. Mas perde-se de vista ou atenua-se o seguinte fato: se o Estado nasce pelo fato de as contradições das classes serem

---

[2] Vladimir Lênin, *O Estado e a Revolução*. Trad. J. Ferreira. Porto, Biblioteca Meditação, 1970, p. 9.
[3] Ibidem.

inconciliáveis, se ele é um poder que se situa *acima* da sociedade e que "se lhe torna *cada vez mais estranho*", é evidente que a emancipação da classe oprimida é impossível, não só sem uma revolução violenta, *mas ainda sem a supressão* do aparelho do poder do Estado que foi criado pela classe dominante e no qual se materializou aquele caráter "estranho". Esta conclusão, teoricamente clara por si própria, foi formulada por Marx com uma precisão perfeita [...].[4]

Até aí, em linhas gerais, com as próprias palavras dos maiores teóricos do marxismo, temos, em síntese, a concepção do Estado, da qual não divergem, em suas linhas gerais, os socialistas libertários.

A concepção do Estado exposta pelos maiores teóricos do marxismo reconhece que ele é "um produto da sociedade numa certa fase de seu desenvolvimento", contrariando a opinião de alguns que julgam que o Estado sempre existiu como uma necessidade de ordem e de coordenação da sociedade.

Engels, na citada obra, ainda caracteriza o Estado de duas maneiras:

> Distinguindo-se da antiga organização gentílica, o Estado caracteriza-se, em primeiro lugar, pelo agrupamento dos seus súditos *de acordo com uma divisão territorial*. [...] O segundo traço característico é a instituição de uma *força pública*, que já não mais se identifica com o povo em armas. A necessidade dessa força pública especial deriva da divisão da sociedade em classes, que impossibilita qualquer organização armada espontânea da população. [...] Esta força pública existe em todo Estado; é formada não só de homens armados como, ainda, de acessórios materiais, os cárceres e as instituições coercitivas de todo gênero, desconhecidos pela sociedade da gens.[5]

Entre as características do Estado salientadas por Engels, está "a instituição de uma *força pública* que já não coincide diretamente com a população

---
[4] Ibidem, p. 10.
[5] Engels, *A Origem da Família, da Propriedade Privada e do Estado*, op. cit., p. 192.

organizada ela própria em força armada".[6] E isto se dá porque a organização espontânea da população em armas se tornou impossível, desde que a sociedade se dividiu em classes.

Deduzamos: segundo Engels, quando a sociedade está dividida em classes, a organização espontânea da população armada torna-se impossível, e determina a formação de uma força armada, que apoie o poder público, a qual não corresponde mais diretamente à população.

É, em suma, o caso da Rússia, que, tendo se apoiado durante a Revolução na "guarda vermelha", no povo insurreto, que correspondia espontaneamente à população, em armas, apoiou-se, depois, num exército permanente e numa burocracia, fundamentos e instrumentos salientados por Lênin como próprios de todo poder governamental.

"A organização espontânea da população em armas" foi logo abandonada, porque os que divergiam das decisões do partido bolchevista ameaçavam sempre a predominância dos líderes que mantinham em suas mãos o poder.

A burocratização do Estado soviético, procedida desde as primeiras horas, e a formação do exército permanente e da organização policial mais prepotente do mundo asseguravam aos detentores do poder a garantia do mundo.

Pois, se a burguesia havia sido derrotada na Rússia, e, depois das grandes matanças, os elementos que a representavam eram mínimos, e a quase totalidade do povo russo proletarizava-se, então por que, e em que, se fundamentava o poder estatal dos soviets? Uma classe que representa a totalidade, que domina os meios de produção, não precisa da mais terrível prepotência para se manter no poder. Ninguém poderá aceitar honestamente que os remanescentes da burguesia, na Rússia, ante o proletariado, tenham a capacidade de organizar uma luta contra o Estado soviético internamente, depois de ter sido aquela liquidada após as matanças já conhecidas.

---

[6] Apud Lênin, *O Estado e a Revolução*, op. cit., p. 11.

O proletariado e os elementos do partido, uns desejando a liberdade, outros o poder, podem ameaçar a posição dominante dos líderes. Para esses, então, o Estado torna-se uma necessidade.[7]

"Para manter uma força pública especial, colocada acima da sociedade, são necessários impostos e uma dívida pública", diz Lênin.[8]

"Donos da força pública e do direito de recolher os impostos", escreve Engels, "os funcionários, como órgãos da sociedade, põem-se então acima dela. O respeito livre e voluntariamente tributado aos órgãos da constituição gentílica já não lhes basta, mesmo que pudessem conquistá-lo [...]". E prossegue:

> [...] precisam impor respeito através de leis de exceção, em virtude das quais gozam de uma santidade e uma inviolabilidade especiais. O mais reles dos beleguins do Estado civilizado tem mais "autoridade" do que todos os órgãos da sociedade gentílica juntos; no entanto, o príncipe mais poderoso, o maior homem público, ou general, da civilização pode invejar o mais modesto dos chefes de gens, pelo respeito espontâneo e indiscutido que lhe professavam. [...]
>
> Como o Estado nasceu da necessidade de conter o antagonismo das classes, e como, ao mesmo tempo, nasceu em meio ao conflito delas, é, por regra geral, o Estado da classe mais poderosa, da classe economicamente dominante, classe que, por intermédio dele, se converte também em classe politicamente dominante e adquire novos meios para a repressão e exploração da classe oprimida.[9]

Mas não é só a "classe politicamente dominante", e sim a *casta* dominante, por meio do Estado, que adquire os meios de opressão sobre os adversários. Foi com o poder nas mãos que os bolchevistas dominaram os "socialistas

---

[7] A alegação leninista-stalinista de que o cerco capitalista exige um Estado fortíssimo é contrariada por muitos socialistas, e os argumentos que propõem serão por nós estudados, adiante.
[8] Lênin, *O Estado e a Revolução*, op. cit., p. 14.
[9] Engels, *A Origem da Família, da Propriedade Privada e do Estado*, op. cit., p. 193.

revolucionários" e os anarquistas, que se opunham à transformação dos sovietes livres em simples executores das ordens emanadas do poder central.

E foi em torno desse poder central que a luta posterior se acendeu entre os próprios bolchevistas, surgindo os famosos processos e as não menos famosas "depurações" do partido, com seu corolário de vidas arrancadas, aumento dos campos de concentração, etc.

Nada melhor do que estas palavras de Engels para resumir a concepção marxista do Estado:

> Portanto, o Estado não tem existido eternamente. Houve sociedades que se organizaram sem ele, não tiveram a menor noção do Estado ou de seu poder. Ao chegar a certa fase de desenvolvimento econômico, que estava necessariamente ligada à divisão da sociedade em classes, essa divisão tornou o Estado uma necessidade. Estamos agora nos aproximando, com rapidez, de uma fase de desenvolvimento da produção em que a existência dessas classes não apenas deixou de ser uma necessidade, mas até se converteu num obstáculo à produção mesma. As classes vão desaparecer, e de maneira tão inevitável como no passado surgiram. Com o desaparecimento das classes, desaparecerá inevitavelmente o Estado. A sociedade, reorganizando de uma forma nova a produção, na base de uma associação livre de produtores iguais, mandará toda a máquina do Estado para o lugar que lhe há de corresponder: o museu de antiguidades, ao lado da roca de fiar e do machado de bronze.[10]

E prossegue, alhures:

> O proletariado se apodera da força do Estado e começa por transformar os meios de produção em propriedade do Estado. Por esse meio, ele próprio se destrói como proletariado, abole todas as distinções e antagonismos de classes, e, simultaneamente, também o Estado, como Estado. A antiga sociedade, que se movia através

---

[10] Ibidem, p. 195-96.

dos antagonismos de classe, tinha necessidade do Estado, isto é, de uma organização da classe particular que fosse *pro tempore* [por ora] a classe exploradora, para manter as suas condições exteriores de produção e, portanto, especialmente, para manter a força explorada nas condições de opressão exigidas pelo modo de produção existente (escravidão, servidão, trabalho assalariado). O Estado era o representante oficial de toda a sociedade, a sua síntese num corpo visível, mas só o era como Estado da própria classe que representava em seu tempo toda a sociedade. Estado de cidadãos proprietários de escravos, na Antiguidade; Estado da nobreza feudal, na Idade Média; e Estado da burguesia, em nossos dias. Mas, quando o Estado se torna, finalmente, representante efetivo da sociedade inteira, então torna-se supérfluo. Uma vez que não haja nenhuma classe social a oprimir; uma vez que, com a soberania de classe e com a luta pela existência individual, baseada na antiga anarquia da produção, desapareçam as colisões e os excessos que daí resultavam, não haverá mais nada a reprimir, e um poder especial de repressão, um Estado, deixa de ser necessário. *O primeiro ato pelo qual o Estado se manifesta realmente como representante de toda a sociedade – a posse dos meios de produção em nome da sociedade – é, ao mesmo tempo, o último ato próprio do Estado. A intervenção do Estado nas relações sociais se vai tornando supérflua daí por diante e desaparece automaticamente. O governo das pessoas é substituído pela administração das coisas e pela direção do processo de produção. O Estado não é "abolido": morre. É desse ponto de vista que se deve apreciar a expressão "Estado popular livre", tanto em seu interesse passageiro para a agitação como em sua definitiva insuficiência científica; é, igualmente, desse ponto de vista que se deve apreciar a reivindicação dos chamados anarquistas, pretendendo que o Estado seja abolido de um dia para o outro.*[11]

---

[11] Friedrich Engels, "Anti-Dühring". In: Karl Marx e Friedrich Engels, *Collected Works*, vol. 25. Trad. Emile Burns. Nova York, International Publishers, 1987, p. 267-68, grifo de Mário Ferreira dos Santos; ver também Lênin, *O Estado e a Revolução*, op. cit., p. 19-20.

Analisemos as palavras de Engels acima citadas. Ao apoderar-se da força do Estado, o proletariado começa por transformar os meios de produção em propriedade do Estado, destruindo-se a si próprio, por este meio, como proletariado.

Na Rússia, processou-se o apoderamento da força do Estado, a princípio pelo povo insurreto que, em muitas partes, pôs-se a quebrar a força do Estado e a transformar os meios de produção, capitalista ou feudal, não em propriedade do Estado, mas em produção socialista organizada espontaneamente pelo povo. Quem se apoderou da força do Estado e transformou os meios de produção em propriedade do Estado foram precisamente os bolchevistas.

Dessa forma, não se processou o que esperava Engels, vale dizer, a abolição do proletariado como proletariado e a abolição de todas as distinções e antagonismos de classe e, em consequência, do Estado como Estado. Este continuou a existir e a hipertrofiar-se de maneira espantosa, como ainda não conhecera a história, tornando-se a maior força de opressão jamais vista.

Para Engels, quando o Estado, finalmente, representa o efetivo da sociedade inteira, então se torna supérfluo. Ora, a vitória do proletariado e dos camponeses na Rússia assegurava essa situação e permitia ao Estado soviético organizar-se *interiormente*, tendendo para a sua abolição. Mas, precisamente na prática, sucedeu o contrário do que estava exposto na teoria, dizem os socialistas libertários. O Estado deixa de ser necessário quando desaparecem as classes e as colisões e excessos resultantes delas. O primeiro ato do Estado, como representante de toda a Sociedade, é também o último. Consiste este na posse dos meios de produção. Daí a intervenção do Estado nas relações sociais vai tornando-se supérflua e desaparece automaticamente. Concluiu Engels que os anarquistas estavam errados ao pretender a abolição pura e simples do Estado, quando este se processaria automaticamente pela *morte*. Mas Lênin explica Engels; aproveitemos as suas próprias palavras para expressar a dificuldade:

> Pode dizer-se, sem receio de engano, que este raciocínio de Engels, tão notável pela sua riqueza de conteúdo, não deixou nos partidos socialistas de hoje outro traço que não seja a noção de que o Estado

"se extingue", segundo Marx, ao contrário da doutrina anarquista da "abolição" do Estado. Truncar assim o marxismo é reduzi-lo ao oportunismo; porque, segundo tal "interpretação", fica apenas a ideia vaga de uma mudança lenta, igual, gradual, sem saltos nem ondas, sem revolução. A "extinção" do Estado, na concepção corrente e predominante entre as massas, é sem dúvida alguma as exéquias, senão a negação, da revolução.[12]

Os comentários de Lênin ao pensamento de Engels colocam claramente a ideia marxista do Estado. E ele prossegue:

> No começo do seu raciocínio, Engels diz que o proletariado, ao tomar nas suas mãos o poder do Estado, "suprime com esse ato o Estado como Estado". Não "é costume" refletir no significado de tal raciocínio. Em regra, ou se esquece totalmente o sentido dele, ou se interpreta como uma "fraqueza hegeliana" de Engels. [...] Engels fala aqui da "supressão" do Estado *da burguesia* pela revolução proletária, ao passo que o que diz acerca da "extinção" [ou "definhamento"] refere-se ao que ainda subsiste do Estado *proletário*, *depois* da revolução socialista. O Estado burguês, segundo Engels, não "se extingue" – é "abolido" pelo proletariado no decurso da revolução. O que se extingue depois desta revolução é o Estado proletário, ou, por outras palavras, um meio-Estado.[13]

Note-se bem o pensamento teórico de Lênin: o proletariado "aniquila" o Estado burguês pela revolução. Não morre, porém. O que morre, depois, é o Estado ou semi-Estado proletário, que substitui o Estado burguês. E este subsiste, depois da revolução, apenas em *vestígios*.

Dois pontos importantes transparecem aqui e representam a divergência entre o pensamento anarquista e o marxista, que desde já precisam ser estabelecidos para a compreensão final do pensamento anarquista e da polêmica que há tanto tempo vem sendo travada entre aquela doutrina e a dos marxistas.

---

[12] Lênin, *O Estado e a Revolução*, op. cit., p. 20.
[13] Ibidem, p. 21.

1. Com a revolução proletária, o Estado burguês é *aniquilado*.
2. O Estado proletário tem apenas *vestígios do Estado, e definha*.

Há, portanto, *aniquilamento* do Estado burguês e *definhamento* do Estado proletário, que o substitui. Prossegue Lênin:

> O Estado é um "poder especial de repressão". Esta definição admirável e extraordinariamente profunda de Engels é enunciada aqui com a maior clareza. Daí resulta que esse "poder especial de repressão" exercido pela burguesia contra o proletariado, contra milhões de trabalhadores por um punhado de ricos, deve ser substituído por um "poder especial de repressão" exercido pelo proletariado contra a burguesia (a ditadura do proletariado). É nisso que consiste a "abolição do Estado como Estado". E é nisso que consiste o "ato" de apropriação dos meios de produção pela sociedade. É evidente que uma *tal* substituição de um "poder especial" (o da burguesia) por outro "poder especial" (o do proletariado) não pode, de forma alguma, operar-se sob a forma de "extinção" [ou "definhamento"].[14]

Aqui já se caracteriza outra nota da teoria marxista do Estado, e a mais importante de todas, a *ditadura do proletariado*. Esta é a força de opressão à burguesia pelo proletariado. Nisso, esclarece Lênin, é que consiste a "abolição do Estado como Estado".

Lênin esclarece como e quando se processará o "definhamento":

> Esta "extinção" [ou "definhamento"], ou mesmo, para empregar uma expressão mais imaginosa e mais frisante, este "adormecimento", respeita, segundo Engels, sem qualquer ambiguidade possível, à fase *consecutiva* à "apropriação dos meios de produção pelo Estado em nome da sociedade inteira", isto é, à fase *consecutiva* à revolução socialista. Todos nós sabemos que, nessa fase, a forma política do "Estado" é a democracia mais completa. Mas não salta aos olhos de nenhum dos oportunistas que desnaturam

---

[14] Ibidem.

despudoramente o marxismo que, para Engels, se trata, nesse caso, do "adormecimento" e da "extinção" da *democracia*. Isto parece muito estranho à primeira vista. Todavia, só é "ininteligível" para quem não tenha refletido em que a democracia é *também* um Estado e que, por consequência, quando o Estado desaparecer, a democracia desaparecerá igualmente. Só a revolução pode abolir o Estado burguês. O Estado em geral, isto é, a democracia mais completa, essa só pode "extinguir-se" [ou "definhar-se"].[15]

Verifica-se, assim, que, segundo Engels e Lênin, o definhamento processa-se *depois* da posse dos meios de produção pelo Estado. Estabelecida a expropriação, inaugura-se o período do "definhamento". Isso na parte teórica do marxismo. Quanto à prática, veremos depois.

Quanto ao esclarecimento de Lênin sobre a *democracia*, é claramente incluído no pensamento marxista do Estado.

Outra característica é o emprego da violência como forma de destruição do Estado burguês. Não que a violência seja desejada pela violência, mas como resultante fatal da resistência que oporá a burguesia por seus órgãos de direção ao pleno desenvolvimento da revolução, pois historicamente se sabe que nenhuma classe cede sua posição de mando pacificamente, sem luta. Aqui, mais uma vez, para explanação da doutrina marxista, servimo-nos das palavras de Lênin:

> Já dissemos [...] que a doutrina de Marx e Engels, segundo a qual uma revolução violenta é inevitável, se refere ao Estado burguês. Este *não pode* ceder o lugar ao Estado burguês. Este *não pode* ceder o lugar ao Estado proletário (à ditadura do proletariado) pela via da "extinção" [ou "definhamento"], mas apenas, em regra geral, por meio de uma revolução violenta. O panegírico que lhe consagra Engels harmoniza-se plenamente com numerosas declarações de Marx (lembremo-nos da conclusão da *Miséria da Filosofia* e do *Manifesto Comunista*) que proclamam, altiva e abertamente, que a revolução violenta é inelutável; lembremo-nos da *Crítica ao Programa de*

---
[15] Ibidem, p. 21-22.

Gotha, em 1875, perto de trinta anos mais tarde, no qual Marx flagela implacavelmente o oportunismo desse programa. Este panegírico não é, de forma alguma, o resultado de um "entusiasmo", nem uma declamação, nem um dito polêmico. A necessidade de inculcar sistematicamente nas massas *aquela* ideia – precisamente aquela – da revolução violenta está na base de *toda* a doutrina de Marx e Engels. A traição feita à sua doutrina pelas tendências social-chauvinistas e kautskistas, hoje predominantes, reflete-se com um singular relevo no esquecimento a que os partidários tanto de umas como das outras votaram *essa* propaganda e *essa* agitação.

Sem revolução violenta é impossível substituir o Estado proletário pelo Estado burguês. A abolição do Estado proletário, isto é, a abolição de qualquer Estado só é possível por meio de "extinção" [ou "definhamento"].[16]

Os socialistas libertários em geral também pensam assim: só a revolução possibilitaria a destruição do Estado burguês. Para eles, a "revolução", na linguagem política e social – e também na linguagem popular –, é um movimento geral através do qual um povo ou uma classe, saindo da legalidade, e transformando as instituições vigentes, despedaçando o pacto leonino imposto pelos dominadores às classes dominadas, com uma série mais ou menos longa de insurreições, revoltas, motins, atentados e lutas de toda espécie, abate definitivamente o regime político e social ao qual até então estava submetido, e instaura uma ordem nova, como diz Luigi Fabbri, anarquista, e prossegue:

> Combatidos por todos, lutamos sempre dentro de nosso programa e dele não nos afastamos um passo. Essa a nossa fraqueza, mas também a nossa força. Os anarquistas têm um escasso espírito de partido; não se propõem nenhum fim imediato que não seja a extensão de sua propaganda. Não são um partido de governo, nem um partido de interesses, a menos que, por interesse, não se entendam o pão e a liberdade para todos os homens, mas somente um partido de

---

[16] Ibidem, p. 25-26.

ideias. Esta a sua debilidade, pois lhe está vedado todo êxito material, e os outros, ou mais astutos ou mais fortes, exploram e utilizam os resultados parciais de sua obra.

Mas é também a força dos anarquistas, pois só afrontando as derrotas, eles – os eternos vencidos – preparam a vitória final, a verdadeira vitória. Não tendo interesses próprios, pessoais ou de grupo, para fazer valer, e rechaçando toda pretensão de domínio sobre a multidão, em cujo meio vivem e do qual compartem as angústias e as esperanças, não dão ordens a que depois devem obedecer, não pedem nada, mas dizem: "Vossa sorte será tal qual a quiserdes; a salvação está em vós mesmos; conquistai-a com vosso melhoramento espiritual, com vosso sacrifício e vosso risco. Se quiserdes, vencereis. Nós não queremos ser na luta mais que uma parte de vós mesmos".

Esquema da teoria marxista do Estado

Estado
- Não existiu sempre; houve sociedades sem Estado.
- Organismo posterior, supõe certa divisão da sociedade, *com classes antagônicas e irreconciliáveis.*

Ao desaparecerem as classes e, consequentemente, seu antagonismo e irreconciliabilidade, processa-se o desaparecimento inevitável do Estado.

Características do Estado:

a. uma força interna *não imposta do exterior;*
b. produto de certa fase de desenvolvimento da sociedade, embaraçada esta numa insolúvel contradição interna, que gera antagonismos inconciliáveis;

c. necessidade de uma força para atenuar o conflito nos limites da "ordem" – colocação superior dessa força, e seu afastamento cada vez maior;
d. organização da força armada, independentizada da população – homens armados, prisões, instituições coercitivas;
e. funcionalismo.

Revolução proletária

Fases:

a. aniquilamento do Estado burguês (pela forma violenta e revolucionária)
b. definhamento dos *vestígios do Estado* proletário que o substitui.

Características dos vestígios do Estado proletário:

a. ditadura do proletariado;
b. o definhamento começa a processar-se *depois* da posse dos meios de produção.

Lênin combate:

os "pseudorrevolucionários"
{
a. colaboracionistas

b. e os que desejam vencer *democraticamente*, na sociedade burguesa.
}

9. As experiências das revoluções para os marxistas

No *Manifesto Comunista* expõem Marx e Engels:

> Esboçando em linhas gerais as fases do desenvolvimento proletário, descrevemos a história da guerra civil mais ou menos oculta na sociedade existente, até a hora em que essa guerra explode numa revolução aberta e o proletariado estabelece sua dominação pela derrubada violenta da burguesia.[1]

> Vimos antes que a primeira fase da revolução operária é a elevação do proletariado a classe dominante, a conquista da democracia.

> O proletariado utilizará sua supremacia política para arrancar pouco a pouco todo o capital da burguesia, para centralizar todos os instrumentos de produção nas mãos do Estado, isto é, do proletariado organizado como classe dominante, e para aumentar o mais rapidamente possível o total das forças produtivas.[2]

Estabeleçamos aqui um parêntese importante: para Marx o *Estado é o proletariado organizado como classe dominante*. E Lênin, em sua obra citada, comenta:

> O proletariado tem necessidade do Estado – repetem todos os oportunistas, sociais-chauvinistas e kautskistas, afirmando ser

---

[1] Karl Marx e Friedrich Engels, *Manifesto Comunista*. Trad. Álvaro Pina. Org. Osvaldo Coggiola. São Paulo, Boitempo Editorial, 1998, p. 50.
[2] Marx e Engels, *Manifesto Comunista*, op. cit., p. 58.

essa a doutrina de Marx; mas eles "esquecem-se" de acrescentar, em primeiro lugar, que, segundo Marx, o proletariado precisa apenas de um Estado em vias de extinção [ou "definhamento"], isto é, constituído de tal maneira que comece imediatamente a extinguir-se [ou "definhar-se"] e não possa deixar de extinguir-se [ou "definhar-se"]; e, em segundo lugar, que os trabalhadores têm necessidade de um "Estado" que seja "o proletariado organizado em classe dominante".[3]

Para Lênin o Estado será "constituído de tal maneira que comece imediatamente a extinguir-se [ou 'definhar-se'] e não possa deixar de extinguir-se [ou 'definhar-se']". Eis o teórico; na prática, os bolchevistas não procederam assim. Quando as massas revoltadas, na Rússia, destruíram a máquina do Estado, e iniciaram, por conta própria, a expropriação, os bolchevistas criaram os maiores embaraços sob o pretexto de evitar "desordens", e outros pretextos, e o definhamento do Estado não se processou "sem demora", mas, ao contrário, surgiu a hipertrofiação do Estado pelo aproveitamento dos quadros administrativos burgueses, pela centralização absorvente da administração, pela instalação de uma polícia férrea, pela implementação do exército permanente, pelo desarmamento do povo, a quem o porte de armas fora anteriormente permitido e preconizado, pela dissolução das forças de voluntários, pelo impedimento de toda organização livre de produtores e consumidores, o que desde o início se tentou organizar de modo impressionante na Rússia. Por quê? Não se devem culpar os bolchevistas de tudo. Reconhecem os socialistas adversários do marxismo que há razões históricas que condicionaram essa hipertrofia não prevista teoricamente, mas prevista pelos socialistas libertários, sobretudo os anarquistas, como ainda veremos.

Além do definhamento que deveria ter ocorrido "sem demora", caracterizam Marx e Engels que o Estado seria, então, "o proletariado organizado como

---

[3] Vladimir Lênin, *O Estado e a Revolução*. Trad. J. Ferreira. Porto, Biblioteca Meditação, 1970, p. 28-29.

classe dominante", aceitando, portanto, a permanência ainda de outras classes, por algum tempo, mas sempre em minoria, e enfraquecidas.

Mas que classes permanecem na sociedade e devem ser subjugadas? Lênin responde:

> Evidentemente que só pode ser a classe dos exploradores, isto é, a burguesia. Os trabalhadores têm necessidade do Estado apenas para reprimir a resistência dos exploradores. Ora, só o proletariado pode dirigir esta repressão, realizá-la na prática, pois é a única classe revolucionária até as últimas consequências, a única classe capaz de unir todos os trabalhadores e todos os explorados na luta contra a burguesia e de a afastar completamente do poder.[4]

Mas a quem cabe o grande papel da derrocada da burguesia? Responde Lênin:

> O domínio burguês só pode ser abolido pelo proletariado, classe diferenciada, que as próprias condições econômicas de existência determinam a realizar tal abolição, dando-lhe a possibilidade e a força necessárias para a levar a efeito.
>
> A burguesia, ao mesmo tempo que fricciona e dissemina o campesinato e todas as camadas pequeno-burguesas, agrupa, une e organiza o proletariado. Em virtude do papel econômico que o proletariado desempenha na grande produção, só ele é capaz de ser o guia de todas as massas trabalhadoras e exploradas que a burguesia explora, oprime e esmaga, muitas vezes, mais que os proletários, e as quais são incapazes de levar a efeito uma luta *independente*, a fim de se emanciparem.[5]

É interessante salientar a opinião de Lênin quanto ao proletariado. Embora ele o julgue a classe mais revolucionária da sociedade, o que não é uma

---

[4] Ibidem, p. 29.
[5] Ibidem, p. 30.

constante histórica, pois há momentos de mais ou de menos revolucionarismo do proletariado, cujo conceito não é suficientemente claro para os marxistas – apesar de assim julgar, reconhece a possibilidade de existirem na sociedade massas tão exploradas e escravizadas e esmagadas quanto o proletariado, e *até mais do que ele*, as quais não são aptas, porém, para lutar independentemente do proletariado.

Prossegue Lênin:

> A doutrina da luta de classes aplicada por Marx ao Estado e à revolução socialista conduz necessariamente ao reconhecimento da *dominação política* por parte do proletariado, da sua ditadura, isto é, de um poder que ele não partilha com ninguém e que se apoia diretamente sobre a força armada das massas.[6]

Adiante dá um papel dirigente ao marxismo, como partido de vanguarda do proletariado, como o proletariado mais clarividente da situação. E o poder proletário, que deveria apoiar-se *diretamente* na força das massas em armas, passa, no caso russo, a apoiar-se numa organização policial e num exército, enquanto o povo é desarmado.

Assim, o monopólio das armas passa para o Estado, que não é mais o proletariado, mas sim constituído por representantes e por uma burocracia, a mais numerosa e mais forte que a história registra. Não cabe aqui, ainda, examinar esses aspectos da chamada "ditadura do proletariado" na Rússia. Queremos, por enquanto, apenas registrar o pensamento marxista sobre o tema do Estado.

Marx, citado por Lênin, critica a centralização do Estado francês em seu *O 18 Brumário de Luís Bonaparte*, e tem palavras como estas:

> Este poder executivo, com a sua imensa organização burocrática e militar, com a sua máquina estatal, complexa e artificial, o seu exército de funcionários de meio milhão de homens e o seu outro exército de quinhentos mil soldados, temível corpo parasitário que

---

[6] Ibidem.

reveste como uma membrana o corpo da sociedade francesa e lhe tapa todos os poros, estruturou-se durante a monarquia absoluta, no declínio do feudalismo que ele ajudou a derrubar.[7]

E que diria Marx dos quinze milhões de burocratas russos?

Acrescenta Lênin: "A primeira revolução francesa desenvolveu a centralização".[8] E prossegue citando Marx:

> [...] mas, ao mesmo tempo também, a extensão, as atribuições e o aparelho do poder governamental. Napoleão acabou de aperfeiçoar este mecanismo do Estado. A monarquia legítima e a monarquia de julho nada mais fizeram que acrescentar-lhe uma maior divisão do trabalho [...].

> [...] A República parlamentar vê-se, enfim, constrangida, na sua luta contra a revolução, a reforçar com as suas medidas repressivas os meios de ação e a centralização do poder governamental. *Todas as revoluções políticas aperfeiçoaram esta máquina em vez de a destruir* (sublinhado por nós [i.e. por Lênin]). Os partidos que lutaram alternadamente pelo poder consideraram a conquista deste imenso edifício do Estado a principal presa para o vencedor.[9]

E comenta:

> Neste notável resumo, o marxismo dá um grande passo em frente em relação ao *Manifesto Comunista*, onde a questão do Estado era ainda posta de uma maneira muito abstrata, com noções e termos muito gerais. Aqui, a questão é posta de maneira concreta e a dedução é eminentemente precisa, definida, praticamente tangível;

---

[7] Apud ibidem, p. 32; ver também Karl Marx, *O 18 de Brumário de Luís Bonaparte*. Trad. Nélio Schneider. São Paulo, Boitempo Editorial, 2011, p. 140.

[8] Lênin, *O Estado e a Revolução*, op. cit., p. 32; ver também Marx, *O 18 de Brumário*, op. cit., p. 140-41.

[9] Apud Lênin, *O Estado e a Revolução*, op. cit., p. 32; ver também Marx, *O 18 de Brumário*, op. cit., p. 141.

todas as revoluções anteriores aperfeiçoaram a máquina do Estado; ora é preciso quebrá-la, demoli-la.[10]

Precisamente o que era criticado nas revoluções anteriores é o que se processou depois na Revolução Russa. O bolchevismo, em vez de abater, quebrar a máquina governamental, centralizou-a ainda mais, e substituiu a livre iniciativa revolucionária do proletariado pela iniciativa centralizada do governo.
Mas citemos ainda Lênin:

> O poder estatal centralizado, peculiar da sociedade burguesa, apareceu na época da queda do absolutismo. As duas instituições mais caracaterísticas desta máquina de Estado são: a burocracia e o exército permanente. Muitas vezes, nas suas obras, Marx e Engels falam dos mil liames que prendem estas instituições à burguesia.[11]

O poder centralizado do Estado, a burocracia e o exército permanente são características da sociedade burguesa. Mas são também do Estado marxista instalado na Rússia. E Lênin, referindo-se à experiência do proletariado, ao poder centralizado, à burguesia e ao exército permanente, dizia que cada trabalhador conhece essa ligação, porque a classe aprende a conhecê-la à sua própria custa. Sabe o porquê da inevitabilidade desses laços, que os democratas burgueses renegam por ignorância e por irreflexão, quando não têm a leviandade ainda maior de a reconhecer "em geral", esquecendo-se de deduzir as consequências práticas.

A burocracia e o exército permanente são "parasitas" da sociedade burguesa, parasitas engendrados pelos antagonismos internos que esfacelam essa sociedade, parasitas que tampam os poros da vida. Kautsky considerava essa teoria do Estado parasitário própria dos anarquistas e somente dos anarquistas. Lênin afirmava que essa teoria também era a dos marxistas, os quais reconheciam as características fundamentais do Estado burguês.

---

[10] Lênin, *O Estado e a Revolução*, op. cit., p. 33.
[11] Ibidem, p. 34.

Nunca um Estado proletário pode fundar-se num exército permanente e numa burocracia, afirmava com ênfase Lênin. Pois, então, a Rússia não é um Estado proletário. Quem o afirma é Lênin.

Esquema

O "definhamento" para os marxistas processa-se imediatamente após a vitória revolucionária do proletariado.

Ao proletariado cabe a destruição da burguesia como classe.

Centralização do poder burocrático, polícia e exército permanente	Características *próprias* do *Estado burguês*, para Lênin

10. O Estado para os socialistas libertários e anarquistas

Eis o conceito anarquista do Estado:

> O Estado – isto é, a instituição governativa que faz as leis e as impõe por meio da força coercitiva, com a violência ou a ameaça – tem uma vitalidade própria e constitui, com seus componentes estáveis ou eletivos, com seus funcionários ou magistrados, com seus policiais e com seus clientes, uma verdadeira e própria classe social à parte, dividida em tantas castas quantas sejam as ramificações de seu poder; e esta classe tem seus interesses especiais, parasitários ou usurários, em conflito com os da coletividade restante, que o Estado pretende representar.
>
> Esse imenso polvo é o inimigo natural da sociedade, da qual absorve sua alimentação. Ainda num regime capitalista, onde o Estado é o aliado natural e a garantia material, armada, dos privilégios econômicos, não são somente os trabalhadores conscientes que veem no Estado um inimigo; também uma parte da burguesia sente aversão pelo Estado, pois vê no governo um competidor, que rouba, com a fiscalização, uma parte de seus benefícios e lhe impede desenvolver e exercer além de seus limites sua função exploradora.[1]

---

[1] Luigi Fabbri, *Dittatura e Rivoluzione*. Bregano, Progetto Esigere, 2017, p. 47.

E bastava citar, segundo Fabbri, os exemplos de Bastiat e de Spencer. Escrevia Malatesta quarenta anos atrás:

> [...] Em nada ajuda dizer que, quando deixem de existir as classes privilegiadas, o governo não poderá ser outra coisa que o órgão da vontade coletiva: os governantes constituem por si mesmos uma classe, e entre eles se desenvolve uma solidariedade de classe muito mais poderosa que a existente entre as classes fundadas sobre privilégios econômicos.
>
> É verdade que hoje o governo é o servo da burguesia, mas não precisamente porque é governo, mas porque seus membros são burgueses; por outra parte, enquanto governo, ele, como todos os criados, engana seu patrão e o rouba. [...]
>
> O que está no poder quer permanecer ali, e quer, a qualquer preço, fazer prevalecer sua vontade; e, posto que a riqueza é um instrumento eficacíssimo de poder, o governante, se não abusa também e não rouba pessoalmente, fomenta, à sua volta, o surgimento de uma classe que lhe deverá seus próprios privilégios e que estará interessada em sua permanência no poder. Os partidos do governo são, no campo político, o que são as classes possuidoras no campo econômico.
>
> [...] propriedade individual e poder político são os dois anéis da cadeia que oprime a humanidade [...]. Não é possível libertar-se de um deles sem libertar-se do outro. Abolir a propriedade individual sem abolir os governos significa que aquela se constituirá por obra dos governantes. Abolir o governo sem abolir a propriedade individual significa que os proprietários reconstituirão o governo.
>
> Quando Engels, talvez para resguardar-se da crítica anarquista, dizia que, desaparecidas as classes, o Estado propriamente dito não tem razão de ser e se transforma, de governo dos homens, em administração das coisas, não fazia mais que um jogo de palavras vão. Quem tem o domínio sobre as coisas tem o domínio sobre os homens; o

que governa a produção governa os produtores. Quem mede o consumo é o senhor dos consumidores.

O problema é este: ou as coisas são administradas segundo os livres acordos dos interessados, e por parte dos próprios interessados, e em tal caso se realiza a anarquia, ou as coisas são administradas segundo as leis feitas pelos administradores, e, então, existe o governo, o Estado, que fatalmente se torna tirânico.[2]

Nunca os anarquistas se iludiram nem se empolgaram com as promessas dos socialistas autoritários, que pretendem substituir um Estado por outro, com a promessa de que este definhará logo a seguir. O fortalecimento crescente do novo Estado, sua centralização, seu poder cada vez maior, foi o que eles previram. E realmente a história veio dar-lhes razão. Tudo quanto sucedeu à Rússia, anos antes da Revolução e nos dias agitados desta, foi previsto pelos anarquistas, como ainda estudaremos.

Os anarquistas previram que Lênin seria vítima de seu Estado e, depois dele, Trotsky, e todos os outros, que estiveram desde a primeira hora na vanguarda da Revolução. A vitória de Stálin foi prevista por Malatesta e por Fabbri, e por muitos outros. Sua falta de escrúpulos e seu desejo oriental de poder deveriam transformá-lo no mais poderoso dos ditadores. Posteriormente os fatos tudo confirmaram.

Os socialistas libertários não creem que a revolução social se faça através do Estado, seja este qual for. Não se trata de substituir uma dominação por outra, como sucedeu tantas vezes na história, mas de abolir o domínio do homem sobre o homem, a exploração do homem sobre o homem,

---

[2] Errico Malatesta, "Lo stato socialista". *Studi Sociali: Revista Bimensile di Libero Esame*, ano 1, nº 8, Montevidéu/Buenos Aires, Editorial La Protesta, 8/9/1930, p. 2. Disponibilizado pela Biblioteca Libertaria Armando Borghi em: http://bibliotecaborghi.org/wp/wp-content/uploads/2016/10/n_08.pdf. Publicação original: *L'Agitazione*, nº 10, Ancona, 15/5/1897. Também incluído em Errico Malatesta, *Anarquistas, Socialistas e Comunistas*. Coleção Pensamento e Ação. São Paulo, Cortez Editora, 1989.

representada no próprio Estado. A luta contra este é, portanto, a principal ação. E podemos terminar com as palavras de Fabbri escritas nos dias da Revolução de Outubro:

> A ditadura, que é o Estado sob a forma de governo absoluto e centralizado, embora tome o nome de proletária ou revolucionária, é, no entanto, a negação da revolução. Depois que as velhas dominações tenham sido abatidas, o Estado tirânico renascerá de suas cinzas.[3]

---

[3] Fabbri, *Dittatura e Rivoluzione*, op. cit., p. 53.

11. Pode a ditadura ser uma escola de liberdade?

Antes da Revolução Russa, não se tinha uma ideia concreta do que seria a chamada "ditadura revolucionária do proletariado". Os escritores socialistas divergiam quanto à visão dos acontecimentos futuros. Enquanto uns falavam em constituinte revolucionária, em república social, outros falavam em ditadura ou até em democracia operária. Os fatos processados durante a Revolução Russa vieram apenas confirmar aquilo que alguns socialistas mais esclarecidos previam com a instalação de um novo Estado proletário. Durante os primeiros anos da Revolução Russa, quando a burguesia internacional armada tudo envidava para destruir a revolução e impor à Rússia sua vontade, a posição dos anarquistas foi a de colocar-se ao lado do proletariado insurreto, lutar contra a burguesia e tudo fazer para que a revolução não conhecesse compassos de espera perigosos, sempre aproveitados pelos oportunistas e pelos ambiciosos. A preocupação crescente e dominante dos anarquistas era evitar a crítica ao que se passava na Rússia, evitar, nessa crítica, a análise dos atos governamentais perigosos, para impedir, assim, que ela fosse servir de elemento de propaganda para os eternos inimigos do proletariado. No entanto, muitas foram as vozes que se ergueram antes e durante a revolução, vozes de bom senso, vozes honestas, que procuravam por todos os meios fazer ver aos dirigentes do movimento bolchevista que eles, na prática, não estavam realizando sua teoria, e estavam preparando a armadilha que iria servir, depois, para enlear muitos deles. A história nos ensina uma verdade, uma grande verdade, para a qual temos sempre os nossos olhos voltados, diziam os anarquistas. Não nos iludamos nunca com as exclamações de boa vontade, nem com as declarações de sinceridade revolucionária. Sabemos que há homens bem intencionados e revolucionários honestos entre os nossos adversários, mas sabemos, também, que eles, colocados em postos de mando, tornam-se finalmente iguais aos outros, opressores como os outros. Nós, que renunciamos a toda e qualquer função de mando, não o fazemos por um gesto de renúncia idealista, mas como um gesto de vontade e por sabermos que, se a nós nos fosse dado o poder, e nós o aceitássemos, ao mesmo tempo que deixaríamos de ser anarquistas, nos transformaríamos, pela força das circunstâncias, em novos opressores dos nossos camaradas. Assim a nossa crítica não representa a estúpida e ingênua acusação tão comum nos meios dos socialistas, prosseguem os anarquistas, de que entre nós estão os melhores homens, e os piores, entre os nossos adversários. Não! Entre nós, como entre eles, há homens, e esses homens, impulsionados por sua vontade de potência, transformada na luta em desejo de dominar e mandar, tornam-se, de idealistas e revolucionários sinceros, opressores de seus irmãos e camaradas.

Logo no início da Revolução Russa muitos escritores, socialistas libertários, perceberam os erros que estavam sendo cometidos. Chamaram a atenção para eles, enquanto punham todas as suas forças na defesa da revolução. Eram vozes que se erguiam, cheias de boa vontade e de experiência, enquanto tudo era feito para evitar que a revolução sofresse uma derrota fatal.

Entregar "todo o poder aos sovietes" é perigoso, mas o aceitamos, declaravam os anarquistas, porque os sovietes não são criação de um partido político, mas uma espontânea realização do povo russo. Se o poder permanecesse nele, o perigo para a revolução seria muito menor. Mas os bolchevistas, organizados em partido, ambicionavam o poder. E, com o tempo, deu-se o que os anarquistas previram: os sovietes perderam o poder, transferindo-o para a organização burocrática do Estado, que monopolizou o mando supremo. E depois viria *a outra fase*: o aniquilamento dos partidos de oposição. Todos os compromissos assumidos com os anarquistas e com os socialistas revolucionários foram postos de lado, e estes foram massacrados aos milhares para que somente os bolchevistas pudessem dirigir, e nenhuma voz mais se erguesse. Foi a *terceira fase*. Mas a *quarta fase* era inevitável: a centralização crescente do poder nas mãos de um grupo de homens do partido, de uma elite. E, em pouco tempo, o partido bolchevista desapareceu, e perdeu a sua chamada democracia interna, e a direção de cima para baixo tornou-se absoluta. Um grupo dirige a vontade e a consciência de todo um povo. Mas viria a *quinta fase*, fatal, que os anarquistas previram: a ascensão do ditador. E veio. Lênin assumiu todo o poder, sua vontade reinava soberana. Mas o governo de Lênin não seria, ainda, a última fase. Outro viria após a sua morte e assumiria ainda mais poder. E sucedeu a *sexta fase*: o poder absoluto de um dirigente. Após a morte de Lênin, a luta travou-se pelo poder. E a revolução começou a devorar os filhos. Vencedor, Stálin foi inexorável para com todos os que lhe fizeram frente, e os que não caíram sob as balas dos pelotões assassinos gelaram nas regiões perdidas da Sibéria, ou conheceram o exílio. O bonapartismo é a *sétima fase* prevista para o bolchevismo, e não está muito longe.[1] Tudo isso não foi demoniacamente criado. Foi a consequência das circunstâncias históricas. Sabíamos, dizem os anarquistas, que tal sucederia, quando vimos a revolução não seguir o caminho teoricamente traçado por Lênin em *O Estado e a Revolução*. Sabíamos que o perecimento do Estado não se processaria logo após a quebra do Estado czarista, mas o Estado proletário iria conhecer uma hipertrofia crescente até se transformar no maior sistema de opressão que conheceu a história. Nietzsche dizia que, se os socialistas um dia governassem a sociedade, fariam leis mais duras e terríveis que quaisquer outros, por mais que falassem na liberdade. E então, dizia ele, o mundo conhecerá a mais terrível e opressora forma de governo.[2]

Nós também sabíamos e os fatos vieram confirmar posteriormente as nossas previsões.

* * *

---

[1] Mais uma vez: este livro foi publicado em 1953. (N. E.)
[2] Cf. Friedrich Nietzsche, *Humano, Demasiado Humano*. Trad. Paulo César de Souza. São Paulo, Companhia de Bolso, 2005, p. 153, § 473 (ePub).

Os frutos da Revolução Russa não devem ser desprezados, e nos devem servir para que estudemos novamente, e com acuidade, os problemas surgidos ao movimento socialista.

Durante os primeiros anos da Revolução Russa, Fabbri escrevia estas palavras:

> A Rússia está experimentando, uma vez mais, uma orientação autoritária da revolução. Quais são seus frutos e lições? Uma resposta definitiva só poderá ser dada quando todas as fronteiras se abram e possamos ter relações com nossos companheiros dali, e ouvir os testemunhos mais sérios segundo nosso ponto de vista.
>
> Não obstante, desde já podemos verificar muitas coisas e fazer muitas deduções.
>
> A Rússia proletária, em sua revolução, seguiu em parte a mesma trajetória que seguiu a revolução burguesa da França em 1789: derrocada do governo, com a ajuda de uma parte das tropas; tentativas de acomodamento, primeiro constitucionais e depois republicanas, sempre mais avançadas. Mas afinal, com a queda do governo burguês – que na França teria correspondido em 1793 ao triunfo dos hebertistas, os quais, ao contrário, foram guilhotinados –, as coisas tomaram um aspecto diverso. Isto é, o aspecto foi diverso no sentido de terem subido ao poder os representantes dos proletários, os partidários da igualdade econômica; mas, no terreno político, quanto ao que respeita à formação do governo, este assumiu um caráter muito parecido com o centralista e ditatorial dos jacobinos e de Robespierre.
>
> Na polêmica com os anarquistas, os socialistas e comunistas costumam frequentemente chamar aqueles de *jacobinos*; mas não se compreende por quê. A orientação jacobina da revolução é precisamente a preconizada pelos socialistas partidários da ditadura proletária. Pode dizer-se, com efeito, que foram os jacobinos os que criaram a primeira ditadura revolucionária. Quem goste das semelhanças históricas pode, portanto, dizer que os comissários do povo, com Lênin à cabeça, são na Rússia o que foi na França o Comité de Salut Public, com Robespierre à frente; e os sovietes locais russos, com o Soviete Central

de Moscou, são o que eram as sociedades e os clubes jacobinos nos vários pontos da França, com a Sociedade *mater* de Paris na cabeça.

A semelhança, ademais, foi aceita também por Lênin quando em 1904 os mencheviques russos acreditavam ofendê-lo, acusando-o de jacobinismo. "O jacobino", respondia, "que une seu destino ao da classe social mais avançada de seu tempo, a do proletariado, é o revolucionário social-democrata". Quatorze anos depois, a 6 de setembro de 1918, num discurso na Assembleia do Soviete de Petrogrado, no dia seguinte ao atentado contra Lênin, um dos homens mais importantes do movimento bolchevista, Zinoviev, morto em 1936 como traidor, fazia a apologia de Lênin, recordando a resposta mencionada, e ainda acrescentando: "A figura do proletário-jacobino Lênin escurecerá a recordação dos mais famosos jacobinos da grande Revolução Francesa".

Os nomes novos, os barbarismos introduzidos na linguagem socialista, não devem esconder-nos a essência das coisas. Os bolchevistas não são mais que a fração majoritária do partido marxista russo, chamado social-democrata antes da guerra; e esta fração é uma das tendências mais autoritárias e centralistas do socialismo internacional, a mesma contra a qual polemizaram continuamente os anarquistas, desde os tempos de Bakunin em diante. [...][3]

A própria Rosa Luxemburgo, em 1918, dizia para Lênin e para Trotsky:

[...] o socialismo [...] não pode ser outorgado nem introduzido por decreto [...], por uma dúzia de intelectuais fechados num gabinete. [...] algumas dúzias de chefes, partidários de uma inesgotável energia e de um idealismo sem limites, dirigem e governam; entre eles, a direção é assegurada, na realidade, por uma dúzia de espíritos superiores, e a elite do operariado é convocada de tempos em tempos para reuniões, com o fim de aplaudir os discursos dos chefes e de votar unanimemente as resoluções propostas [...].[4]

---

[3] Luigi Fabbri, *Dittatura e Rivoluzione*. Bregano, Progetto Esigere, 2017, p. 58-60.
[4] Rosa Luxemburgo, *A Revolução Russa*. Trad. Isabel Maria Loureiro. Petrópolis, Vozes, 1991, p. 92, 94.

Isso, no fundo, diz ela, é um governo de grupo, uma ditadura... "de um punhado de políticos", uma "ditadura no sentido puramente burguês".[5]

E, como se tamanha previsão não fosse bastante, a grande revolucionária a completava com este pressentimento ainda mais impressionante: "tal estado de coisas engendra inevitavelmente um recrudescimento da selvageria na vida pública".[6]

É oportuno recordar as palavras de Fabbri, escritas em 1921:

> Confunde-se frequentemente bolchevismo com sovietismo, devido à impressão que adquirem essas duas palavras, transportadas tais e quais em lugar de serem traduzidas aos outros idiomas. O bolchevismo não é mais do que uma doutrina de partido, e este partido é o marxismo revolucionário. O sovietismo é muito diferente: um sistema prático de organização das relações obreiras e revolucionárias, o modo de prosseguir a vida social ainda em tempo de revolução e depois de derruir o poder, quer de acordo com o novo poder, quer independentemente dele. De certo modo, os sovietes, na Rússia, se tornaram bolchevistas, porque, especialmente nas grandes cidades, os bolchevistas constituíram maioria em seu seio e puderam, assim, impor o seu sistema aos outros, por meio do poder político, conquistado pelo proletariado industrial nos grandes centros.
>
> Isto não quer dizer que os sovietes sejam ao mesmo tempo bolchevistas. Todos recordarão que, precisamente no princípio da recente Revolução Russa, alguns deles eram socialistas revolucionários, outros mencheviques, havia outros mais moderados ainda, e alguns mais avançados, e até, em muitos lugares, exercem os anarquistas uma influência preponderante.
>
> [...]
>
> Os sovietes nasceram, na realidade, independentemente do bolchevismo; surgiram do espírito de iniciativa dos operários das cidades e

---

[5] Ibidem, p. 94.
[6] Ibidem.

dos campos, aguilhoados pela necessidade de prover imediatamente, e de modo orgânico, as necessidades práticas da revolução, as relações, a alimentação das massas, a produção, o armamento, etc. Tinham a organização mais simples, que poderia dizer-se federalista ou autonomista, embora permanecendo cada um em relação com os outros para as necessidades da vida social no próprio povoado, bairro ou cidade. O acordo entre os vários sovietes fazia-se sobre bases igualitárias e sem coerções de uns sobre os outros.

A breve experiência de 1905 foi sumamente útil. Apenas estalada a segunda, e desta vez vitoriosa, revolução em massa de 1917, os sovietes se reconstruíram de uma maneira mais ampla, até abarcar, com uma espessa rede, toda a Rússia. Seus caracteres próprios, ligeiramente esboçados e não bastante claros doze anos atrás, concrecionaram-se e delinearam-se muito melhor ainda. A nova instituição fez-se tão forte que nenhum governo teria podido existir sem ser, ao menos, tolerado por ela. Os bolchevistas compreenderam bem o fenômeno, e trabalharam sistematicamente para adquirir nela uma maioria efetiva, pelo menos nas cidades mais importantes e mais populosas, onde, por outra parte, o predomínio do proletariado industrial, já inclinado a segui-los, facilitava-lhes as tarefas, e onde era, também, mais fácil apoderar-se do governo por meio de golpes e insurreições armadas.[7]

Cita ainda Fabbri as opiniões de um artista americano, Robert Minor, que se encontrava na Rússia quando se deu a revolução. Nas palavras de Minor:

A existência dos sovietes não se deve precisamente aos líderes bolchevistas, os quais não os criaram, nem os guiaram durante alguns meses, nem mesmo quando eram considerados seus dirigentes. Os bolchevistas encontraram os sovietes já constituídos, brotados do solo, por assim dizer, criação de milhares de inteligências, numa tentativa de regular as coisas sem necessidade do governo.[8]

---

[7] Fabbri, *Dittatura e Rivoluzione*, op. cit., p. 61-63.
[8] Ibidem, p. 63.

E acrescenta Fabbri às palavras do artista americano:

> Essa origem espontânea e popular dos sovietes, não prevista nem preordenada por partido nenhum, é admitida também pelo conhecido escritor bolchevista Karl Radek, segundo o qual "a ideia dos conselhos foi engendrada e formou-se do mesmo modo genial que a natureza gera e forma seus cristais".[9]

Minor prosseguia:

> Os originários sustentadores dos sovietes podem justamente ser chamados anarquistas e comunistas. A grande empresa consistia, pois, em apoderar-se dessa imensa força anárquica, domesticá-la e guiá-la.[10]

E Fabbri comenta:

> Em suma, os sovietes devem-se, mais do que tudo, às tendências anárquicas das massas rurais; e, se os bolchevistas conseguiram transformá-los em seus organismos de governo, isto não impede que a ideia sovietista, antiautoritária e federalista, contradiga e se choque com o espírito autoritário e centralizador do bolchevismo e, portanto, da concepção social-democrata e marxista da revolução. Também é verdade que os anarquistas russos, partidários e entusiastas dos sovietes, no período de sua formação original, encontram, na Rússia, a maior hostilidade propriamente nos bolchevistas, que devem à instituição dos sovietes seu poder e sua fortuna política.
>
> Isto só se pode explicar de uma maneira. Os anarquistas, defendendo a liberdade e a autonomia dos sovietes, contra a preponderância do governo central, que está em mãos dos bolchevistas, impedem a estes consolidar-se, e fazem assim menos "forte" a ditadura.
>
> Certamente na hostilidade para com os anarquistas não pode deixar de ter influído o antigo "ódio teológico" marxista, que ficou como herança nos bolchevistas, e que nunca se atenuou, mas somente

---

[9] Ibidem, p. 63, n. 27.
[10] Ibidem, p. 63.

silenciou nos momentos em que a ajuda das forças anárquicas lhes era necessária para conquistar o triunfo. Especialmente Lênin não deixou escapar ocasião para falar com desprezo dos anarquistas, e também com aquela mesma patente ignorância de suas ideias que se encontra tão frequentemente nos escritores social-democratas. Assim, por exemplo, ele se satisfaz em atribuir ao anarquismo, copiando Karl Marx na polêmica sustentada contra Proudhon, um caráter pequeno-burguês que é bastante mais atribuível ao socialismo autoritário e parlamentar.

Proudhon, autor tão desordenado quanto enciclopédico, pode ser considerado o último dos socialistas utópicos e o primeiro dos socialistas modernos, impropriamente chamados "científicos". Deixou uma enorme produção intelectual, da qual uma parte é forte e originalmente anárquica, o que lhe valeu o nome de "pai da anarquia". Mas há ainda toda uma parte utópica, na qual Proudhon propõe várias reformas e vários modos de chegar à solução do problema social, que nunca os anarquistas tornaram própria (e é aquela mais criticada por Marx), mas que foi literalmente saqueada pelo socialismo reformista, ao qual se podia, portanto, com toda a pertinência, atribuir o epíteto marxista de "pequeno-burguês".[11]

Podemos agora caracterizar, de maneira evidente, as diferenças profundas que se põem entre os socialistas libertários e os socialistas autoritários. A velha polêmica já tem um século e a experiência evidenciou o acerto das opiniões libertárias, demonstrando ainda que os autoritários são na prática completamente distintos da teoria.

Para os anarquistas não é a ditadura o que interessa, mas a revolução permanente, a oposição a toda autoridade constituída, a ação direta dos operários contra tudo quanto seja resíduo do antigo regime, e a instalação de associações livres de produtores e consumidores, que representarão a verdadeira transição da sociedade burguesa para a sociedade socialista. Lênin e seus sequazes

---

[11] Ibidem, p. 63-64.

conceberam sempre a ditadura no seu aspecto mais despótico. Acreditaram que seria a única capaz de modificar a estrutura social e, para aqueles que julgam que o conceito de ditadura do proletariado é só um sinônimo de violência proletária, conciliável com a liberdade do movimento individual e coletivo da classe operária e da força revolucionária em ação, basta reproduzirmos aqui o discurso pronunciado por Lênin no Congresso Panrusso dos Sovietes, em abril de 1918, que expõe claramente a concepção ditatorial, tão diferente daquela que anos antes da revolução era exposta em teoria:

> Se não somos anarquistas, devemos admitir a necessidade do Estado, quer dizer, da *coerção*, no período de transição do capitalismo ao socialismo. A forma de coerção será determinada pelo grau de evolução da verdadeira classe revolucionária, além das circunstâncias especiais como, por exemplo, a herança de uma guerra longa e reacionária e as formas de resistência da burguesia e da pequena burguesia. *Não há portanto absolutamente nenhuma contradição de princípio entre a democracia dos* sovietes *e o uso de poder ditatorial por parte de algumas pessoas.* A distinção entre uma ditadura proletária e uma burguesia consiste nisto: a primeira dirige seus ataques contra a minoria dos exploradores, em interesse da maioria explorada; e ainda mais importante, a primeira, embora exercida por algumas pessoas, não só é exercida pela massa de trabalhadores explorados, mas também pelas organizações que se formaram com o propósito de elevar estas massas ao trabalho criador da história.
>
> Os sovietes constituem parte desta classe de organizações.
>
> No tocante à segunda questão, sobre o significado do poder ditatorial e individual, sob o ponto de vista dos problemas específicos do período presente, devemos dizer que toda a grande indústria de maquinários – que é a causa produtiva do material e a base do socialismo – exige *a mais ilimitada e rígida unidade da vontade, que dirige o trabalho* comum de centenas de milhares e de dezenas de milhares de pessoas.
>
> Esta necessidade é óbvia desde o ponto de vista histórico, técnico e econômico, e foi sempre reconhecida por aqueles que

trouxeram algumas ideias ao socialismo como um requisito indispensável. Como podemos assegurar uma firme unidade de vontade? *Com a subordinação da vontade de milhares de pessoas à vontade de uma só.*

Esta submissão, se os participantes do trabalho comum são idealmente conscientes e disciplinados, pode assemelhar-se à débil direção de um diretor de orquestra; mas pode assumir a forma extrema de uma ditadura se falta a disciplina ideal e consciente. Mas, de qualquer modo, a subordinação indiscutível a uma vontade única é absolutamente necessária para o êxito do processo do trabalho organizado segundo o tipo da grande indústria mecânica. Isto é duplamente verdadeiro para as estradas de ferro.

É precisamente esta passagem de um trabalho político a outro, que na aparência não tem semelhança com o primeiro, o que constitui a característica do período presente. A revolução rompeu apenas as mais antigas, as mais fortes, as mais pesadas cadeias, às quais foram as massas obrigadas a submeter-se. Assim era ontem, e hoje a própria revolução – no interesse do socialismo, verdadeiramente – exige absoluta submissão das massas à vontade única daqueles que dirigem o processo do trabalho.[12]

E Fabbri, comentando este discurso, escreve:

Como se vê, aqui não se trata de violência e de coação contra os velhos dominadores e a sobrevivente burguesia apenas, mas aquelas são exercidas também sobre as massas populares. A ditadura de classe converte-se efetivamente na ditadura de um partido, na ditadura pessoal dos dirigentes desse partido, tanto no campo da organização política como no da organização econômica.[13]

Tudo isso comprova quão diferente da teoria é a prática dos socialistas autoritários. Estes *soi-disant* socialistas científicos, apesar de iluminados pela

---

[12] Apud ibidem, p. 66-67.
[13] Ibidem, p. 67.

verdade, e de serem senhores do método mais científico quanto à observação dos fatos sociais, nunca conseguem teorizar algo que a realidade posterior não desminta de modo flagrante. Vemos assim, através dos fatos e das palavras dos teorizantes do marxismo, a evolução de toda a doutrina proletária atravessar as seis fases anteriormente descritas para transformar-se, finalmente, na mais férrea das ditaduras, ante a qual aquelas chamadas burguesas chegam a ser pálidas experiências opressoras. Quando a prática não confirma a teoria, é porque a teoria era apenas uma lucubração, e lhe faltavam os fundamentos reais, embora aparentemente chamados científicos por eles, mas afastados da grande realidade que é o homem com os seus apetites e seus impulsos, colocado no meio social, e que busca, apesar de empolgado por suas ideias mais puras, realizar seus baixos apetites.

Sempre consideramos que pregar no socialismo as ideias autoritárias, que justificar a necessidade de uma ditadura, da alienação da liberdade individual e coletiva, em benefício de uma aparente realização superior das nossas ideias, não cria homens aptos para o uso futuro da liberdade, mas seres predispostos a aceitar novas algemas.

No exemplo do povo alemão, já historicamente educado para a alienação da liberdade, para a disciplina consciente ou não, toda a propaganda dos partidos do socialismo autoritário favoreceu o advento do nazismo.

Na Alemanha, não se lutou para transformar o povo alemão num povo de homens livres, capaz de repelir toda e qualquer tentativa de transformá-lo em rebanho. Ali, o socialismo autoritário não mostrou ao povo alemão a realidade da sua situação de oprimidos e, fortalecendo toda a história alemã e toda a propaganda em prol da alienação da liberdade, preparou as novas gerações alemãs a compreender que só se liberta de uma ditadura caindo noutra ditadura. Ao reconhecer psicologicamente a fatalidade da ditadura, tão evidenciada pela propaganda prática e teórica, o nazismo sobreveio à Alemanha, sem encontrar, a não ser dos socialistas libertários, uma reação à altura da dignidade humana.

12. Ditadura e liberdade

Comecemos com outra citação de Fabbri:

> Os partidários da ditadura proletária caem num erro ao crer trazer um remédio, ao substituir mais ou menos a mascarada ditadura burguesa por aquela dos representantes dos trabalhadores. E a nós, que afirmamos que se deve deixar a revolução desencadear-se com o máximo possível de liberdade, deixando o caminho aberto a todas as iniciativas populares, nos respondem com uma quantidade de objeções, que podem ser resumidas num sentimento único que, ademais, não são capazes de confessar nem sequer a si mesmos: *o medo à liberdade*. Depois de terem exaltado o proletariado durante cinquenta anos, agora que está em vésperas de romper as suas cadeias, duvidam dele, reputam-no, no íntimo de seu pensamento, incapaz de administrar por si próprio seus interesses e pensam num novo freio que será preciso pôr-lhe para guiá-lo "pela força" para a libertação.
>
> [...]
>
> Todas as objeções que apresentam os partidários da ditadura giram em torno deste principal argumento: a incapacidade da classe operária para governar-se por si mesma, para substituir a burguesia na administração da produção, para manter a ordem sem o governo; quer dizer, reconhecem-lhe apenas a capacidade de eleger representantes e governantes. [...][1]

---

[1] Luigi Fabbri, *Dittatura e Rivoluzione*. Bregano, Progetto Esigere, 2017, p. 209-10.

Os socialistas libertários são acusados de pequeno-burgueses porque creem no proletariado e não nos intelectuais do partido apenas.

Os anarquistas respondem: "Uma das críticas mais contumazes dos marxistas consiste em chamar-nos de pequeno-burgueses. O anarquismo, para eles, é uma filosofia tipicamente pequeno-burguesa, como proclamou um dia Lênin. E agora todos os seus corifeus e sequazes repetem a mesma frase. E com essa afirmação julgam-se satisfeitos. Aliás, a pecha de pequeno-burguês é a grande arma polêmica da qual usam e abusam em suas questões, quer com os adversários socialistas de qualquer espécie, quer até com os próprios companheiros que um dia cometem o grande sacrilégio de discordar da ação infalível dos chefes, bafejados pelo espírito santo da presciência absoluta. É difícil, quando em polêmica com os bolchevistas, manter-se esta num terreno digno, porque eles descambam para o ataque pessoal, para a infâmia, para a acusação sórdida. Seguem o velho método do chefe que um dia disse que lançassem infâmias e mais infâmias sobre o adversário porque alguma coisa haveria de ficar.

"Quando um de seus companheiros diverge, sobrevém logo a acusação: pequeno-burguês, fascista, contrarrevolucionário, sempre manifestou tendências colaboracionistas, etc. E o homem endeusado da véspera, o 'nosso grande companheiro', passa a ser o canalha de hoje.

"Todos os adversários dos bolchevistas são pequeno-burgueses, ou burgueses, ou fascistas. Ninguém pode ser revolucionário senão eles. Eles são os únicos filhos da revolução, os monopolizadores da revolução, os donos da revolução. Ingênua afirmativa, mas eternamente usada. Para a gente ignorante que os segue, pode isso causar efeito, mas, para a grande maioria do proletariado revolucionário, tais afirmativas causam dó e têm servido apenas para criar abismos intransponíveis entre os adversários socialistas, naturalmente com grandes proveitos para as camadas dominantes. Aliás, o papel dos bolchevistas, nestes últimos vinte anos, tem sido admiravelmente executado: conseguiram, com bastante eficiência, dividir as forças do proletariado e fortalecer, com a sua ação, a burguesia internacional".

E prosseguem os anarquistas:

"Mas, voltando à pecha de pequeno-burgueses, com que sempre brindam os socialistas libertários, devemos dizer aos marxistas o seguinte: uma análise bem singela da psicologia e da situação de classe do pequeno-burguês nos mostra que é uma camada entre duas classes: uma camada que teme tornar-se proletária, isto é, proletarizar-se, e que deseja ascender à situação da burguesia. Quando sente a impossibilidade de aburguesar-se, então revolucionariza-se. Aproxima-se do proletariado, torna-se socialista. Mas, quando se torna socialista, não afasta o olhar da posição de mando da burguesia. Deseja substituí-la. Ninguém, como ela, está à altura da posição de mando. Ela é a vanguarda consciente, porque ela sabe, é mais culta, mais inteligente. Ela é a vanguarda do proletariado. Então torna-se socialista, mas autoritária. O socialismo autoritário é tipicamente pequeno-burguês. E isto porque não acredita na capacidade criadora do proletariado, porque não acredita que este seja capaz de criar por si mesmo suas formas de vida. O pequeno-burguês não compreende como se possa fazer uma administração sem governo, isto é, sem ele. Como as massas humanas poderão se dirigir por si mesmas? É necessária uma força coercitiva, que guie o proletariado, o povo, em suma, para a liberdade.

"E nós, que acreditamos na força criativa das massas humanas, é que somos os pequenos-burgueses. A quanto leva a dialética falsificada!...".

* * *

E diz Fabbri que os bolchevistas, partidários da ditadura, aceitam postulativamente a incapacidade da classe operária para governar-se por si mesma, "para substituir a burguesia na administração da produção, para manter a ordem sem o governo; quer dizer, reconhecem somente a capacidade de eleger representantes e governantes".[2]

---

[2] Ibidem, p. 210.

E acrescenta:

> Naturalmente não declaram este conceito com as nossas próprias palavras; ao contrário, mascaram-no a si mesmos mais cuidadosamente que aos outros, com raciocínios teóricos diversos. Mas sua preocupação dominante é esta: que a liberdade é perigosa, que a autoridade é necessária para o povo, assim como os ateus burgueses dizem que a religião é necessária para não desviar-se ele do bom caminho.
>
> [...]
>
> Aqueles que falam da ditadura como de um mal necessário no primeiro período da revolução – no qual, pelo contrário, seria necessário um máximo de liberdade – não advertem que eles mesmos contribuem para torná-la necessária com sua própria propaganda. Muitas coisas se tornam inevitáveis à força de crer nelas e de querê-las como tais [...].[3]

* * *

E os anarquistas prosseguem: "Nós sempre acreditamos que um erro gera outro, sobretudo no tocante à ação social. Por isso somos visceralmente éticos em nossas atitudes e por isso tão combatidos. Como não aceitamos o uso da astúcia, nem das formas vacilantes ou turvas, nem das táticas indiretas, que empregam meios para enganar o adversário, como o uso da mentira, da infâmia, da falsidade, mas acreditamos que melhor faremos se agirmos diretamente, frente à frente, e como, embora derrotados muitas vezes, sempre o fomos com honra, não concordamos nunca com os processos ardilosos que poderíamos classificar de pequeno-burgueses, se tivéssemos a preocupação que têm os marxistas de emprestar sempre aos adversários a psicologia de uma classe, que as circunstâncias obrigam a

---

[3] Ibidem.

mostrar-se sempre com duas faces, porque estão sempre com um olho voltado para o proletariado e outro para a burguesia.

"Quando combatemos, às vésperas de Revolução Russa, a ditadura do proletariado, acusaram-nos de pequeno-burgueses, porque temíamos dar o poder aos trabalhadores. Não! O que temíamos não era isso, mas o contrário: que o poder não seria tomado pelos trabalhadores. E mais: sabíamos que ele iria cair, fatalmente, na mão de pequeno-burgueses *soi-disant* revolucionários. Dissemos então: a ditadura do proletariado dará o poder aos soviets. Até aí aceitamos como uma necessidade passageira. Mas sabíamos que os soviets acabariam perdendo o poder em benefício dos bolchevistas. Estes, depois, perderiam o poder, como conjunto, pela centralização fatal dos poderes. As ordens viriam de cima para baixo. E o poder passaria para um grupo de dirigentes. Mas tais dirigentes, prevíamos, lutarão entre si para obter o poder supremo. E fatalmente a ditadura proletária terminará na ditadura de um homem, como sempre se deu na história. Fabbri, antes da morte de Lênin, previa a luta fatal entre Trotsky e Stálin.[4] Lênin seria a primeira vítima. Depois se travaria entre aqueles a luta pelo poder. Mas Stálin ganharia por ser menos escrupuloso. E consequentemente os partidários de Trotsky iriam morrer nas masmorras, na Sibéria, ou ante os pelotões de fuzilamento. E tudo isso se deu. Stálin dominou onipotentemente". Esta a *etapa final* do que prevíamos para a chamada ditadura do proletariado. Sobreviriam depois de Stálin o bonapartismo e a derrota final.

* * *

Há uma página de Fabbri escrita nos primeiros dias da Revolução Russa, quando ainda o mundo desconhecia a realidade do que ali se passava, que tem o valor de uma profecia. Vamos reproduzi-la:

---

[4] Cf. ibidem, cap. 4, esp. p. 78, 84, 90-91 (n. 49), 96; ver também p. 244.

Não somos profetas nem filhos de profetas e não podemos prever o modo como tudo isso poderá acontecer. Mas chamamos a atenção dos leitores, e especialmente dos socialistas, para este fato: que o proletariado não é uma classe única e homogênea, mas um conjunto de categorias diversas, de algumas espécies de subclasses, etc., no meio do qual há mais ou menos privilegiados, mais ou menos evoluídos e, ainda, alguns que são, de certo modo, parasitas dos outros.

Há nessas classes minorias e maiorias, divisões de partido, de interesses, etc. Hoje tudo isso pouco se nota, porque o domínio burguês obriga um pouco a todos a sentirem-se solidários contra ele; mas o fato é evidente para quem estuda de perto o movimento operário e corporativo. A ditadura proletária seguramente iria para as mãos das categorias operárias mais desenvolvidas, organizadas e armadas, e poderá significar a constituição da classe dominante futura, à qual já agrada chamar a si mesma de elite operária, para prejuízo não somente da burguesia, simplesmente destronada em seus componentes anteriores, mas também das grandes massas menos favorecidas pela posição que ocupavam no momento da revolução.

Certamente se constituirá outra classe dominante – no fundo, uma casta, muito semelhante à atual casta burocrática governamental à qual justamente substituirá – integrada por todos os atuais funcionários dos partidos, das organizações, dos sindicatos, etc. Além disso, a ditadura terá, junto com o governo central, seus órgãos, seus empregados, seu exército, seus magistrados, seus politiqueiros; e estes, junto com os funcionários atuais do proletariado, poderão precisamente constituir a máquina estatal para o domínio futuro, em nome de uma parte privilegiada do proletariado e aliada a ela. Esta, naturalmente, cessará de ser, de fato, "proletariado" e se fará mais ou menos (o nome pouco importa) o que na realidade é hoje a burguesia. As coisas poderão ocorrer diversamente nos pormenores, poderão, também, tomar outra orientação, mas será parecida a esta e terá os mesmos inconvenientes. Em linhas gerais, o caminho da ditadura não pode conduzir à revolução, mas apenas a uma perspectiva deste gênero, quer dizer, ao contrário da finalidade principal da anarquia, do socialismo e da revolução social.

Tão errôneo é dizer que se quer a ditadura para a revolução como é ela desejada para a guerra! Que seja desejada para a guerra que a burguesia e o Estado realizam, com a pele dos proletários, é natural. Trata-se de fazer a guerra pela força, de fazer combater pela força a maioria do povo contra os seus próprios interesses, contra as suas ideias, contra a sua liberdade, e é natural que, para obrigá-lo, se necessita de um verdadeiro esforço violento, uma autoridade coercitiva, e que o governo se arme de todos os poderes [...].

Mas a revolução é outra coisa; é a luta que o povo empreende por sua vontade (ou cuja vontade é determinada pelos fatos) no sentido de seus interesses, de suas ideias, de sua liberdade. É preciso, por conseguinte, não refreá-lo, mas deixá-lo livre em seus movimentos; desencadear com inteira liberdade seus amores e seus ódios, para que brote o máximo de energia necessária para vencer a oposição violenta dos dominadores.

Todo poder limitador de sua liberdade, de seu espírito de iniciativa e de sua violência seria um obstáculo para o triunfo da revolução – a qual não perde nunca porque se atreve demasiado, mas só quando é tímida e se atreve pouco.[5]

---

[5] Ibidem, p. 212-13.

13. O definhamento do Estado

Para Lênin o definhamento do Estado começa logo após a quebra do Estado burguês, embora o prazo do "definhamento" possa ser de longa duração.

> É somente na sociedade comunista, quando a resistência dos capitalistas estiver definitivamente quebrada, os capitalistas tiverem desaparecido e já não houver classes (isto é, já não houver distinções entre os membros da sociedade quanto às suas relações com os meios sociais de produção), é *somente* então que o "Estado deixa de existir e que *se torna possível falar de liberdade*". Então somente se tornará possível e será aplicada uma democracia verdadeiramente completa, sem nenhuma exceção. Então somente a democracia começará a *extinguir-se* [ou '*definhar-se*'] pela simples razão de que, libertos da escravatura capitalista, dos horrores, das selvagerias, dos absurdos, das ignomínias sem nome da exploração capitalista, os homens *habituar-se-ão* gradualmente a respeitar as regras elementares da vida em sociedade conhecidas há séculos, reincorporadas durante milênios em todas as prescrições morais, a respeitá-las sem violência, sem coação, sem submissão, *sem este aparelho especial* de coerção que se chama: Estado.
>
> A expressão "o Estado *extingue-se* [ou '*definha*']" é muito feliz, porque exprime ao mesmo tempo a gradação do processo e a sua espontaneidade. Apenas o hábito pode produzir um tal efeito e ele o produzirá com certeza, porque verificamos milhares de vezes à nossa volta a facilidade com que os homens se habituam a observar

as regras necessárias à vida em sociedade quando não existe exploração, quando nada existe que excite a indignação, que suscite os protestos e a revolta, que necessite de *repressão*.[1]

Esse definhamento se processaria no período de transição do capitalismo para o comunismo. Mas, neste, a repressão é menor que no Estado burguês, pois, enquanto ali é uma minoria que oprime uma maioria, no Estado proletário seria uma maioria a oprimir a minoria, o que seria, portanto, mais fácil, e tornaria desnecessário um aparelho maior. É Lênin quem diz:

> O aparelho especial, a máquina especial de repressão, o "Estado", é *ainda* necessário, mas é já um Estado transitório, já não o Estado propriamente dito, porque a repressão exercida contra uma minoria de exploradores pela maioria dos escravos assalariados *de ontem* é uma coisa relativamente tão fácil, tão simples e *tão natural que custará muito menos sangue do que a repressão das revoltas dos escravos, dos servos e dos operários assalariados, e que ficará mais barata à humanidade* [grifo de Mário Ferreira dos Santos].[2]

E adiante diz:

> A partir do momento em que todos os membros da sociedade ou, pelo menos, a sua imensa maioria tenha aprendido a gerir *por si própria* o Estado, tomando todos os assuntos nas suas próprias mãos, e tenha "organizado" o controle sobre a ínfima minoria de capitalistas, sobre os pequenos senhores desejosos de conservar as suas práticas capitalistas e sobre os operários profundamente corrompidos pelo capitalismo – a partir desse momento, começa a desaparecer a necessidade de toda a administração em geral.
>
> Quanto mais completa for a democracia, mais próximo estará o momento em que aquela se torna supérflua. *E, quanto mais*

---

[1] Vladimir Lênin, *O Estado e a Revolução*. Trad. J. Ferreira. Porto, Biblioteca Meditação, 1970, p. 101-02.

[2] Ibidem, p. 103, grifos no original (salvo indicação contrária).

> *democrático for o "Estado" constituído pelos operários armados, que "já não é um Estado no sentido próprio da palavra", mais depressa começará a extinguir-se todo o Estado* [grifo de Mário Ferreira dos Santos].[3]

A diferença entre a teoria e a prática no marxismo nos mostra quanto de realmente utópico havia e há na sua obra teórica. Nada ilustra melhor a nossa apreciação que os fatos posteriores havidos na Rússia. Tudo quanto fora previsto, acalentado, admitido não se deu. A burocracia, temida e negada a pés juntos pelo marxismo, assenhoreou-se da máquina estatal.

Hoje falar-se, na Rússia, em supressão ou até em definhamento do Estado é algo impossível.[4] Mikhail Kalinin tentou fazer um discurso no qual perguntava quando se iniciaria esse definhamento. Dias depois "renunciou" à presidência da república por "motivos de saúde", e uma semana após "morria". Convém, porém, ressaltar dois pontos importantes: dizem os marxistas que a centralização do poder na Rússia foi uma necessidade ante a oposição feroz do capitalismo internacional. Se ali houvesse liberdade, a república "soviética" já teria sido destruída. Perguntam os anarquistas: por quê?

Porque o capitalismo teria mais facilmente destruído um Estado que fosse fraco. "Por quê?", tornam a perguntar. Porque o capitalismo poria em perigo a nossa situação.

Mas raciocinemos com calma, dizem os anarquistas. Se houvesse liberdade na Rússia e menos centralização de poderes, se ali se respirasse mais liberdade, qual seria a atitude do proletariado internacional? Se ali houvesse respeito aos socialistas revolucionários, aos libertários, a todos os partidos ou grupos que representam a luta contra o capitalismo, o proletariado internacional olharia a Rússia com olhos iguais aos com que olha hoje? Teria a burguesia internacional tantas armas como as que tem para combatê-la?

---

[3] Ibidem, p. 115-16, grifos no original (salvo indicação contrária).
[4] Vale sempre recordar: este livro foi publicado em 1953. (N. E.)

Nós dizemos não!, exclamam os anarquistas. Quando rompeu a Revolução Russa, e quando a liberdade ainda era um fato, o proletariado internacional recebeu a revolução com um entusiasmo nunca registrado na história. Quando sobrevieram as reações internas, todos os socialistas de esquerda, que dissentiam da ação estatal bolchevista, começaram a perder a simpatia, e com isso fortaleceram-se os sindicatos amarelos e os partidos burgueses. Com o fortalecimento da centralização estatal russa, aumentaram a resistência e o desentusiasmo das classes proletárias no resto do mundo. Os bolchevistas não souberam fazer um cálculo de equação de primeiro grau nem aplicar a dialética.

Nós afirmamos, prosseguem os anarquistas: quanto mais socialismo houvesse na Rússia (e socialismo é liberdade), mais fraca seria a resistência da burguesia, porque mais forte seria o apoio do proletariado internacional e das classes populares. Uma Rússia socialista nunca poderia temer que o proletariado internacional ajudasse a burguesia para combatê-la. Mas, quanto mais opressora, quanto mais estatal, quanto mais centralizadora de poderes, quanto mais intransigente contra os que querem que a revolução prossiga seu caminho, mais forte será a burguesia. O proletariado que goza de alguma liberdade nos países burgueses não pode ter entusiasmo para lutar por uma comissariocracia, que não admite nem de leve que alguém levante a voz para perguntar: mas, e o socialismo? Quando começaremos a realizá-lo? Daí por que, hoje, a Rússia encontra-se numa situação perigosíssima. Querendo fortalecer-se interiormente, aumentou a força contrária exterior. E perguntam ainda os anarquistas: nos dias em que o proletariado ainda era livre, dentro da Rússia, não lutou ela contra a intervenção de dezesseis nações e em oposição à contrarrevolução interior? Por acaso, a Ucrânia, onde os makhnovistas, isto é, os militantes, liderados pelo líder anarquista Nestor Makhno, preponderaram, não foi onde a luta assumiu as proporções mais épicas da revolução? E não foi com homens livres que se destruíram as tropas de Kolchak, de Grigoriev, de Petliura e de Wrangel?

Por que temer a liberdade? Não é ela, acaso, a escolha de homens capazes de lutar com mais entusiasmo do que escravos?

Estamos num momento histórico de máxima significação. E no futuro, quando se escreverem as páginas dessa história, poderão os historiadores dizer quão inimiga da liberdade e do socialismo foi essa casta de burocratas e de estatistas russos, que arrastaram a revolução, não ao definhamento do Estado e ao socialismo, mas à maior derrota proletária que talvez venha a registrar a história – terminam por dizer os anarquistas, e prosseguem:

Os que hoje ouvem a linguagem marxista-leninista-stalinista, ou trotskista, ou dissidente, sobre o Estado deveriam demorar um pouco a sua atenção para o que os marxistas *diziam antes* de fazer sua revolução e o que *disseram depois*, para justificar o "então-estávamos-enganados", que fora *cientificamente* afirmado, segundo os *fundamentos científicos* do marxismo-leninismo.

Como as teorias científicas e as suas hipóteses têm a vida de alguns anos, e novas teorias substituem as antigas, não é de admirar que o marxismo tenha sido, na prática, outra coisa do que foi na teoria, o que ainda não lhe deu a menor originalidade, pois apenas repetiu o que é frequente na história humana.

Não é apenas nas páginas de Marx e Engels, e posteriormente em Lênin (em *O Estado e a Revolução*), que vemos tratar do Estado *não utopicamente*, mas cientificamente. Durante os dias de "kerenskiada" (isto é, logo após a Revolução de Fevereiro de 1917, quando Alexander Fiódorovitch Kerensky ocupou o papel de ministro-presidente do governo provisório), enquanto os bolchevistas se apresentavam ao assalto ao poder, ainda as palavras de Lênin eram como estas: "o anarquismo nega *a necessidade de um Estado e de um poder estatal* no período de *transição* do governo da burguesia para o governo do proletariado, ao passo que eu, com uma precisão que descarta qualquer possibilidade de mal entendido, *advogo* a necessidade de um Estado nesse período, embora, em concordância com Marx e com as lições da Comuna de Paris, eu advogue não o usual Estado parlamentar burguês, mas sim um Estado *sem* um exército permanente, *sem* uma polícia oposta ao povo, *sem* uma burocracia situada acima do povo".⁵ Seria uma polícia diferente, muito diferente, um exército diferente, muito diferente, e uma burocracia diferente, muito diferente. E realmente foram e são. A polícia encarcera, leva para campos de concentração, tortura, obriga às confissões (como a dos médicos), o exército atira sobre operários que se rebelam contra a opressão (como na Alemanha Oriental) e a burocracia russa só defende os interesses do povo consumindo grande parte da arrecadação por pesadíssimos impostos e contribuições.

Mas, no mesmo tópico, adiante, Lênin ratifica a posição ante a polícia. Ele exclama com ênfase: "Camaradas operários, façam os camponeses e o restante do povo verem a necessidade de uma milícia universal em lugar da polícia e da velha burocracia!".⁶ Essa milícia deveria ser introduzida "por meio dos Sovietes dos Operários, por meio dos Sovietes dos Camponeses, por meio dos órgãos locais de autogoverno que caem nas mãos da classe trabalhadora",⁷ assim merecendo a *completa* confiança da população, porque seria uma organização de toda a população. A polícia, o exército e a burocracia seriam substituídos pelo povo armado. E páginas adiante, combatendo a polícia, sugeria que a sua existência era a razão do malogro das revoluções. E era inegavelmente verdade. E exclamava ao povo: "Experimentem, façam erros, mas aprendam a governar!". Mas logo depois, quando no poder, os bolchevistas deliberaram que só eles tinham o direito de errar, naturalmente à custa do povo, e este de obedecer.

E Lênin, nessa época, sabia exatamente como a polícia atua; por isso que repetia:

> As tarefas que o proletariado deve pôr diante do povo a fim de assegurar, consolidar e desenvolver a revolução consistem na

---

⁵ Vladimir Lênin, "*First letter*: Assessment of the present situation". In: Idem, *Collected Works – Volume 24: April-June 1917*. Bernard Isaacs (ed.). Moscou, Progress Publishers, 1964, p. 49, grifos no original.
⁶ Idem, "Appeal to the soldiers of all the belligerent countries". In: Idem, *Collected Works – Volume 24*, op. cit., p. 182.
⁷ Ibidem.

prevenção do restabelecimento da polícia e no recrutamento das forças organizacionais de todo o povo, de maneira a se formar uma milícia popular. [...][8]

Do contrário...

E o contrário, dialeticamente, veio.

Não queremos pôr em dúvida a boa-fé de Lênin. Ele certamente a teria. Os fatos é que contrariaram as suas palavras, e os fatos acabaram por vencê-lo. Ele acreditava que bastariam os sovietes e o povo armado. Admitia que todo o poder caberia aos sovietes de deputados.

Ele exclamava: não admitiremos "a restauração de um exército permanente separado do povo, [...] pois um tal exército é a mais segura garantia de que tentativas de todos os tipos serão feitas para censurar a liberdade e restaurar a monarquia".[9]

Seria longo citar as inúmeras passagens, artigos, cartas, discursos, proclamações que foram feitas durante os meses de março a outubro de 1917, isto é, nos meses que antecederam à revolução bolchevista até a NEP (ou seja, a *Novaya Ekonomiceskaya Politika*, ou Nova Política Econômica, iniciada em 1921), a grande guinada de direita.

Por quê? Era impossível caminhar para o socialismo? Um socialista libertário protestaria logo e diria: é sempre possível caminhar para o socialismo. Mas o caminho é um só: o socialista. Todo e qualquer outro caminho significa afastar-se dele. Todas as razões dos bolchevistas pecam pela base. Crentes até o fanatismo em suas interpretações da história, duvidosos da capacidade popular, ansiosos de poder, que neles gestou o autoritarismo, não concebem que a liberdade só pode ser gerada na liberdade, como o socialismo no socialismo. Precisam dos contrários, como manda a sua dialética. Então, piedosamente,

---

[8] Idem, "A new type of state emerging from our revolution". In: Idem, *Collected Works – Volume 24*, op. cit., p. 71.

[9] Idem, "Congress of Peasants' Deputies". In: Idem, *Collected Works – Volume 24*, op. cit., p. 169.

como aqueles devotos da Idade Média, que levavam lenha para as fogueiras dos hereges, eles oprimem o povo para forjar, assim, a sua contradição, a liberdade, sem a qual não há socialismo. Têm razão. A liberdade e o socialismo só podem surgir por oposição, por antítese aos bolchevistas.

* * *

Nestas páginas limitamos nosso exame aos textos da grande polêmica sobre o Estado, entre marxistas e socialistas libertários.

Os argumentos foram sintetizados, tanto quanto era possível.

Tais elementos são imprescindíveis à análise decadialética, que procederemos adiante, quando já tenhamos, bem esclarecidos, os pontos fundamentais.

14. As concepções libertárias e sua crítica do marxismo

Se considerássemos o socialismo em termos gerais, teríamos, como já o fizemos, de caracterizar como suas espécies

a. o socialismo libertário, representado sobretudo pelas tendências anarquistas;
b. o socialismo democrático dos partidos e organizações operárias, filiados à Segunda Internacional (de Amsterdam); e
c. o socialismo autoritário, o dos partidos comunistas (filiados tanto à Terceira Internacional, ou ao Comintern, que a substituiu, como à Quarta Internacional trotskista) e dos dissidentes marxistas.

Nos seus métodos de luta, para alcançar, pela revolução social, o socialismo, que todos aceitam, e sem precisar nitidamente o que entendem por tal, pois há dezenas de delineamentos mais ou menos tênues do seu conceito, os primeiros são adeptos da ação direta, não política, contrários ao monopólio de poder dado ao Estado, que pretendem desde logo destruir e substituir pela sociedade administrativamente organizada; enquanto os segundos aceitam a luta democrática, eleitoralista, parlamentar, até alcançar o domínio do Estado, que passaria a servir aos interesses das classes operárias, em vez de atender aos interesses das classes chamadas burguesas; e finalmente os terceiros são pela insurreição, com a instalação do que chamam a "ditadura do proletariado", o qual se encarregaria da transformação social, pela aplicação de uma férrea ditadura.

Os libertários negam terminantemente que o Estado seja um órgão capaz de realizar uma ampla e profunda reforma social de base socialista, pois, sendo um órgão opressor, de insaciável poder, tende naturalmente a divorciar-se das massas, a tornar-se, de meio, em fim, e a fazer malograr todas as tentativas de transformação social. Em abono de sua tese, trazem os fatos da história, tanto a passada como a contemporânea, e argumentam, sobretudo, com base no que se deu na Rússia, que revelou que o Estado, em vez de definhar, aumentou cada vez mais de poder, tornando-se tudo quanto os marxistas, antes, haviam dito que não se tornaria em suas hábeis e científicas mãos.

Os socialistas democráticos não admitem a ditadura do proletariado, mas sim a efetivação progressiva e prática do socialismo, estimulada pela ação das massas sob a direção de seus partidos, dentro da luta parlamentar. Não pretendem, desse modo, realizar uma revolução total, com a subversão completa de toda ordem, feita de modo imediato, mas mediata e lentamente, através das organizações estatais. Aceitam, portanto, uma ação indireta, política e econômica.

Os socialistas autoritários são pela subversão, embora aceitem previamente a luta política, indireta, sob a alegação de que serve como meio de agitação e de preparação das massas para as grandes batalhas decisivas, aceitando, segundo as circunstâncias, ora a ação direta (quando da insurreição), ora a ação indireta (política, eleitoralista, etc.).

A crítica cerrada que fazem entre si essas três espécies do socialismo não se mantém dentro de normas genuinamente filosóficas e éticas. Não se cansam de explorar armas ignóbeis, calúnias, ofensas, uns mais do que outros, no intuito de denegrir seus adversários, e nisso, pode-se dizer, sem a menor sombra de exagero, que os socialistas são verdadeiros mestres, pois nunca na história humana houve tamanho uso do desaforo. Tudo quanto a imaginação humana foi capaz de criar para ofender quem quer que seja, os socialistas

14. AS CONCEPÇÕES LIBERTÁRIAS E SUA CRÍTICA DO MARXISMO

souberam usar num desperdício de ofensas sem fim. Não há entre eles quem não seja acusado de traidor, policial, vendido, desde que pertença a uma das espécies contrárias.

Neste ponto, porém, temos de reconhecer, e os socialistas de todos os matizes não poderão deixar de fazê-lo em boa consciência, que os libertários são os mais comedidos, embora entre eles também surjam muitos que não põem rédeas nas línguas.

Mas esse aspecto desagradável do socialismo, que, já que os socialistas se atribuem tantas virtudes, não deveria ocorrer, é alguma coisa que paira de tétrico em sua história. Poderíamos até aventar aqui, e os socialistas em geral repelirão com energia, que a palavra *socialista* acabará na história humana tendo o mesmo destino de palavras como *cínico*, *sofista*, *epicurista*, *libertino* e outras, que terminaram por ser usadas, popularmente é certo, em sentido plenamente pejorativo.

O que nos interessa, agora, é ver como procedem em linhas gerais os socialistas libertários em suas críticas ao socialismo democrático e ao autoritário.

Vejamos os principais postulados.

1. O Estado político é uma forma de opressão. E, quando ele estabelece para si uma "filosofia oficial", torna-se duplamente opressivo.

A filosofia é uma busca contínua. E o inesperado pode surgir nessa viagem dos argonautas do espírito. O inesperado pode trazer a derruição de muitas verdades anteriormente aceitas. Estabelecer uma filosofia oficial, como desejam alguns marxistas, equivaleria a escrever previamente o último capítulo da história da filosofia.

Se as novas buscas nos oferecerem uma nova concepção do mundo e das coisas, o papel do filósofo será submeter-se à nova evidência. Nenhum verdadeiro marxista poderá admitir que a sociedade socialista desejada não pode oferecer novas possibilidades à filosofia. E, se pensasse de outra maneira, exerceria desse modo uma violentação inominável e criminosa ao espírito.

O socialismo revelará o inesperado, e imprevisto. Nenhum homem de boa-fé pode temer o imprevisto no conhecimento humano.

Uma filosofia oficial é um crime ao conhecimento. Filosofar é um constante reexaminar, analisar, disciplinar, inquirir. O exame da história mostra quão odienta tem sido a intolerância. Mas tolerância não consiste em transigir com as ideias alheias ou em aceitá-las em parte ou no todo, mas em compreender o *direito* que cabe aos outros de pensar diferentemente de nós. Devemos dar aos outros o "direito de errar". Junte-se este aos *novos direitos do homem*.

2. A organização da administração social, com base na livre cooperação dos indivíduos, é capítulo hoje da ciência. Pode, pelo menos, a administração social ser organizada cientificamente. A administração das coisas, da produção e da economia, é assunto que pode ser resolvido tecnicamente, e o papel do socialismo tem de ser este: organizar a sociedade tecnicamente na base da livre cooperação dos indivíduos com administração técnica da economia social, para a qual todos poderão e devem exercer uma parte de ação.

Mas daí a intervir na liberdade do homem e *no homem*, e estabelecer-lhe uma escala única de valores, é violentar-lhe o direito de dirigir a si mesmo, quando em cooperação com seus semelhantes.

3. O Estado, em vez de pôr-se a serviço da cultura, põe a cultura a seu serviço. Em vez de pôr-se a serviço do indivíduo e da espécie, põe a espécie e o indivíduo a serviço do Estado. Em vez de ser um meio para administrar as coisas em benefício do homem livre, torna-se um fim que governa o homem e as coisas em benefício de si próprio.

Esse é um exemplo vivo do fatalismo das formas viciosas. Mas a forma viciosa só se manifesta quando algo aparentemente puro traz em si seu germe. A autoridade atribuída, característica do Estado político, traz em si sua própria degeneração viciosa, que é a autoridade exercida como uma razão em si, como fim.

14. AS CONCEPÇÕES LIBERTÁRIAS E SUA CRÍTICA DO MARXISMO

O marxismo é uma ideologia nascida na paleotécnica e por ela influída. A organização industrial na paleotécnica, que se estabeleceu no século XIX e ainda prepondera hoje, é uma forma primitiva e brutal de organização técnica, dominada pelo princípio de que a quantidade supera a qualidade. Na eotécnica predominou a qualidade, porque a produção era dominada pelo artesanato. Na paleotécnica, predomina a quantidade porque a produção é feita em grandes volumes e destina-se aos grandes mercados.

Dialeticamente podemos concluir que a neotécnica buscará a quantidade com a qualidade, porque libertará o homem das grandes aglomerações, devolverá o prazer da realização de obras melhores e será orientada apenas por técnicos, já libertados dos preconceitos políticos que tanto têm prejudicado a marcha da evolução.

O marxismo, portanto, não representa a última palavra.

As novas descobertas que apareceram nesta guerra iniciaram o caminho da neotécnica, e esta evidencia já a decadência dos políticos. Nem a ciência nem a técnica poderão avançar, conhecer as grandes descobertas, sem a liberdade.

A liberdade é o fundamento de todo o progresso científico, técnico e artístico. Esta última guerra encerra para o homem a última página da ilusão dos regimes autoritários. As grandes massas bovinas que ainda seguem os chefes dos diversos partidos, pretensamente revolucionários, são precisamente o produto dessa paleotécnica em que o homem passou a ser uma engrenagem a mais de uma máquina, um autômato da produção, sem conhecer o prazer da produção nem da vitória, mas apenas a sensação do pássaro preso a uma cadeia. Esse autômato ressentido pela miséria e pela opressão, sentindo-se fraco, aproxima-se de seus irmãos de miséria para enfrentar o Moloch autoritário que o oprime.

É o proletariado revolucionário de hoje predecessor do homem liberto de amanhã, senhor de seus atos e de suas ideias. Mas, para o proletariado conhecer a libertação de si mesmo e romper as suas algemas, nunca o conseguirá entregando-se às ordens de novos chefes e guias. É buscando a si mesmo, e por si mesmo, para obter a libertação de sua condição de massa.

4. Toda filosofia que apenas *a priori* quer resolver as investigações é visualmente falsa. São as investigações feitas com liberdade que constroem a ciência e a filosofia. A ciência deu seu grande passo à frente quando pôde romper as barreiras que lhe criava uma falsa interpretação da filosofia escolástica, que também se julgava absoluta e perfeita. A história prova que o dogmatismo exagerado é socialmente prejudicial.

5. O homem desempenha um papel como ser social, é *pessoa*. Quem não quer ser pessoa, mas um zero, não refuta o desejo humano de ser *algo*. Para os líderes, para os guias, nada melhor que os numerosos zeros que lhes dão importância e os seguem de olhos fechados. Em oposição a este espírito de rebanho está o personalismo nietzscheano, que consiste em *ser algo*, e não em *ter algo*, que é a característica do individualismo burguês.

Wilhelm Stern distingue desta forma pessoa de coisa:

> Uma pessoa é uma existência tal que, apesar da multiplicidade de suas partes, apresenta uma unidade real, possuindo um caráter e um valor próprios; e, como tal, apesar da multiplicidade de suas funções subordinadas, exibe uma autoatividade unitária e que tende a um fim.[1]

A coisa é o contraditório oposto. Como acrescenta:

> A pessoa é um todo; a coisa, um agregado. A pessoa é ativa e espontânea; a coisa é passiva e receptiva. A atividade da pessoa é finalista; a da coisa, mecânica. Nas pessoas, a ação do todo sobre as partes é uma causalidade interior; nas coisas, só há causalidade exterior, quer dizer, relação de um elemento com outro. A pessoa tem "dignidade", e a coisa, "preço".[2]

---

[1] William Stern, "Abstracts of lectures on the psychology of testimony and on the study of individuality"; "Third lecture – *The Study of Individuality: General, Psychography*"; § 2, "*The Philosophical Basis of the Concept of Individuality*". Trad. E. C. Sanford. *The American Journal of Psychology*, University of Illinois Press, vol. 21, nº 2, 1910, p. 276.
[2] Idem, "The Study of Individuality" (palestra proferida em setembro de 1909, na Clark University, durante a celebração do 20º aniversário de inauguração do *campus*).

6. O socialismo, em sua tendência libertária, que deseja libertar o homem da "estandartização", para devolvê-lo a si mesmo, é personalista no sentido libertário; *ser algo* ante a forma inferior do *ter algo* do individualismo burguês.

Constantin Pecqueur julgava, ante o desenvolvimento da indústria nos albores da paleotécnica, que o homem, com a grande concentração humana, se compreenderia melhor e se amaria mais. O exemplo que nos dão as grandes cidades, com seu espírito exclusivista, sua pouca humanidade, prova o contrário.

O homem afastou-se mais do homem quanto mais do homem fisicamente se aproximou. As grandes concentrações humanas geraram monstros de egoísmo e de ressentimento, de egoísmo no sentido mais vil. Ao mesmo tempo, essa civilização em que vivemos é uma destruidora da personalidade. O homem é número e não pessoa, quer na contagem dos capitalistas, quer na dos falsos revolucionários, que prometem a substituição apenas de cadeias e de senhores.

7. Libertarmo-nos da estrutura é a tarefa que nos está legada. Se a liberdade é o conhecimento da necessidade, é também um estímulo para nos libertarmos da necessidade. Podemos, assim, examinar melhor por que pensamos desse ou doutro modo, permitindo-nos, portanto, que acresçamos o conhecimento de nós mesmos. Nesse ponto estará, talvez, todo o desejo nietzscheano de superação do homem. Libertar os nossos pensamentos e as nossas ideias das cadeias estruturais será o grande gesto libertário do espírito e a superação do homem.

Liberdade não é aqui um conceito metafísico. Cada um sabe o que significa para si liberdade. Liberdade é livrar-se das cadeias, quer metafísicas, quer das forças irracionais interiores, vencer todas as cadeias exteriores, conquistar a personalidade pelo aperfeiçoamento de nossa capacidade técnica. Tudo isso é liberdade, e ela é absolutamente prática.

8. Investigar o mundo metafísico, estudá-lo, interpretá-lo, explicar o porquê de sua construção é o nosso desejo. Incluí-lo em nosso universo, e não separá-lo, e compreender, até, o porquê de frequentemente se operar essa separação é uma

tarefa que nós traçamos. Há os que desejam viver em dois universos e os que desejam viver num só. Nós nos colocamos entre estes últimos.

Nenhum abismo nos separa do mundo metafísico, mundo de discurso, e verificá-lo e explicá-lo é, para nós, mais que um desejo, um dever. O mundo metafísico não é fictício; fictícia é a maneira de interpretá-lo como distante do universo real.

9. As concepções *puras* não agem dinamicamente sobre a sociedade e a história.

Não é somente a ciência (ou a pseudociência) que nos oferece os elementos indispensáveis para a análise dos fenômenos sociais. Há outros elementos que ainda estão *fora* da ciência e não são menos adequados e eficientes que aqueles.

10. O homem precisa construir a humanidade, e não a humanidade o homem. O homem explicará a humanidade para que o homem seja explicado pela humanidade.

11. Foi uma grande ingenuidade do século XIX julgar que poderíamos descrever os fenômenos sociais com os termos da física ou da química ou da biologia, e que ao usá-los estávamos fazendo obra genuinamente científica. Não é a terminologia que dá o caráter científico aos fenômenos sociais. Este foi e continua sendo o grande equívoco de muitos.

Um dos preconceitos mais característicos do século XIX foi o de julgar a ciência não como um meio eficaz para o conhecimento do mundo, mas como o mais eficaz, senão o único valioso. Em todo o fim do século XIX, e grande parte do nosso século, ser "científico" era o melhor rótulo para qualquer coisa. Viam-se propagandas das mais variadas: método científico para emagrecer, aparelho científico para isto ou para aquilo, medicamentos científicos de toda espécie. A palavra "científico" tinha o poder maravilhoso de afastar todas as dúvidas e de valorizar todas as charlatanices.

14. AS CONCEPÇÕES LIBERTÁRIAS E SUA CRÍTICA DO MARXISMO

Hoje o cientista, que conhece o campo determinado da ciência, olharia com um sorriso o entusiasmo juvenil dos homens do século XIX (entusiasmo esse bem patente na obra de Marx e dos marxistas que descobriram o socialismo "científico", querendo, assim, dar a entender que as conclusões por eles tiradas são as *únicas* que têm validez universal).

O mundo torna-se outra vez mais misterioso, e os avanços da ciência não foram feitos à custa da filosofia, pois o campo desta cresceu outra vez, de maneira espantosa, porque as interrogações cresceram e são mais numerosas ainda.

12. Quando falamos na *autonomia* das organizações de produção e consumo, compreendemos o contrário de *heteronomia*, isto é, "que a ordem da associação não está outorgada (imposta) por quem quer que seja fora da mesma e exterior a ela, mas por seus próprios membros e em virtude de sua qualidade (qualquer que seja a forma em que isto tenha lugar)".[3]

> "Outorgada" [...] é *toda* ordenação que não deriva de um pacto social e livre de todos os membros.[4]
>
> *Poder* significa a probabilidade de impor a própria vontade, dentro de uma relação social, ainda contra toda resistência, e qualquer que seja o fundamento dessa probabilidade.[5]
>
> O conceito de *disciplina* encerra o de "obediência habitual" por parte das *massas* sem resistência nem crítica.[6]
>
> Por *Estado* deve entender-se um *instituto político* de atividade continuada, quando e na medida em que seu quadro administrativo mantenha com êxito a pretensão ao *monopólio legítimo* da coação

---

[3] Max Weber, *Economía y Sociedad*. 2. ed. Johannes Winckelmann (ed.). Trad. J. M. Echavarría, J. R. Farella, E. Ímaz et al. Cidade do México, Fondo de Cultura Económica, 2002, p. 40.
[4] Ibidem, p. 41, grifo no original.
[5] Ibidem, p. 43, grifo no original.
[6] Ibidem, grifo no original.

física para a manutenção da ordem vigente. Diz-se de uma ação que está *politicamente orientada* quando e na medida em que tende a influir na direção de uma associação política; em especial a apropriação ou expropriação à nova distribuição ou atribuição dos poderes governamentais.[7]

Esse monopólio de poder, que caracteriza o Estado politicamente organizado, ou serve aos interesses de classes ou constrói, em si mesmo, uma casta de beneficiários. O Estado torna-se de *meio* em *fim*.

Há sempre uma forma viciosa quando os meios se transformam em fins. A hipertrofiação do Estado, que se processa em nossa época, trará, como está trazendo, o que sempre trouxe em toda a história humana: males incomensuráveis. Seu gigantismo incontrolável terminará por sufocar a população, por encarecer a produção, e por criar, em todos, um único desejo: não o de ser um produto, mas o de ser um beneficiário da produção, em suma, o *burocrata perfeito*.

13. A base do princípio libertário está no valor do indivíduo, independentemente das relações objetivas, isto é, no indivíduo posto como criação imediata e autônoma do poder produtivo, ente sem intermediário na consciência de seu ser e de sua causa. O indivíduo-ente é fim absoluto e inviolável, origem e referência de outro mais complexo valor social.

O indivíduo individuado do anarquismo não é, portanto, o indivíduo abstrato como gostam de forjá-lo, por convenção, os marxistas e outros, que substituem a individualidade concreta por um ente sistemático, que é produto mediato. O indivíduo identificado pelo princípio libertário desenvolve-se através das relações sociais. Mas do fato de o desenvolvimento individual efetuar-se exclusivamente através das relações sociais não se pode deduzir que o valor ultrapassa a realidade do indivíduo, alcançando o sistema das condições

---

[7] Ibidem, p. 43-44, grifos no original.

14. AS CONCEPÇÕES LIBERTÁRIAS E SUA CRÍTICA DO MARXISMO

efetivas do seu desenvolvimento; antes, somente que a sociedade é a condição geral de desenvolvimento do indivíduo.

O indivíduo passa, portanto, da consciência da própria identidade à conquista das condições que lhe permitem a própria manifestação autônoma.

A reflexão sobre a própria identidade e a vontade de conquista nascem nas massas de indivíduos à medida que elas crescem, e consequentemente a sociedade sempre apresenta esse fato em seu incessante transformar-se.

As relações econômicas, cujas bases primitivas são as necessidades materiais, são a parte conspícua da condição geral do desenvolvimento social.

Compreende-se como muitos teóricos, seduzidos pelo volume dessas relações, tenham tentado uma dilatação geral da vida baseada unicamente nelas, supondo que todas as outras operam em sua função, e interpretando, portanto, estas relações como dependência. O marxismo, que tenta puramente inverter a dialética hegeliana e as concepções hegelianas do Estado, concebe o indivíduo não como homem, mas como expressão abstrata de um grupo de relações econômicas.

Entre o indivíduo de Marx e o indivíduo como é concebido pelo anarquismo, não há relação, porque são entes distintos, sem termos de similitude. Um é um ente sistemático, personificação de uma relação estritamente econômica, historicamente individualizado em determinada forma de desenvolvimento (sociedade capitalista), o outro é a expressão de uma realidade primordial, um ente permanente, ponto de referência de todo momento, sustentáculo de todo o desenvolvimento histórico.

A concepção anárquica do indivíduo é potentemente orgânica.

Para o idealista estatólatra, o indivíduo (real) é nulo, o Estado é a sociedade e é absoluto; para o liberal burguês, todos os indivíduos são abstratamente participantes da vida social e aí podem encontrar as condições do próprio desenvolvimento. Para o anarquismo, o indivíduo é apenas ente concreto, que, encontrando nas relações sociais as condições do seu desenvolvimento, deve poder incluir neste as transformações das relações sociais. A necessidade de dominar a economia e a política, e a ordenação científica da produção, não são, portanto, desejos dependentes da boa vontade de qualquer sonhador, mas resultados que decorrem da necessidade, sob a pressão constante da vontade primordial de desenvolvimento de todos os indivíduos. O desenvolvimento social do indivíduo é o processo real, no qual adquire sentido e valor efetivo a sua liberação. Estes são os postulados dos anarquistas.

E prosseguem eles por afirmar que, na realidade, o que foi desmentido pelos fatos não foram o materialismo histórico e a teoria da luta de classes, mas sim o unilateralismo e o exclusivismo destas ideias. A sua aplicação forçada a todos os fenômenos históricos e sociais é que constitui uma violentação dos fatos.

No fundo, todas as instituições, todos os projetos, todas as utopias seriam igualmente boas para resolver o problema, isto é, para contentar a todos, se os homens tivessem o mesmo desejo e a mesma opinião, e se estivessem nas mesmas condições. Mas esta unanimidade de pensamento e esta identidade de condições são impossíveis, e francamente mais do que nunca – pensam os libertários. Por isso, na conduta atual e nos projetos de futuro, os anarquistas têm como um dever lembrar que não vivem, nem sequer viverão amanhã, num mundo povoado unicamente por anarquistas. Ao contrário, sabem que serão por muito tempo uma minoria relativamente pequena. Isolar-se, não o querem porque sabem ser impossível, e, se possível fosse, o seria em detrimento da missão que assumiram, pois então buscariam apenas o bem-estar pessoal. É necessário, portanto, encontrar um modo de viver entre os não anarquistas, da maneira mais anárquica possível, propugnando, com exemplos, pela ação, as suas ideias – como o propunha Malatesta.

Não querem os anarquistas fazer a revolução pelo simples fato de acreditarem na necessidade de uma transformação radical. Admitem muitos que não pode ser pacífica, devido à resistência dos poderes constituídos, tanto na ordem política como na ordem econômica vigentes. Querem a revolução para criar um novo ambiente social que torne possível o elevamento moral e material das massas, o que é impossível de realizar pela educação, impotente para produzir, nas circunstâncias atuais, a modificação desejada. Não querem, também, fazer uma revolução exclusivamente deles, já que reconhecem que são uma pequena minoria, que não têm a seu lado o consenso da massa, e não desejariam, mesmo que o pudessem, impor pela força a sua vontade, pois assim atuariam contra os fins a que se propõem e cairiam no círculo vicioso que leva as revoluções sociais ao malogro. Malatesta dizia:

> [...] devemos portanto nos contentar em fazer uma revolução a mais "nossa" possível, favorecendo e participando, moral e materialmente, em todo movimento direcionado à justiça e à liberdade; e, triunfada a insurreição, garantir que o ritmo da revolução seja mantido, avançando para sempre maiores liberdade e justiça. E isto não significa "se grudar" aos outros partidos, mas sim empurrá-los adiante, de modo que o povo esteja apto a escolher entre uma variedade de opções. Poderemos ser abandonados e traídos, como aconteceu em outras ocasiões; porém, é necessário correr o risco, se não queremos permanecer ineficazes e renunciar a oportunidade de as nossas ideias e ações terem uma influência no curso da história.[8]

E prosseguia:

> Quanto a nós, não devemos destruir senão aquilo que possamos substituir por algo melhor. E, enquanto isso, devemos trabalhar em todos os ramos da vida para o benefício de todos, inclusive de nós mesmos – negando-nos, é claro, a aceitar e a exercer qualquer função coerciva.[9]

Foi por procederem assim que os anarquistas foram vencidos na Rússia pelos bolchevistas. Estes riem-se daqueles. Mas os anarquistas retrucam: "Vocês

---

[8] Errico Malatesta, "On 'anarchist revisionism'" (maio de 1924). In: Vernon Richards (ed.), *Errico Malatesta: The Anarchist Revolution – Polemical Articles 1924-1931*. Londres, Freedom Press, 1995, p. 89.
[9] Ibidem, p. 91.

não riem de nós, como pensam, mas da revolução traída, das esperanças do proletariado que foram frustradas pela traição".

Os anarquistas rejeitam a ditadura proletária, pois há uma diferença entre a violência que oprime e a violência que se rebela ante a opressão. Condenam a violência que oprime, e consequentemente também a "ditadura proletária", que é uma locução equívoca, porque sob qualquer ditadura o proletariado será oprimido e explorado, ainda que os ditadores sejam intelectuais comunistas ou indivíduos saídos da classe proletária. Condenam também a violência dos governos capitalistas.

Não estão de acordo com os reformistas, pois em sua maioria acreditam os anarquistas que é inevitável e necessária a violência revolucionária da libertação; e, neste ponto, os comunistas estão de acordo com eles. Mas os anarquistas não estão de acordo com os comunistas (e estão mais vizinhos, espiritualmente, por amor à liberdade, aos reformistas) no ponto em que não querem o governo ditatorial da revolução, o qual matará a própria revolução e substituirá apenas uma antiga tirania por outra nova, como sucedeu na Rússia, o que já era afirmado unanimemente pelos anarquistas muito antes do golpe de Estado bolchevista.

Nas palavras de Malatesta:

> Noutra futura revolução, seremos inevitavelmente uma pequena minoria, e não deveremos ainda desinteressar-nos pelo movimento, isto é, renunciar à própria razão da nossa existência, que consiste em combater sempre pela diminuição (até que a abolição completa se torne alcançável) da autoridade e do privilégio – ao menos para nós, que acreditamos que a propaganda e a educação não podem, em qualquer ambiente social, atingir um número limitado de indivíduos, e que as condições ambientais devem ser alteradas antes que seja possível a elevação moral de uma nova camada de indivíduos.[10]

---

[10] Errico Malatesta, "Rivoluzione e lotta quotidiana". In: Idem, *Selezione di Scritti*. S.l., Giacomo Sanesi (ed.), 2017, p. 556-57.

E conclui:

> É necessário combater toda centralização e deixar inteira liberdade às localidades singulares, e impedir que outros se sirvam da massa mais atrasada, que é sempre a grande maioria numérica, para sufocar o impulso das regiões, das comunas e dos grupos mais desenvolvidos, e devemos, em todos os casos, pretender, para nós mesmos, a mais completa autonomia e os meios de poder organizar a nossa vida a nosso modo, e buscar convencer a massa com a força do exemplo e com a evidência dos resultados obtidos.[11]

Não estabelecem os anarquistas planos prévios, pois como Carlo Molaschi recorda:

> É notório que nós, quanto ao modo de gerir técnica e materialmente a produção e a troca dos produtos, não temos nenhuma ideia preestabelecida e absoluta. Nós nos submetemos à prática, à experiência e sobretudo à livre vontade dos produtores e dos consumidores.

E Fabbri corrobora:

> O importante é que, qualquer que seja o tipo de produção adotado, ele o seja pela livre vontade dos próprios produtores, e não seja possível a sua imposição, nem qualquer forma de aproveitamento do trabalho alheio. Baseando-nos nestas premissas fundamentais, a produção torna-se secundária, e mostra-se desnecessário aos anarquistas excluir *a priori* qualquer solução prática; estes, com efeito, admitem que possa haver várias soluções diversas e contemporâneas, após cujo experimento os lavradores possam encontrar, com conhecimento de causa, um caminho para produzir sempre mais e melhor.
>
> Essa ideia fundamental do anarquismo não exclui para nós a necessidade de estudar os problemas da produção e da troca para

---

[11] Não foi possível encontrar a referência desta citação. Cf., no entanto, passagem de teor afim em: Idem, "A project of anarchist organisation". In: Richards (ed.), *Errico Malatesta*, op. cit., p. 98. (N. E.)

se ter uma ideia precisa de como poder conduzir os primeiros experimentos.

Seria absurdo que, depois de haver conquistado a liberdade para todos, nós nos retirássemos para a arca santa da inércia, dizendo aos homens: "Fazei o que quiserdes: o único conselho que vos damos é o de não deixar-vos dominar pelos outros. Nenhum patrão e nenhum servo; nenhum ditador e nenhum súdito". Uma ação assim limitada não corresponderia às exigências dos ideais libertários.

Vejamos o pensamento de Molaschi:

Portanto as nossas ideias sobre a organização da agricultura em bases libertárias não têm valor de dogma, nem são ideias absolutas, são simplesmente ideias discutíveis e experimentáveis.

Molaschi observa ainda o otimismo de Kropotkin, que se torna paradoxal quando imagina uma sociedade de lavradores organizada anarquicamente e que conhece uma abastança exagerada. Molaschi considera esse quadro de Kropotkin poesia, bela poesia, mas apenas lirismo. O trabalho do homem, para ser veraz, conhecerá a fadiga, o suor humano adubará a terra. Mas o emprego das máquinas poderá substituir a fadiga do homem, ou melhor, poderá atenuá-la e, talvez, nunca aboli-la.

Quem quer associar-se, que se associe; quem quer permanecer só, que permaneça só.

O anarquismo de batalha, organizador da luta por meios de liberdade, como o de Bakunin, já não é mais atual, embora conserve todo o seu valor para os anarquistas: o que não é suficiente.

O anarquismo de Reclus e Kropotkin pode sempre satisfazer o espírito e permanecer como um índice para o futuro, indicando a estrada que muitos socialistas podem seguir e a meta ainda imperceptível a alcançar: mas já não é suficiente.

Um "anarquismo realizador e realizável", que seja a conclusão dos dois primeiros, é possível, e existe fragmentariamente, embora não se apresente elaborado num todo orgânico, porque o espírito sectário domina a consciência de grande parte dos "anarquistas históricos" que não querem sair do século XIX, e nada querem saber das grandes experiências deste século, que oferecem campo a novas conclusões.

"Nós daremos apoio a qualquer governo que se constitua no seio da revolução, mas há apoio e apoio: e poderão existir circunstâncias que imponham, embora indiretamente, defendê-lo, como sucedeu na Rússia aos anarquistas da Ucrânia, contra Denikin, Wrangel e Petliura. Portanto, se a maioria dos cidadãos quer um governo e o cria, nós podemos combatê-lo com a crítica e no terreno das ideias, rebelar-nos por nossa parte às suas eventuais imposições: reivindicar o nosso direito de organização autônoma e de experimentação nos limites da nossa capacidade numérica e técnica. Mas não podemos impor, pela força, aos outros, que se organizem libertariamente" – assim proclamam os anarquistas de ideias claras.

E referindo-se a um eventual governo democrático operário, assim se pronuncia Fabbri em *Pensiero e Volontà*:

> Não poderemos aceitar esse tipo de organização; estaremos na oposição, para patrocinar uma organização sempre mais livre. Mas não podemos excluir que algumas formas são mais autoritárias, e outras menos. E poderão ser regimes não anárquicos, mas acentuadamente revolucionários, socialistas, de base federalista e autonomista, que permitam o mais livre desenvolvimento, pelo menos no terreno técnico, e, nesse caso, os anarquistas não poderão negar a própria cooperação. A oposição da minoria a um regime estatal da maioria poderá ser impedida ante a necessidade superior da defesa revolucionária. Poderíamos nós, por exemplo, assumir a responsabilidade de provocar uma luta no interior de um território em revolução, quando este fosse assaltado perigosamente por forças armadas revolucionárias vindas do exterior?
>
> A resposta anarquista foi sempre não.

Os anarquistas não são exageradamente otimistas quanto às massas humanas, como Fabbri esclarece na sequência:

> Essa força cega, generosa ou egoísta, que robustece, ela própria, as cadeias destinadas a mantê-la escrava, com o mesmo sentimento de impulsividade com que, em todo tempo, retempera as armas que deverão servi-la para reconquistar a própria liberdade, é a matéria plasmável nas mãos dos mais inteligentes, daqueles que mais profundamente possam conhecê-la e compreendê-la, e, compreendendo-a, satisfazê-la, não para servi-la ou para tornar-se escravo dela, mas para tirar vantagem, dando-lhe vantagens [...].

Querem os anarquistas convencer as massas a realizarem seus ideais pelo exemplo e pela palavra. Ainda a palavra com o mesmo autor:

> Mas se, apesar de nossos sacrifícios, apesar de todos os escravos com que combatemos em nossa luta – como sempre sustentamos em todas as ocasiões –, viéssemos a reconhecer que, para atingir a nossa meta, seríamos constrangidos a recorrer a uma imposição violenta (ditadura, Estado, exército organizado), deveremos reconhecer que, nesse momento, cessaríamos de ser anarquistas para confundirmo-nos com a autocracia, seja com qual cor se apresente.

Considerar o ambiente econômico um substrato da vida psíquica (como procede o materialismo histórico) é um método fecundo na busca histórica, e é a única justificação social da luta de classes. Mas, da filosofia da história, o marxismo passou à política, sob a luz de um fatalismo economicista que não podia senão suscitar a desconfiança e a hostilidade daqueles que aceitam, com Bakunin, que "toda a história intelectual e moral, política e social da humanidade é um reflexo da história econômica",[12] mas num sentido relativo.

Acusam os anarquistas a aridez do marxismo, pois têm uma concepção heroica da vida, abarcando a preocupação ética, a religiosidade em suma, o que na escola marxista ou não penetra ou permanece algo estranho, extemporâneo. O marxismo é materialismo e naturalismo. E a filosofia assim atingida

---

[12] Mikhail Bakunin, *God and the State*. Trad. Benjamin Tucker. Nova York, Dover Publications, 1970, p. 9.

está longe do mundo que os mais cultos anarquistas querem criar, sob o influxo de uma mais ampla e viva modernidade. Falta, ainda, no marxismo, e sobretudo em Marx, aquele impulso épico, aquela riqueza e intimidade de paixão que encontramos em Proudhon e Mazzini. O marxismo, hoje, não poderia conquistar entre os anarquistas muitas adesões intelectuais nem espirituais.

Não poderia conquistar adesões intelectuais porque o marxismo é atualmente revisionismo reformista ou comunismo autoritário. Não poderia conquistar adesões espirituais porque, se o revisionismo marxista, embora como aquele de Antonio Labriola e de Rodolfo Mondolfo, alarga e anima o pensamento de Marx, todavia não consegue diferenciar o marxismo daquele materialismo histórico político que não satisfaz aos anarquistas por ser unilateral, árido, exterior. O que caracteriza o sistema econômico e político de Marx está em grande parte ultrapassado para os anarquistas, e o que constitui o espírito do método marxista não é original, nem aceitável. O materialismo histórico nos limites em que o constrange o revisionismo é anterior a Marx; pertencia à filosofia e ligava-se com a filosofia dominante no período em que Marx pensava.

Que Marx tenha sido sistematizador, até o potencializador, do materialismo histórico não é uma boa razão para passar ao nome de marxismo o que pertence à moderna filosofia da história, que, compreendendo-o e corrigindo-o, supera-o, exclamam os anarquistas.

15. Síntese da crítica libertária

Resumindo, tanto quanto é possível, a crítica libertária ao marxismo, podemos salientar os seguintes pontos:

O socialismo tem uma meta naturalmente ideal: uma sociedade sem classes. Nesta, preponderará o princípio libertário, exposto muito antes dos comunistas: "de cada um segundo sua capacidade e a cada um segundo sua necessidade".

Para alcançar esse desiderato os socialistas têm de lutar contra todas as forças de oposição que criam embaraços e desviam as massas humanas do ideal, que é uma sociedade sem poder organizado, em que cada indivíduo, eticamente, cumpre seus deveres e goza de seus direitos, sem prejudicar a quem quer que seja.

Para os anarquistas esse ideal é apenas um ideal e, portanto, *talvez* nunca totalmente alcançável. Mas os caminhos que poderão levar o homem a uma aproximação constante dessa perfeição não podem ser os preconizados pelos socialistas democráticos e muito menos pelos autoritários.

O socialismo não pode ser estruturado num sistema dogmático (logo fatalmente fechado, embora proclamem que não), pois isto seria estabelecer uma concepção *a priori*. O socialismo é um ideal a ser realizado. E só poderá estruturar-se num sistema filosófico *a posteriori*, isto é, delineado após a experiência. Sob este ponto de vista os anarquistas consideram a obra de Marx falha, pelos seguintes motivos:

a. por se fundar em fatos ainda não bem comprovados na história;
b. por aceitar uma posição filosófica sob precárias bases científicas;
c. por ter uma visão da economia fundada apenas num período da história ocidental, sem considerar outros aspectos;
d. por ter partido de uma dialética falsa, que afirma a geração do heterogêneo pelo heterogêneo, e por concluir que a opressão pode gestar a liberdade, como se a geração não se processasse do semelhante para o semelhante (o tigre não gesta pombas, nem o touro andorinhas);
e. por não ter considerado que o desejo humano de felicidade terrena, e de paz e amor entre os homens, e o de liberdade são mais profundos que o mero ressentimento das massas.

Consequentemente: o marxismo tem bases precárias: quer filosóficas, quer econômicas, quer psicológicas, quer históricas, quer sociais, etc.

Se o marxismo exerce alguma sugestão sobre as massas, alegam, não é propriamente por ser marxismo, mas por empregar termos e expressões socialistas, cuja validez é aceita pelas massas oprimidas. Os êxitos do marxismo se devem apenas ao lastro do socialismo.

Por outro lado, a sua prática é uma refutação da teoria. Podem os marxistas dissidentes alegar que a Rússia não é o verdadeiro exemplo do marxismo, mas os libertários acrescentam: de qualquer forma a Rússia é um fruto da árvore marxista. E os frutos são a verdade a respeito da árvore. Uma pereira que não dá peras está automaticamente refutada. Se os marxistas, no seu primeiro exemplo, falharam tão desastradamente, devem ser postos de lado de vez, pois nada mais deu além do que já era esperado pelos libertários, cuja crítica (e basta compulsar a obra libertária durante o século passado e neste) afirmou sempre que a Revolução Russa degeneraria numa nova brutalidade na história.

Além do mais, a alegação de que o marxismo é vitorioso numa terça parte do mundo não prova a validez de sua tese. A história conheceu vitórias como essas, e grandes derrotas finais, com prejuízo dos elementos sãos.

15. SÍNTESE DA CRÍTICA LIBERTÁRIA

O marxismo ainda não venceu, e certamente não vencerá os seus adversários na última batalha.

Acusam os libertários o marxismo de ter prolongado a vida do capitalismo, já cambaleante no século passado, criando divisões entre os trabalhadores e reduzindo o socialismo a um verdadeiro saco de gatos. O próprio marxismo não consegue manter-se senão à custa de depurações e brutalidades. O governo soviético, por exemplo, não pode dar liberdade ao povo, a menor liberdade do mais reacionário país capitalista, pois o governo não resistiria um mês sequer. Se não é verdade, dizem os libertários, deem liberdade ao povo russo e soltem os dez ou vinte milhões de escravos dos campos de concentração, e vejam se não terão de dar adeus aos santos Marx, Lênin, Stálin e aos próximos deuses...

A teoria marxista do Estado foi desmentida totalmente na prática. O deperecimento previsto foi substituído pela maior opressão que a história conhece.

Ademais, a abolição de classes não se deu. Ao contrário, surgiram novas: os burocratas do Estado, os burocratas do partido, os tecnocratas, os militares e policiais, por exemplo. Quanto aos trabalhadores, continuaram o que eram, sujeitos ao salariato e pagando a mais alta mais-valia que se conhece, pois os parasitas do Estado absorvem a maior percentagem da produção.

Não aleguem os marxistas, acrescentam os libertários, que a Rússia ficou desamparada. Durante os dias da intervenção, quando ainda o Estado soviético era fraco, atacado por mais de uma dezena de nações, o povo russo e o proletariado mundial souberam defendê-lo. O proletariado mundial não abandonou os proletários russos; foram os dirigentes russos que os abandonaram, traindo a causa socialista e estabelecendo o Estado mais nacionalista dos nossos tempos. Basta que se considerem o endeusamento dos heróis da antiga nobreza, em detrimento dos heróis populares, e a constante exaltação da *intelligentsia* eslava, como a criadora de tudo. "Se isso não é nacionalismo extremado, então eu sou andorinha", disse um crítico do marxismo.

O proletariado russo não administra a nação, mas sim uma casta de dirigentes, que não toma parte na produção, mas dela é usufrutuária. Quando aprenderá o trabalhador russo a administrar? Em trinta e tantos anos de experiência socialista ainda um grupo maneja e dispõe do destino de todo um povo.

"Se isso é socialismo, continuo sendo andorinha", insiste o crítico.

"Nós somos os utópicos, mas previmos o que sucederia; já os marxistas são os científicos, mas disseram uma coisa e fizeram outra", exclama um crítico libertário. Juntem-se a estes argumentos os que foram expostos no capítulo anterior, quando da análise da teoria marxista do Estado, e teremos uma síntese, apenas uma síntese, da crítica libertária à obra marxista, suficiente para que o leitor tenha presentes os termos dessa polêmica, que ainda não terminou e que antecede ao último ato de uma história que ainda está para ser escrita.

Se observarmos a história do Partido Comunista, desde os pródromos da Revolução de Outubro até Geórgiy Malenkov, observaremos espantadamente que esse partido teve à sua frente 90% (noventa por cento) de traidores, escapando apenas dessa pecha três: Lênin, Kalinin e Stálin. Quanto a Kalinin, como recordamos, faleceu uma semana depois de haver feito um discurso, após a guerra, em que pregou a diminuição do despotismo do Estado e em que chegou a exclamar, num improviso: "Agora que vencemos o nazismo, basta de ditadura e marchemos para o socialismo!". Esse discurso, ouvido no mundo inteiro, foi o último de Kalinin. Uma semana depois era o seu corpo levado pelos líderes compungidos do Partido, entre eles Stálin, Molotov, Malenkov e outros.

Quanto a Lênin e Stálin, o primeiro forçado a um retiro para tratamento de saúde, e o segundo morrendo de modo ainda pouco conhecido,[1] foram os únicos aos quais o Partido Comunista não atirou a pecha de traidores!

Resta, portanto, perguntar – diz um libertário –, já que ainda somos seres inteligentes: é ou não é verdade o que o partido tem dito? Ou será o caso que é e não é, como poderia sustentar a dialética marxista?

Se é verdade que Trotsky, Rykov, Bukharin, Zinoviev, Kamenev, etc. foram traidores, neste caso o Partido Comunista é um partido que teve 90%

---

[1] A primeira edição deste livro saiu em novembro de 1953; Josef Stálin faleceu no dia 5 de março de 1953. (N. E.)

de traidores, ou seja, um partido que em sua maioria absoluta é de traidores, portanto um partido de traidores. Ou, se não é verdade, neste caso o partido mentiu, acusando de traição homens que não a praticaram; então é um partido de canalhas, pois é um partido onde os canalhas vencem, dominam, vindo a ser substituídos por outros que os acusam de traidores e que, como canalhas, são igualmente substituídos por outros que os matam e acusam de traidores, e assim sucessivamente. Neste caso, é um partido de canalhas.

Não há saída para os marxistas que seguem a linha justa. E não se alegue que no futuro será diferente, porque o cálculo das probabilidades não o permite.

Um socialista libertário, voltando-se para o povo, poderia perguntar-lhe:

– Com que direito, companheiros, um partido que é composto em sua maioria ou de canalhas ou de traidores, ou de ambos, quer pedir às massas confiança em seus dirigentes?

Enquanto as massas seguirem tal partido, elas se afastarão da pureza de si mesmas, do revolucionarismo puro das multidões anelantes de bem-estar e de salvação, para cair nas garras ou de traidores ou de canalhas ou dos dois juntos!

Não há que escolher, aqui! Um homem inteligente só tem um caminho: escorraçá-los, repelir os dirigentes, que se apossaram do vocabulário e das teses socialistas, policiais do proletariado, que empregam promessas socialistas para dar em troca realidades marxistas! Esses ambiciosos de mando, que se matam uns aos outros, depois de se acusarem mutuamente de traidores, para justificar ante as massas os malogros econômicos, a miséria dos trabalhadores, pondo sobre os vencidos, os vitoriosos de ontem, a culpa da traição, que os acompanhará amanhã, quando acusados pelos novos eventuais ocupantes do poder, como aconteceu com o celebrado Laventriy Beria, hoje culpado de todo o malogro econômico do sovietismo bolchevista, devem ser repelidos pelo proletariado, do contrário este sofrerá em sua carne a derrota final que se avizinha a passos largos.

Por isso os libertários não desanimam ante o refluxo de suas ideias. Eles sabem que da experiência bolchevista e do capitalismo de Estado hão de surgir, purificadas pela experiência, as grandes teses, as genuínas teses do socialismo.

16. Socialismo e política

Não é de hoje que a má política (isto é, a arte de conquistar o poder e de conservá-lo, com todo o seu cortejo de oportunismo, misérias, infâmias, indecências, processos escusos, etc.) tem sido um dos maiores males na luta pela emancipação humana. A política, como método de ação dos socialistas, é um método indireto, mediato, o qual exige a ação de intermediários. Como sempre sucede, o meio acaba tornando-se mais importante que o fim, pois tende a substituí-lo, e a luta emancipadora, tendente para um ideal final, acaba por endeusar os meios, como acontece na Rússia, onde se diviniza o Estado soviético.

Todos os partidos políticos terminam fatalmente, mais dia menos dia, por se preocupar mais com os meios do que com os fins.

Esta a razão por que os libertários combatem a política, e julgam-na o processo mais falso de luta pela emancipação social. Nunca, pela política, se consegue atingir os fins desejados e, quando se consegue alguma coisa, é sempre *apesar* da política.

Não vamos, aqui, traçar uma análise desse quadro, o que fazemos em nosso livro *História das Ideias Políticas*.[1]

---

[1] Na lista de obras "a publicar" trazida nas primeiras páginas da edição original deste livro, anuncia-se o lançamento de uma *Teoria das Ideias Políticas*. Não há notícia, porém, de que Mário Ferreira dos Santos tenha editado qualquer livro com título semelhante. Ainda assim, o tema comparece em numerosos escritos da Enciclopédia de Ciências Filosóficas e Sociais, como *Sociologia Fundamental e Ética Fundamental* e *Análise de Temas Sociais*. (N. E.)

Dizem, hoje, os políticos que combater a política é fazer obra fascista. Mas esquecem que quem desmoraliza a ação política não é a campanha antipolítica, mas sim *a ação dos políticos*! O espetáculo dos parlamentos, a falta de dignidade dos indevidamente chamados "representantes do povo", sua subserviência a interesses inconfessáveis, sua ação mentirosa, seu prometer desmedido, sua traição constante aos princípios, tudo isso, em suma, é que desmoraliza a política. São os políticos que fazem obra fascista, porque a política só serve para desmoralizar a si mesma, pela simples razão de que leva dentro de si o próprio veneno que a mata, porque encerra em sua essência o vírus do domínio, da vitória fácil, da mentira, da intriga.

Com o desenvolvimento da técnica, da ciência da administração, com a expectativa de que serão reunidas numa sociedade humana as forças de produção e as de consumo para uma obra homogênea (queremos referir-nos, é lógico, a uma sociedade cooperacional), a política torna-se algo de anacrônico, de impróprio, de obstaculizador. Em suma, estaria bem num museu de curiosidades.

Numa sociedade capitalista, a política só pode favorecer o fascismo, o cesarismo, porque não é o meio apropriado para as transformações de índole social, as quais devem ser feitas pela ação congregada das próprias organizações populares, em sua luta emancipadora.

Querer chamar de política essa ação é falsear o seu sentido verdadeiro e prático. Política é uma arte intermediária, de métodos intermediários e indiretos, com a finalidade de obter o poder e conservá-lo. Querer dar-lhe um conceito puro e científico é apenas separá-la da realidade prática, da *praxis*.

A luta contra a política é uma luta de moralização social. A transformação social é obra de todos, a todos compete, e todos precisam empregar os maiores esforços para conseguir realizá-la. A política tende para o menor número, para um grupo de privilegiados. É o mesmo fenômeno que se dá com a organização burocrática, em que o burocrata cada vez mais se burocratiza, o político cada vez mais se politiquiza.

Enquanto o socialismo usar a arma da política estará fazendo o papel das classes dominantes, estará servindo-as, dizem os libertários. Se os socialistas querem socialismo, é necessário, desde já, começar a fazê-lo, socializando seus atos e sua ação. No terreno político, que é sempre o de um número reduzido, e de alheados da produção, não se faz obra socialista. Faz-se apenas obra política.

A crise do socialismo moderno é produto da sua ação política, proclamam os anarquistas. Há socialistas em todo o mundo, aos milhões; mas socialismo, onde está?

Há o poder do Estado hipertrofiado, há a nacionalização das empresas, há a centralização burocrática, a comissariocracia, a tecnocracia, o dirigismo, mas socialismo, onde está? Há operários assalariados, há produtores oprimidos, há sacrifícios sem contar; mas socialismo, onde está?

Em suma, socialismo político é política sem socialismo, e nada mais.

Por isso os libertários consideram que um dos erros mais desastrosos que têm perturbado a ação dos socialistas do mundo inteiro é o aproveitamento dos meios eleitorais e políticos em sua ação. Muitas são as razões que oferecem os partidários dos meios eleitoralistas na luta emancipadora dos oprimidos. Podemos sintetizá-las aqui:

a. o meio eleitoral oferece uma tribuna de propaganda para os ideais socialistas;
b. as imunidades parlamentares garantem uma propaganda mais firme dentro da ordem burguesa;
c. tal sistema permite conhecer o apoio popular de um partido pela votação, e de seus progressos ou retrocessos na confiança e no prestígio populares.

São esses os três argumentos principais dos eleitoralistas. Parecem poderosos e eficientes. Porém, como os libertários se negam a separar a teoria da prática, pois é na prática que vamos encontrar o melhor fundamento das teorias, e nestas a força daquela, quando as teorias são aplicáveis com eficiência na prática, para libertários aqueles três argumentos são refutados.

Por princípio são os libertários antipartidários, porque consideram que o partidarismo, que sempre se inicia vacilante, tende finalmente a tornar-se exigente, opressivo, e a criar abismos no movimento das classes oprimidas.

Para a burguesia, nada melhor que a luta partidária e eleitoralista dos partidos operários. Ela sabe perfeitamente que, por esses meios, o proletariado se afasta cada vez mais de sua verdadeira luta e adia continuamente o dia da renovação social, que há séculos vem sendo desejada.

As razões que apontam os libertários em defesa de sua atitude são muitas.

Quem estudar detidamente a história dos partidos socialistas verificará, como uma constante em seu desenvolvimento, este fato inegável: todo partido socialista que, por estas ou aquelas razões, não participa da luta eleitoral critica continuamente os partidos, que dessa luta se aproveitam, de se terem desviado de seus verdadeiros princípios, de se terem tornado colaboracionistas, de se terem perdido nos meios e esquecido os fins, de incluírem "traidores" em suas fileiras. Daí ser ascendente o número dos que se afastam dos princípios ideológicos para empreender acordos, conchavos e combinações, que servem apenas para desvirtuar a verdadeira luta dos trabalhadores. Leia-se, por exemplo, toda a literatura de polêmica do marxismo, e veremos os marxistas, quando não ocupam postos de eleição, a acusar sempre os outros partidos políticos do proletariado de servirem de apoio à burguesia, de colaborarem vergonhosamente com o poder instituído, de se afastarem frequentemente dos seus princípios ideológicos. E quando os marxistas se aproveitam desses mesmos cargos eleitorais, os vemos serem continuamente acusados, pelos que não participam do poder, dos mesmos erros e desvios que se verificam tão tragicamente na história dos partidos populares.

Não podemos compreender que a repetição desse fato, repetição teimosa e constante, não sirva para abrir os olhos de muita gente, dizem os anarquistas. Por um empirismo simplista, por uma incompreensão categórica da realidade, julgam muitos que tais fatos sucedem "apenas porque os representantes do povo não eram bastante puros" e erraram por fatores de ordem "puramente subjetiva". Ora, tal explicação não deve estar nos lábios de um verdadeiro socialista. Isto não é explicar, mas apenas querer iludir, distorcendo a própria verdade, isto é, mistificar a massa sob a ingênua afirmação de que "eles erraram porque eram eles, mas nós seremos diferentes".

E quando sobem esses "puros" ao poder, tornam-se iguais, em tudo e por tudo, aos antigos "traidores", que foram tão terrivelmente acusados.

Se tais fatos, que se repetem constantemente, não abrem os olhos de muitos, é porque a cegueira partidária esconde a realidade da vida e a verdadeira significação degenerativa que existe na luta eleitoral e política. E não é só. Não são apenas os "representantes do povo" os acusados de desvio, mas as próprias bases populares dos partidos eleitoralistas, que são acusadas de inércia, de desvios graves e perigosos, de se impressionarem demais pelo liderismo, de exaltarem indevidamente a figura de "chefes salvadores", de permitirem que "os traidores se instalem no meio da massa", para afastá-la do seu verdadeiro caminho de renovação e de transformação social.

Portanto, a degenerescência que se observa contamina não só a cúpula dos partidos eleitoralistas do proletariado, mas também a própria base. É isso o que lemos constantemente na literatutra de polêmica dos socialistas, é essa queixa secular que paira nas páginas dos autores sinceros e leais, é essa explicação, cheia de angústia e de acusações violentas, que sempre fazem os que ainda não usam o sistema eleitoral contra os que o usam e dele abusam.

Ou seja, ante a repetição sociológica dos fatos, devem-se procurar as verdadeiras causas objetivas que levam a tais desvios sem deixar de lado as razões de caráter subjetivo, que isoladas nada explicam, e servem apenas para lançar uma nuvem de fumaça aos olhos do proletariado.

A corrupção, que se verifica teimosamente nos partidos populares que usam da luta partidária e eleitoralista, tem causas mais reais e mais objetivas do que julgam muitos, e é fácil explicá-las. Assim as explicam os libertários: a luta política, dentro dos quadros legais do capitalismo, é uma luta essencialmente burguesa, e não proletária. Com a base econômica e financeira dominada pela burguesia, e por seus testas de ferro, a ação dos representantes operários cinge-se às cadeias férreas das leis burguesas. Não é possível romper essa barreira e, na armadilha dos parlamentos, caem os mais puros e ingênuos lutadores das grandes reivindicações proletárias.

A luta política é uma luta burguesa, e não proletária.

O caráter de contemporização que é inerente ao movimento político força o aprazamento, cria empecilhos a toda incitação à atividade, provoca a inércia, convence da impossibilidade de vencer o emaranhado das leis burguesas, feitas inteligentemente para criar obstáculos a toda ação mais rápida, pois a burguesia sabe, tanto conscientemente como por instinto, que toda ação lenta lhe é sempre mais eficaz que a ação rápida, por desenvolver um profundo desejo de passividade, de inércia, pelo retardamento, que tem profundas influências psicológicas.

Os adiamentos das resoluções, o adiamento contínuo, a demora das informações oficiais, tudo isso é "ducha de água fria" na incitação e no calor que vibram e aquecem os elementos lutadores, e a burguesia sabe que, pouco a pouco, o ambiente parlamentar, a lentidão de suas resoluções, o clima parasitário que se forma, o afastamento dos representantes do povo da produção e o seu contato escasso com os companheiros criam uma degenerescência na ação que se desgasta, que se amortece e, em pouco tempo, se vê o espetáculo constante do movimento socialista: os representantes socialistas acham-se num choque crescente com as massas.

Enquanto estas lhes pedem ação, eles respondem que não podem ir tão depressa quanto elas desejam. E é natural, posteriormente, que busquem justificar a inércia que paulatinamente deles se apossa. E, ao explicá-la ante as massas, transmitem a estas o espírito de inércia, e nelas despertam a própria inércia, esse desejo de passividade, essa marcha e impulso para o nada, que há em potência em todos os homens e do qual não estão alheias as próprias massas.

Sabe a burguesia que as reformas têm de se processar na sociedade. Ela sabe perfeitamente que a ordem por ela instituída é pouco justa, e que não corresponde aos desejos dos oprimidos, empolgados pelas esperanças de se libertarem das cadeias.

Por mais que seus doutrinadores, filósofos e cientistas procurem por todos os meios criar filosofias e doutrinas que assegurem a irrealidade da vida objetiva, a superioridade de uma concepção idealista e espiritualista do mundo, a validez da afirmação de que a história é apenas um suceder de fatos, e de que o regime capitalista mercantil, fundado no lucro a todo custo, é o que melhor corresponde aos desejos e aos estímulos humanos, a burguesia sabe, e isto confessa intimamente, que tudo é passageiro, que a sua situação como classe é apenas a repetição sociológica da circunstância vivida por outras classes, que dominaram e cederam o lugar a formas mais evoluídas.

A burguesia sabe que não poderá deter a marcha dos acontecimentos, *mas sabe, também, que poderá pelo menos retardá-la*. As reformas e as transformações da sociedade serão inevitáveis. Elas sobrevirão, mas é possível retardá-las. *E a política é a grande arma burguesa de retardamento.*

E prosseguem os libertários em seus argumentos: se as reformas sociais se processassem facilmente, se a ação direta das massas, ação imediata, sem intermediários, sem políticos, se processasse a fazer reformas, estas sobreviriam rápidas, umas após outras, de tal forma que a sequência dos acontecimentos teria um ritmo mais veloz, e a transformação completa da sociedade se processaria num lapso de tempo muito menor.

Ante essa inexorabilidade dos acontecimentos, a burguesia usa do meio mais hábil e mais sagaz criado pelo espírito humano: a política, a ação indireta, mediata, o intermediário. Dessa forma, preso no emaranhado das leis, no ritmo lento dos parlamentos, todo o entusiasmo se esfria e as massas, ante a realidade dos fatos, ficam aguardando nas eleições seguintes uma vitória mais completa, a eleição de outras "esperanças", para que elas realizem os seus desejos.

Sabe também a burguesia que a melhor forma de desmoralizar um partido é elevá-lo a uma posição de mando. Os mandatários nunca podem realizar nem uma parcela mínima do que prometem. Para obter maior número de votos, são obrigados a fazer promessas, muitas das quais sabem perfeitamente que não podem cumprir. São obrigados a oferecer às massas um futuro que não lhes está nas mãos. Guindados ao poder, sob entusiasmo e esperanças, suas realizações são apenas migalhas do que cai da mesa dos banquetes da burguesia. E sobrevém a desmoralização do partido! São também os representantes do povo, dos operários que traem, os Pierre Laval, os Alexandre Millerand, que entram a fazer parte dos conchavos políticos, e que se embrutecem na vida parlamentar; que são empolgados pelos prazeres fáceis das grandes capitais e da vida parasitária dos mandatários do povo, pelas conversas fúteis dos cafés dos parlamentos, pelos jantares opíparos e pelo exemplo pernicioso de todos os salafrários que os cercam e que lhes oferecem a possibilidade de ganhos desonestos, que contribuem para a má imagem do movimento socialista.

E esses "traidores" são os que desmoralizam depois os partidos!

E nas eleições seguintes, o eleitorado simpatizante, desanimado com a ação dos "representantes", vota noutros partidos, acredita em novas "esperanças", e assim o tempo passa.

Veja-se o exemplo de toda a história do socialismo eleitoralista. Sobem partidos socialistas, e nada de socialismo. Na eleição seguinte, sobem os conservadores, e tudo fica como estava, ou pior. E a grande ingenuidade das massas, mistificadas por seus falsos defensores, é explorada magnificamente para que tudo corra em proveito dos dominadores.

Essa a grande habilidade e sagacidade dos burgueses para iludirem as massas. Eles, quando é conveniente, vestem-se das cores vermelhas, mandam seus representantes para os partidos de esquerda, usam também frases e palavras de ordem revolucionárias, pregam a "luta pacífica das urnas", a "grande arma do cidadão", a "alavanca da história", e vão contribuir para, de cambulhada com os partidos operários, criar a maior confusão no meio dos trabalhadores.

A política serve para isso: os ambiciosos de mando, os que desejam fazer carreira política, os que querem sobressair-se pela posição social, vão procurar os meios operários e os partidos políticos dos trabalhadores.

Quantos políticos reacionários de hoje começaram a criar nome nos comícios operários, ao lado dos partidos de esquerda, pregando ideias rubras, passando até pelas delegacias de polícia, para, depois de guindados ao poder, fazer cisões dentro dos partidos ou aderir a outros e, de degrau em degrau, chegar até a adesão, na meia-idade, aos partidos conservadores?

A maioria dos políticos conservadores foram em sua juventude políticos socialistas! E dizem os libertários: atentem para esses fatos os trabalhadores e os oprimidos do mundo.

16. SOCIALISMO E POLÍTICA

É necessário de uma vez por todas ter memória.

É preciso conhecer o passado e procurar no passado os reacionários do presente. Grande é a colheita que os burgueses têm feito nos partidos políticos dos trabalhadores.

Ora, todo homem, no mundo, tem um desejo de mandar, um impulso de domínio e um impulso de obediência e de passividade. Aquela parte ativa do homem, se levada para o terreno da política, se na política encontrar seu campo de ação e de desenvolvimento, logo se viciará na forma de domínio e de mandonismo. A luta indireta, a ação indireta, gera a forma viciosa do impulso de ação: o mandonismo, o liderismo, o autoritarismo, o politicismo.

A ação direta deixa que o impulso ativo do homem se manifeste com toda a sua pureza, sem desvios que o viciam, e leva-o à ação verdadeiramente socialista, ao desejo de erguer os irmãos da passividade para a ação; da inércia para a rebeldia. Ela é criadora, porque transforma cada um num ser responsável de ação socialista.

Por isso, a política é a arma mais amada pela burguesia. A burguesia inteligente do mundo inteiro não combate os partidos políticos operários senão aparentemente. Ataca-os, acusando-os de revolucionários e exigentes, para iludir as massas, para fazê-las acreditar que realmente eles são revolucionários. Mas a burguesia inteligente sabe perfeitamente que esses partidos são os melhores guardiães de seus tesouros, porque, ao darem às massas uma ilusão de conquistas, ajudam também a desmoralizar o socialismo e a apresentar aos olhos do povo o regime capitalista como algo de imprescritível e sólido, como algo de eterno.

E que melhor para tal que os "parlamentos", onde se debatem todas as ideias e se aumenta a confusão do povo? Que melhor que as campanhas políticas, essas "adoráveis dormideiras", esse ópio das multidões, que lhes dão a suave e doce ilusão de que estão realizando o socialismo e construindo o seu amanhã, através de pedacinhos de papéis, postos religiosamente nas urnas silenciosas?

A burguesia sabe que os partidos operários são o seu melhor aliado, o aliado silencioso, o aliado indireto. Com suas agitações eleitorais, eles dão vazão às forças do proletariado, aos desejos de rebeldia do proletariado. É uma forma de desviar esses impulsos, tão perigosos, para fins muito mais interessantes aos senhores do mundo. Uma campanha política custa muito dinheiro e muito trabalho. Toda a carga ativa das massas, prestes a explodir, é canalizada habilmente para a campanha eleitoral. Distribuição de manifestos, pregação de cartazes, aliciamento de eleitores, comícios eleitorais, trabalho, trabalho, trabalho que se gasta, esforços inauditos que são perdidos. Mas, se esses esforços fossem empregados para uma ação direta das massas, para a educação socialista dos oprimidos, para ensinar-lhes os meios práticos de luta e de organização econômica, para uma vida socialista, seriam mais úteis. É preciso mostrar, exclamam os libertários, que o caminho do socialismo não é um caminho de rosas, mas um caminho de lutas, de grandes sacrifícios, de lágrimas, de dores, de ingentes esforços.

Toda essa carga ativa, que se concentra nas multidões exploradas, não deve ser aproveitada, mas desviada. Não deve ter seu curso natural direto, mas indireto, desviado pelos políticos, pela luta política.

Depois, o caminho das urnas é mais fácil, menos trabalhoso. Toda a inércia, todos os impulsos de passividade que estão dentro do homem, predispõem a receber de boa vontade tudo quanto signifique o menor esforço. A campanha política tem essa miraculosa eficácia. Desperta a passividade, ao desviar os impulsos de ação para os meios, em vez dos fins.

O homem prefere acreditar que a luta eleitoral é mais eficiente, porque o dispensa de uma ação mais trabalhosa. A crítica libertária vai ainda mais longe e os argumentos poderiam encher volumes e volumes. Mas, em síntese, os libertários chamam a atenção dos socialistas que ainda se iludem com as lutas políticas, para que se dispam de suas couraças ideológicas e da ganga bruta de suas mistificações doutrinárias, que esqueçam um pouco a teoria, e olhem os fatos que se desenrolam: verão sempre, em toda parte, a política servir de arma para os dominadores, para os poderosos, e que, como arma, provou uma eficiência muito superior à das religiões. Hoje o clero é posto um pouco de lado, porque a sua eficiência na conservação da ordem existente é secundária, e a política é mais bem usada, porque é uma arma mais segura. E o clero tanto compreendeu isso, dizem os libertários, que, para não desaparecer, fez-se também político, e até socialista.

Assim, sintetizando:

1. a luta pelos meios é a ação indireta;
2. a luta pelos fins é a ação direta.

Os socialistas libertários preferem esta última, e a justificam. A primeira é um desvio do verdadeiro impulso humano de ação que, no oprimido, se manifesta num impulso de rebeldia. A segunda são os impulsos realizando-se plenamente conscientes e criadores, com todo o seu caráter de iniciativa. O primeiro cria massas e conserva-as como tal, isto é, como massas de manobra, como multidões obedientes aos gestos e às palavras de ordem dos líderes, chefes, etc. A segunda desenvolve no homem a capacidade criadora, porque não tira das massas o espírito de iniciativa, e modela indivíduos, homens.

Analisemos mais este ponto tão importante para a compreensão dos porquês das táticas dos socialistas libertários. Afirmam que muitas vezes são obrigados a penetrar no terreno da filosofia e da ciência, na explicação dessas duas formas de tática, porque a ciência e a filosofia vêm em seu abono e justificam poderosamente o acerto de suas opiniões.

Há na biologia um fenômeno que não se observa na física. É o da "incitação". Todo ser vivo é incitável. Ora, na física, uma força exterior não produz uma reação de intensidade excedente à da própria ação impulsionadora: por exemplo, uma bola de bilhar, impulsionada contra outra, transmite à segunda, no início, a mesma força que ela tem. No ser vivo, a incitação pode produzir efeitos maiores. O impulsionado pode realizar *mais* do que a força que o impulsiona.

Nesse fenômeno biológico da incitação, colocam os libertários uma das bases da ética. É uma comprovação do valor, da eficiência dos impulsos éticos. O homem é um animal ético, e, por ser ético, é homem. É o homem um ser que, por ser biológico, encontra-se sujeito à incitação, e esta, na verdade, é um aproveitamento de energias guardadas, que podem brotar em reação a um impulso e superar esse mesmo impulso.

Quando Kropotkin fundamentou o apoio mútuo como base da sociabilidade dos seres vivos, verificável até nos animais de rapina, em certas circunstâncias, fundamentou a ética num fato de economia animal e até biológica. Mas Kropotkin ainda não havia visto tudo. É que, pela incitação, pode o homem ser levado a *mais* do que normalmente pode realizar.

Nos próprios animais se verifica o poder da incitação, como nos cães, cavalos, animais de carga. A incitação pode levá-los a *ir além* de si mesmos – é o que se verifica sobremaneira nos cães e animais de corrida. Todo ser vivo, sendo suscetível de um aumento de suas reações, é por isso incitável. O brio, por exemplo, quando explorado nos cavalos de corrida, realiza verdadeiros milagres e não poucas vezes se tem visto esses animais realizarem muitíssimo além de suas próprias possibilidades, chegando até à morte violenta, após um esforço inaudito.

Tais fatos, que o mundo animal mostra, são mais evidentes entre os homens. Quem não fez ainda essas experiências junto às crianças, aos jovens, aos homens em suas lutas, em seus combates, na guerra? Quem desconhece, por exemplo, o poder de incitação das palavras nos comícios, nos combates, etc.?

É nessa potencialidade do homem que os socialistas libertários colocam também um valor ético e fundamentam a ética. O homem pode ser incitado ao bem como ao mal, pode realizar além de seus impulsos naturais, e pode realizar muito mais, e mais intensamente, aquilo para o que possui tendências naturais. Tais fatos são tão comezinhos na vida quotidiana que não necessitam de provas: cada um as encontra facilmente.

As condições materiais podem gerar determinada consciência. O marxismo, em sua interpretação, não está errado, mas não contém toda a verdade.

Além da formação dessa consciência, que é um reflexo das situações de ordem material, a incitação pode levar a formar uma consciência potencialmente maior, e pode atualizar-se em atos que superam as *causas*, porque podem congregar forças latentes e despertar outras. Não é o homem um ser autômato, mas um ser biológico, cujas reações não são apenas as físicas.

Se bem estudada a história, verifica-se facilmente que os momentos de indignação moral levam os oprimidos a gestos mais decisivos que aqueles a que levam as razões de ordem puramente material.

Não se explica a Revolução Francesa apenas pelas condições materiais da época, mas também pela indignação ética provocada pela vida dissoluta da corte de Luís XVI, pelos escândalos que corriam (por exemplo, o célebre "colar da rainha", entre outros escândalos). A Comuna de Paris nasceu, também, da indignação ética que provocou, no povo parisiense, a traição das forças governamentais da França, a traição e a covardia dos políticos, dos chefes militares, etc. A ameaça de Paris ser invadida pelas tropas de Bismarck indignou o povo da capital francesa. Não que se negue a influência dos fatores materiais. Eles predispõem as condições para a indignação ética e para a incitação à luta. As condições materiais são *causas* predisponentes. (Usamos a expressão causa como *práxica*, em sentido puramente libertário, sem que isso implique a aceitação da lei de causa e efeito, no sentido que lhe emprestam tantos filósofos.)

As condições morais, éticas, são as causas emergentes. Sem uma indignação e uma incitação consequente, nenhum povo é arrastado a gestos decisivos.

Esta é uma das bases biológicas da ética no sentido que os socialistas libertários a concebem.

É muito comum ouvir-se entre os socialistas autoritários, aqueles que julgam que o socialismo só será realizado através de uma organização autoritária, dizer que o socialismo que acredita na realização de uma sociedade melhor pela iniciativa das próprias organizações administrativas de homens livres, reunidos segundo suas afinidades e federados numa organização que será a própria sociedade humana, que esse tipo de socialismo não tem menor fundamento científico nem filosófico em suas afirmações.

E dizem mais: dizem que o socialismo libertário é apenas criação de alguns filósofos ou sentimentalistas em disponibilidade que, um dia, sem a menor apreciação dos fatos e da história, puseram-se a sonhar com um mundo melhor, e o construíram através desses sonhos e sobre esses sonhos, ideologia que tem a mesma firmeza que os castelos construídos no ar.

Contudo, respondem os libertários, devemos frisar um fato perfeitamente observável por qualquer um: enquanto os socialistas libertários estudam e conhecem a obra dos autoritários, estes, num alarde de ignorância palmar, nada conhecem do pensamento libertário e, do alto de sua autossuficiência, proclamam a inanidade das doutrinas libertárias. Não é outra coisa o que vemos nas obras de Engels, de Marx, de Lênin, de Plekhanov, e muitos outros autores autoritários.

Convém dizer de antemão que o socialismo libertário, em seus aspectos mais gerais, não é o produto de lucubrações de filósofos, não nasceu em gabinetes, nem em longas e profundas análises de fatos sociológicos ou históricos ou filosóficos. Absolutamente não. Nasceu de uma indignação moral, de um desejo de justiça, de uma revolta à opressão, de um anseio de liberdade e de dignidade humana. Naturalmente que tais expressões causam sorrisos aos autoritários. São excessivamente jocosas para eles, porque não as entendem, não as vivem, não creem nelas. Mas os libertários prosseguem: o socialismo libertário é velho como o homem, e sempre, em todas as épocas, teve suas manifestações mais diversas, consoante as condições técnicas e históricas da vida humana. Sempre que houve opressão, houve alguém que contra ela se rebelou, houve quem não achou justificável a opressão, nem que devesse ser substituída por outra, nem tampouco que o caminho da liberdade fosse o mesmo caminho da ditadura.

Ora, nem todos os escravos se rebelam contra a escravidão. Também há escravos que querem apenas mudar de senhor. Não foram esses os que construíram a opinião libertária. Libertária foi a opinião dos que, revoltados contra a opressão, quiseram destruí-la, e não substituí-la; quiseram marchar pelo caminho da liberdade, acreditando só poder tornar prática a liberdade pela prática da própria liberdade.

Dessa forma, libertarismo é uma opinião universal, de todos os oprimidos ou revoltados contra a opressão, e que desejam destruí-la e não substituí-la, e que não acreditam gere a liberdade outra coisa senão liberdade, e não creem seja a opressão a mãe da liberdade.

Examinemos este ponto: pode a liberdade gerar a opressão? Não!

Por quê? Por uma razão muito simples: a liberdade é liberdade e, onde há liberdade, não pode haver opressão. Se a opressão se instala onde há liberdade, é porque ela sobrevém de forças que não são libertárias, mas opressivas.

Imaginemos uma sociedade humana, livre, libertária, isto é, em que não se instituiu a autoridade política, a autoridade investida pela força. Como nasceria a opressão? Só poderia nascer se alguém resolvesse não manter a liberdade e, para tanto, tivesse força para atentar contra ela. Por si, a liberdade não é geradora de opressão, mas só esta pode gerar o seu semelhante. E como, agora, conceber-se que ela gere a liberdade? Só esta pode gerar a si mesma.

Estamos aqui, por enquanto, num terreno apenas de conceitos, mas a análise da história nos provará que a opressão só gera opressão; e a liberdade, liberdade.

Mas, voltando ao tema do início: o socialismo libertário nasceu nas lutas dos escravos que não quiseram ser escravos, isto é, escravos que anelavam ser homens livres e não pretendiam escravizar outros.

No decorrer do tempo, segundo as condições históricas, tomou os diversos aspectos que conhecemos, através das doutrinas libertárias e anárquicas.

Mas concluir daí que o libertarismo não tenha quaisquer fundamentos na filosofia e na ciência é uma crassa ignorância dos fatos. E como argumento final, os libertários acrescentam: o socialismo libertário, impregnado de sua indignação moral, de sua revolta contra a opressão, nasceu como movimento espontâneo de anseio de justiça, mas o desenvolvimento da cultura humana permitiu que a contribuição de todas as ciências viesse corroborar aquilo que foi produto de um desejo de liberdade. Com o socialismo libertário, a prática precedeu, em tudo, à teoria. Esta só posteriormente podia ser construída e, cada dia que passa, cada uma das novas conquistas do conhecimento só tem servido para corroborar as suas teses.[2]

---

[2] Sem nos colocarmos na posição dos socialistas democráticos – que por sua vez desejam alcançar o Capitalista Único, o Estado, por meios eleitoralistas, no campo político, e por nacionalizações e encampações estatais (a multiplicação de autarquias), no campo econômico –, temos de dizer que o anarquismo merece também a sua crítica. Na época atual, os raros e dispersos grupos anarquistas têm os olhos voltados para o século XIX, e veem a atualidade com os esquemas daquele século. Para eles, ainda estamos na paleotécnica, e dela não saímos nem sairemos. Não procurando buscar o verdadeiro conteúdo de suas ideias, permanecem no conteúdo histórico do século XIX. Por isso, muitas das suas palavras soam ocas aos ouvidos dos homens de hoje. Ademais, é preciso reconhecer que o aspecto utópico que se revela no anarquismo não é um defeito dessa posição, que é mais uma *atitude* revolucionária que uma filosofia ou uma doutrina. O utópico é o que lhe dá um calor e uma vida, que o tornam permanente e perdurável, e, sob esse aspecto, pode dizer-se que o anarquismo é em seu conteúdo uma invariante na história, e não um mero acidente histórico, como muitos pensam.

O não compreender que o utópico é um *ideal*, uma meta de perfeição a guiar e a exigir sempre mais dos homens, enquanto a realidade atualizada deve ser vista como tal, leva muitos anarquistas (façamos uma exceção a Malatesta, a Proudhon e a Fabbri, pelo menos) a julgarem que a utopia pode deixar de ser o que é – um ideal inalcançável a desafiar o homem eternamente para que conheça superações – e possa tornar-se uma imediata realidade.

Por outro lado, é preciso reconhecer que os anarquistas são, no movimento socialista, os mais seguros e coerentes, pois abominam todo e qualquer oportunismo e, pelo caráter acentuadamente ético de sua doutrina, são de uma rara nobreza e dignidade, que os tornam admiráveis. Faremos, no entanto, uma anotação que seria para muitos dispensável: não se deve julgar o anarquismo pela caricatura. Na verdade, os socialistas de outras escolas pouco ou nada sabem de anarquismo. E ainda acrescentaremos que o terrorismo empregado em algumas ocasiões é mais uma excrescência do movimento, pois em suas linhas e atitudes o anarquismo é contra o emprego da violência. Se alguns de seus seguidores a usaram, em certos momentos, isto se deve mais ao desespero que propriamente a uma decorrência lógica dos postulados anarquistas fundamentais.

Em suma, o socialismo está em crise, imerso na crise do mundo moderno. Não poderemos estudar aqui este aspecto, o que faremos em nosso livro de próxima publicação *Decadialética da Crise* [lançado em 1956 sob o título *Filosofia da Crise*. Em edição contemporânea, ver Mário Ferreira dos Santos, *Filosofia da Crise*. São Paulo, É Realizações Editora, 2017].

17. Análise decadialética do marxismo

Na análise decadialética do marxismo, a que procederemos a seguir, prescindiremos do estudo da dialética marxista, que realizamos em nosso livro *Lógica e Dialética*, já publicado.[1]

O marxismo, como doutrina, já foi exposto em milhares de livros, com maior ou menor proficiência, o que nos dispensa fazê-lo aqui. Como prática, os fatos que se desenrolaram no mundo desde seu surgimento até os dias de hoje são um manancial de proveitosas lições. Como o marxismo se considera uma doutrina de ação e não separa a prática de sua parte teórica, é claro que não deve ser estudado apenas teoricamente, o que não resistiria a uma rigorosa análise filosófica, mas como teoria e prática, indissoluvelmente unidas. Dessa maneira, como essa doutrina vincula-se à ação, deve esta justificá-la ou refutá-la.

A ação do marxismo, sob todos os aspectos, é um categórico desmentido à teoria. Os fatos são eloquentes e, por maiores malabarismos teóricos, ou por todo o bizantinismo de suas justificativas, não conseguem seus partidários dissipar a realidade que atesta decisivamente contra ela.

Mas, agora, trata-se de analisar essa doutrina decadialeticamente, e o faremos seguindo as *seis providências*, cujas normas tivemos ocasião de estudar em nosso trabalho acima citado.

---

[1] Cf. Mário Ferreira dos Santos, *Lógica e Dialética – Lógica, Dialética, Decadialética*. São Paulo, Paulus, 2007. (N. E.)

Pentadialeticamente, o marxismo pode ser colocado sob os seguintes cinco planos:

1. Como *unidade*, temos a doutrina marxista, que, por suas estreitas relações com os movimentos de reivindicação popular, constitui um fato social de determinado período histórico, o qual nos revela a sua ação, a sua prática, a sua *praxis*.

2. Como *totalidade*, teoricamente, está incluída no pensamento socialista do século XIX, e como fato social pertence à totalidade do período romântico, ao qual o marxismo se opõe, filiando-se, desse modo, à reação antirromântica, cujos exageros, naquele período, motivaram, no socialismo, uma dicotomização bem nítida, entre um socialismo romântico, condoreiro, profundamente afetivo e irracional, e as correntes socialistas intelectualistas, racionalistas-empiristas, pragmáticas, positivistas, etc., entre as quais encontramos o marxismo, que, no entanto, se distingue das outras por peculiaridades que já tivemos oportunidade de estudar e analisar. Os movimentos libertários, como os da escola anarquista, quer individualistas, comunistas, etc., todos, em suas linhas gerais, foram poderosamente influídos pelo irracionalismo e pelo patetismo romântico, sem que tal apreciação deixe de reconhecer o lado positivo e racional que há nessas doutrinas, cujo estudo analítico não poderíamos fazer neste livro, por exigir maior espaço.

3. Como *série*, teoricamente considerado, o marxismo se inclui no pensamento social desse período, que se conjuga ao sistema do pensamento ético--social do Ocidente, sem negar suas origens mais remotas; como prática e fato social, está imerso na chamada "era industrial", cujas formas, técnica e relações de produção têm uma grande influência não só na gestação dessa doutrina, mas também na sua cosmovisão histórica.

4. Como *sistema*, conforme vimos, teoricamente, inclui-se no pensamento ético-filosófico ocidental, e como ação e prática está imerso em nossa cultura fáustica,

cujos esquemas são importantes para compreendê-lo e senti-lo, pois a vontade de potência, o legítimo *mehr wollen* do fáustico (o "querer mais" nietzscheano), influiu decisivamente no papel messiânico emprestado ao proletariado. A vontade de dominar exteriormente, extrovertidamente, do fáustico, é de vetor extensivo, e exteriorizante, ao inverso da vontade de potência hindu, que se manifesta por uma forma específica da vontade de dominar introvertida, de vetor intensista e interiorizante.

É uma atividade que se extraverte, enquanto a hindu é uma atividade que se introverte, pois a simples e primária apreciação de que o hindu é meramente um niilista passivo é uma das muitas maneiras caricaturais de entender o *homo religiosus* hindu, cuja atividade se manifesta por uma marcha continuada e estrênua pelos caminhos interiores, em busca dos mesmos princípios que o homem fáustico quer descobrir, desvendar através do domínio das coisas.

5. Como *universo*, o marxismo pertence, teoricamente, à nossa cultura, como veremos, e como prática à nossa era, pois muitos dos seus postulados ultrapassam o campo dos esquemas da cultura fáustica e são encontrados no movimento social não só da era cristã, mas com analogias e correspondências noutras culturas e eras, o que será tema, no futuro, de um trabalho especial.

Feita esta colocação pentadialética, a análise correspondente se impõe. Mas não podemos deixar de considerar ainda fresca a memória do leitor sobre o que tratamos nos capítulos anteriores, sobretudo naquele em que estudamos a economia, a técnica e a história, que foi farto de acontecimentos, os quais muito nos auxiliam a compreender a gestação da unidade doutrinária do marxismo.

Dessa forma, a análise pentadialética não precisa mais processar-se de plano para plano, mas pode perfeitamente ser empreendida através da reciprocidade desses planos, que nos oferecem inúmeras sugestões e aspectos que merecem especial destaque.

A reação aos excessos do escolasticismo gerou a chamada filosofia moderna (e empregamos o *ismo* para nos referir à forma viciosa que a escolástica tomou depois da Reforma, após as grandes figuras desse momento de fluxo escolástico, em que surgiram Suárez, Bañez, Molina, Fonseca e os grandes comentadores de Santo Tomás, como Caetano e João de São Tomás).

Uma sequência de filósofos menores, que não estavam à altura desses mestres da escolástica que foram Santo Anselmo, Santo Alberto Magno, Santo Tomás, São Boaventura, Duns Scot, etc., uma sequência, repetimos, de comentadores e epígonos menores, que caíram num bizantinismo de sutilezas dialéticas, puseram em descrédito ante muitas consciências a obra monumental realizada por aqueles gigantes da filosofia.

Esse período de refluxo, que surge após Santo Tomás, em dias do Renascimento, salvo algumas honrosas exceções, deu a impressão, aos filósofos seculares dessa época, que a escolástica era *aquilo*. Os grandes autores deixaram de ser lidos, com exceção apenas de alguns estudiosos, até dentro da Igreja, e a chusma de obras menores dos epígonos inundou o mercado, e fez assento na biblioteca de muitos autodidatas, aos quais faltava a disciplina suficiente e sobretudo a suspicácia necessária para que buscassem os textos e não se ativessem às especiosas sutilezas de uma dialética até certo ponto duvidosa.

Os anos que procederam e se seguiram à Reforma, sabemos todos, foram anos decisivos na história do mundo. O desenvolvimento, no campo social, do capitalismo, as tendências individualistas, que procuravam romper as formas fechadas da economia, predominantes na Idade Média, predispuseram condições que facilitariam novas investigações e novos estudos, sobretudo no campo aberto aos estudos científicos, cujos métodos vamos encontrá-los implícitos na obra de grandes autores cristãos, como em Duns Scot, que influi vivamente sobre Ockham, e em Galileu, através do Cardeal Nicolau de Cusa.

É uma ingenuidade pensar-se, como pensaram os chamados filósofos modernos, e como ainda pensam muitos de nossa época, que a escolástica foi um entrave no desenvolvimento da ciência. Os excessos de uma dialética racionalista dos epígonos no período de refluxo, que se dá em dias da Reforma, provocaram essa opinião à qual se junta a quase total ignorância dos textos dos grandes escolásticos por parte dos autores desse período, o que já salientamos. As obras publicadas em nossa *Enciclopédia de Ciências Filosóficas e Sociais*, em curso de edição,[2] mostrarão à sociedade a improcedência dessas opiniões, que ainda perduram com essa firmeza decepcionante que notamos nos erros, dentro do campo da filosofia.

O querer prender a experiência ao campo apenas das operações intelectuais, que uma dialética suspeita tentava encarcerar, não é característica da escolástica, mas sim do escolasticismo, que sucedeu a Santo Tomás, sem que neste houvesse qualquer culpa, como não se podem nem se devem culpar pelo agnosticismo os *Theoremata*, falsamente atribuídos a Duns Scot, nem o agnosticismo de um Ockham, etc.

As convulsões que trouxe a Reforma, a influência da descoberta das Américas, o conhecimento de inúmeras formas sociais mais livres e mais harmoniosas, conhecidas no novo continente, e a cooperação dos fatores emergentes e predisponentes desse período histórico favoreceram o surto das utopias do Renascimento, da construção ideal-ficcional de muitos modos de vida e de organização de povos, que autores desse período preconizavam como as melhores para o homem, como a *Utopia* de More, *A Cidade do Sol*, de Campanella, e tantas outras.

Há, na história do Ocidente, fatos de magna importância que são estudados com menos extensidade e intensidade, a não ser por alguns interessados, e bem raros, mas que tiveram um relevante papel no decurso desses séculos que antecedem aos séculos XVIII e XIX, e merecem ser salientados aqui. O movimento dos cátaros, na Provença, e a resistência dos habitantes de Lovitzon (Loveč), nos revelam a criação de muitas sociedades sobre base

---

[2] Há registro de que foram lançadas, até novembro de 1953, no interior da Enciclopédia de Ciências Filosóficas e Sociais, as obras *Filosofia e Cosmovisão* (agosto de 1952), *Psicologia* (agosto de 1953) e *Lógica e Dialética* (setembro de 1953). As páginas iniciais da edição original deste livro informam ainda outros títulos então publicados, consistindo estes em textos alheios à Enciclopédia, traduções de outros autores e escritos que viriam a ser reestruturados e inseridos na coleção. (N. E.)

realmente socialista, que perduraram por muito tempo, destruídas não por corrupção interna, mas por ação de fatores extrínsecos, como foram a destruição dos albigenses pelas tropas de Simon IV de Montfort e a do movimento de Lovitzon pelas tropas bizantinas vitoriosas.

A história dessas experiências sociais é importantíssima, pois esses movimentos, apesar de destruídos, deixaram raízes em certas sociedades secretas que se espalharam pelo Ocidente, e foram influir, de maneira evidente, nas corporações da Idade Média, em certos movimentos religiosos e até na ação da Reforma. Por outro lado, a invasão árabe no Egito e a penetração de elementos pitagóricos no sul da Europa, e sua influência nas sociedades secretas desse período, são de uma importância tal que sentimos não nos ser possível analisar neste livro, mas que tiveram um papel preponderante na formação dos principais esquemas teóricos do socialismo, que surgiu, balbuciante a princípio, em movimentos esparsos, como o de Gandes e outros, e atuou sobre as utopias do Renascimento, auxiliou o movimento da Reforma, influiu na formação da maçonaria, sob seus aspectos ocidentais, cooperou na formação de muitas sociedades secretas e estruturou as bases para a formação mais sólida do socialismo, o que só seria possível, como o foi, pelo menos nos termos como se apresentou, em fins do século XVIII, e em princípios e no decorrer do século XIX até os nossos dias.

Ao período de refluxo da escolástica, sobreveio o de fluxo, durante a Reforma, graças à ação dos espanhóis, cujo papel na Europa foi extraordinário, podendo dizer-se que o século XVI, e o próprio século XVII, são de tal forma influídos por eles que se pode chamar a essa época de genuinamente espanhola.

Mas esse fluxo da escolástica teve um sucedâneo no refluxo escolasticista, que provocou a reação da filosofia moderna, que se pode considerar, em grande parte, como surgindo de Descartes.

Este, pelo seu valor e papel na história da filosofia, apesar de discípulo dos jesuítas de La Flèche, certamente não conhecera o texto dos escolásticos e talvez conhecesse Santo Tomás por segunda mão, o que não é de duvidar, ante as afirmativas que faz em suas obras. Descartes precipita, com o seu método e com as suas apreciações filosóficas, um racionalismo abstrato, que é inversão do racionalismo-empirista de Santo Tomás, que segue a linha aristotélica. Matemático, vivendo com intensidade as abstrações de segundo grau, próprias dessa disciplina, construiu o racionalismo moderno abstrato, cujos estragos seriam maiores para a filosofia do que a sua contribuição, e provocou, como consequência de suas análises, de um lado o abstracionismo materialista e de outro o abstracionismo idealista.

A obra de Christian Wolff, que pretendia fazer uma síntese da escolástica, para dela partir a novas investigações, teve grande influência sobre Leibniz e o idealismo alemão, representado por Schelling, Fichte e o grande Hegel.

Este último, cuja análise fizemos em *Lógica e Dialética*, afasta-se do pensamento idealista abstrato, e tenta, e realiza, um idealismo concreto, que preferimos chamar de real-idealismo, apesar das más interpretações que sofreu, através do hegelianismo, tanto de direita como de esquerda, que foram duas maneiras abstratas de desdobrar o pensamento concreto dessa figura máxima da filosofia moderna.

Os excessos do idealismo (para o qual tanto contribuiu Descartes), cujos máximos representantes são Leibniz, Wolff, Schelling e Fichte, decorriam do afastamento da genuína escolástica, que Wolff não conhecera em sua pureza, e que até mesmo confundira lamentavelmente. Basta que se vejam, na obra de Wolff, apesar da sua grandeza, as confusões que faz quanto ao pensamento de Suárez, Santo Tomás e Duns Scot, atribuindo-lhes o que é peculiar a um ou outro, e fazendo uma síntese que em grande parte falsificava a obra desses genuínos representantes do pensamento escolástico.

E, dessa maneira, os "Colombos atrasados" da filosofia surgiram, como ainda surgem em nossos dias. E o que já havia sido analisado, estudado com carinho, segurança e proficiência, passou a apresentar-se como "novidades" no pensamento filosófico, com todo o primarismo, com toda a deficiência que iriam caracterizar, desde então, o pensamento ocidental, salvo raras exceções, com grave prejuízo das grandes conquistas do pensamento humano.

Não há em nossas palavras nenhuma adesão à escolástica. Nossa posição é clara, e a temos exposto através de nossos livros, e será precisada em nossas próximas publicações; mas seria tomar uma posição primária, bárbara e ignorante se fôssemos desprezar a filosofia escolástica, cujas profundidade e extensão analítica e, sobretudo, dialética realizaram a maior obra do pensamento ocidental, um imenso manancial de conhecimentos, que só a ignorância ilustre desta época poderia desprezar, como infelizmente muitos o fazem.

Como consequência da desordem no pensamento que sobreveio então, após a grande síntese de Santo Tomás e as monumentais contribuições de Duns Scot e Suárez, tivemos o abstracionismo racionalista, o abstracionismo empirista e o abstracionismo idealista a disputarem entre si as *partes* de uma filosofia que já conhecera uma *integração*, digna de melhor estudo e genuinamente dialética.

Por mais importantes que sejam as lutas travadas na filosofia escolástica, entre tomistas (epígonos de Santo Tomás) e escotistas (epígonos de Duns Scot), etc., essas divergências em nada afetam o edifício da escolástica, que é de uma solidez extraordinária. E ademais, somos de opinião, e em futuros trabalhos nossos o provaremos, o que neste momento nos é impossível fazer, que há uma perfeita identidade dialética de vistas entre essas posições doutrinárias.

O excesso do racionalismo cartesiano, ao gerar o abstracionismo idealista, ensejou a crítica de Hume e a crítica de Kant, cujo valor é inegável, apesar de certas fraquezas que se encontram nesses autores e, também, no último, sem desmerecer-lhe o vulto, mas que são decorrentes de um desconhecimento dos estudos anteriores. A filosofia moderna revela um conhecimento filosófico que para em Aristóteles. Toda a filosofia medieval e a escolástica merecem um sorriso de superioridade (o que não deixa de ser ridiculamente trágico, quando se estuda a filosofia como se deve estudá-la) pelos modernos, cujo conhecimento se funda, na maior parte das vezes, na obra de Wolff, ou de alguns manuais de segunda categoria, como se fundava Kant, o que se pode verificar pelos textos que usava em suas aulas (o de Meier, por exemplo).

Kant, no entanto, ao criticar os excessos do idealismo, nos quais não pôde evitar a si mesmo de cair, tem um papel de inegável valor, pois permitiria a realização hegeliana, digna de melhores estudos e análises.

Mas o idealismo abstracionista prosseguiu através dos hegelianos de direita, enquanto os de esquerda seguiram o rumo do empiriológico, como Marx, que nestes se fundou, para, depois, deles se diferenciar.

Os excessos idealistas, que perduraram em fins do século XVIII e princípios do século XIX, provocaram a reação positivista e a materialista, que, fundadas nas grandes conquistas da ciência, criaram ante os olhos dos estudiosos uma extrema valorização da ciência, já que se consideravam filosofia apenas aquelas formas excessivamente abstracionistas que se conheciam então.

Como não se podem separar da realidade social todas as coordenadas históricas que a formam, a análise filosófica que ora fazemos, embora sirva de meio para uma melhor compreensão do marxismo sob certos ângulos, seria insuficiente se não se considerassem os outros fatores, que influíram na sua gestação, como são os fatores econômicos, os técnicos, os histórico-sociais em suma.

O que já estudamos em páginas anteriores nos dá amplo subsídio para compreender que o romantismo, nos temas sociais, tinha seus fundamentos numa visão idealista demasiadamente estreita. Se os anseios de liberdade, que tanto vulto tiveram no decorrer do Renascimento, nos mostram os fatores emergentes, é imprescindível que se observem os fatores predisponentes histórico-sociais, que tiveram, por sua vez, o papel de precipitar o romântico e sua forma viciosa, o romanticismo, que, levados para o campo social, geraram aqueles ímpetos rubros de que a barricada é um verdadeiro símbolo. O socialismo apresentava assim um matiz romântico que aparentava uma cor irreal ante o espírito positivista da ciência, o que Marx compreendeu, e foi de uma importância capital para o destino do socialismo.

O socialismo não podia ser um movimento em torno de frases que, se correspondiam a conteúdos psicológicos reais, pela falta de um método mais sólido, de uma análise fria, levava a tomadas de posição românticas, fora da realidade, a esforços inúteis das massas revoltas, a derrotas facilmente evitáveis, etc. Estruturar a luta pela emancipação do trabalhador, que se julgava com direito de estruturar uma nova sociedade, deveria assumir um matiz consentâneo e congruente com a sua época, em que a ciência ditava suas normas de ação e oferecia tantos frutos que a tornavam poderosa.

Ademais, a história contava que as classes se alternavam, e os estudos de hoje podem mostrar melhor ainda, numa sucessão que vinha das classes sacerdotais às aristocráticas e, finalmente, às dos mercadores, industriais, fornecedores – ou, genericamente, às burguesas, na linguagem ocidental. O malogro que se verificava em suas tentativas de resolver o problema humano, e o sacrifício da última e quarta classe, a dos servidores ou trabalhadores (os *sudras* da cultura hindu), davam agora o papel salvador ao proletariado. E o messianismo judaico de Marx, messianismo que impregna por sua vez toda a nossa era, e vigorava inclusive antes dela, encontra no proletariado a "última esperança" de uma salvação terrena.

O marxismo não é, portanto, como teoria e prática, como doutrina e movimento, uma criação apenas do espírito de Marx, mas realmente uma estruturação que este fez, fundado em fatos e num conjunto de coordenadas que facilitaram a formação da sua realidade.

O movimento socialista, dando-se numa época como a nossa, tinha fatalmente de incorporar as conquistas do conhecimento humano. Se comete erros de base, funda-se, no entanto, em certos alicerces sólidos.

O socialismo, como possibilidade e realização, é um precipitado inevitável de nossa época. No entanto, os males que conhece advêm não de sua necessidade e inevitabilidade históricas, mas da junção de certos postulados que o tornaram frágil, sob vários aspectos, pois está corroído dos mesmos males, das mesmas formas viciosas que outros movimentos, e que os levaram a malogros, os quais enchem de decepção e de amargura as páginas da história.

Os ideais socialistas encontram nos exemplos do cristianismo primitivo e em muitas comunidades religiosas, ortodoxas ou heterodoxas, heréticas ou não, exemplos de realizações sociais, sobre base comunitária, que não eram desconhecidas dos povos ocidentais.

Poder-se-ia fazer um apanhado de frases genuinamente revolucionárias, ataques enérgicos ao capital, à propriedade, ao dinheiro, ao Estado, encontradiços na obra dos primeiros padres da Igreja.

A fase civilizada de nossa cultura ocidental, com a amplificação da indústria, do comércio e das finanças, o deperecimento moral da nobreza, corroída pelo luxo, a ascensão das chamadas classes burguesas, a formação dos Estados nacionais, a formação do proletariado, já separado de suas corporações, em que os mestres se haviam tornado capitalistas, favorecendo assim a formação dos sindicatos operários, que surgiram como resposta aos sindicatos patronais, tudo isso contribuiu para a formação do socialismo, a par de muitos outros fatores.

O marxismo, desejando estruturar-se como uma doutrina científica do operariado, tinha uma alta finalidade, mas pecava de origem por uma contradição interna que o levou, como a muitas outras doutrinas, a conhecer desde cedo, já em dias de Marx, as formas viciosas das quais não se livra mais, até cair de degrau em degrau numa derrota final que não poderá de modo algum evitar, por mais que os seus partidários, por fanatismo, não queiram reconhecer, embora contribuam para alcançá-la imprescritivelmente.

Estamos, agora, em face da segunda providência da análise decadialética, a estruturação dialética do próprio marxismo.

Está o marxismo minado por contradições internas, das quais não pode mais separar-se, e sua ação corrosiva, decompositora e corruptora só tende a crescer.

Senão vejamos:

1. O marxismo aceitou e construiu uma dialética, que julgou ser hegeliana, como o afirmaram Marx e Engels. Essa dialética, pouco usada pelos próprios marxistas, o foi, no entanto, suficiente para estabelecer interpretações viciosas,

cujos frutos estão aí. A primeira e fundamental contradição opositiva do marxismo está na sua própria dialética, que o nega.

Mas essa ação seria inócua se permanecesse apenas no terreno doutrinário. Sucede que ela ocorre na prática, o que é de magna importância.

Permanecendo no campo da alteridade, e quase só, o marxismo afirma que a antítese sobrevém à tese, opondo-se a esta.

Tal aceitação leva os marxistas a admitirem que a gestação do contrário se dá inevitavelmente. Ora, tal *generatio* mereceria um estudo todo especial, o que não o fazem devidamente os marxistas.

Se passarmos os olhos pela história da filosofia, veremos que a lei da alternância nela subsiste, e que as diversas doutrinas, sobretudo na filosofia moderna, são adaptações às condições adversas, e que reações que respondem a excessos são, por sua vez, geradoras de excessos. A um excesso idealista sobrevém um excesso objetivista; a um excesso racionalista sobrevém um excesso empirista; a uma valorização do Um sobrevém uma valorização extremada do Múltiplo; a um Heráclito sobrevém um Parmênides, etc.

Mas que se observa na história, segundo outros aspectos? A um movimento de vetor excessivamente exagerado, sobrevém outro de um vetor contrário, excessivamente exagerado. Pode, de um movimento, surgir seu contrário, como surgiu da filosofia de Duns Scot o ockhamismo, ou do racionalismo cartesiano o abstracionismo materialista. Mas nem o ockhamismo é escotismo, nem o abstracionismo materialista ou o abstracionismo idealista podem chamar-se de cartesianos, pelo simples fato de aí terem sua origem ou seu impulso inicial.

São novas formas que surgem, embora constituídas de velhos materiais, que têm uma *forma corporis*, como diria um escotista, com aspecto qualitativo diferente dos das partes constitutivas.

A macieira não é apenas o desenvolvimento da semente de maçã. A semente de maçã, para gestar-se em arbusto, precisa de cooperação dos fatores predisponentes, e de toda a ordem cósmica. A macieira não é uma forma atual que sobrevém de uma forma virtual, como se a semente de maçã contivesse latentemente a macieira. O modo de ser *atual* da semente tem a possibilidade de se tornar uma macieira, contém o modo de *ser virtual* da macieira, mas esta não é apenas um desdobramento daquela, antes exige a incorporação de inúmeros elementos do mundo exterior, que com ela cooperam, para que surja a emergência "macieira", que se atualizará. Desse modo, a semente de maçã contém em si os fatores emergentes, mas exige, necessita e precisa da cooperação dos fatores predisponentes, cuja coordenação permitirá a formação da macieira, que, como forma, é um composto, não só da semente ou do que continha a semente de maçã, mas da recíproca atividade dos fatores predisponentes, que, ao permitir a atualização de uma *forma corporis* (o arbusto, por exemplo), já facilita a penetração de radículas, etc., o que permitirá a incorporação de outros elementos do mundo exterior, e assim sucessivamente, até formar-se a macieira. Portanto, a passagem da potência para o ato, que é fundamental na filosofia aristotélica e na escolástica, se dá dialeticamente, e em campos muito amplos, não apenas em um campo, como pensaria o marxista ao admitir que, de uma forma, se desdobra o seu contrário, sem considerar (abstraindo, portanto) a cooperação de outros fatores.

Só um pensamento abstrato, e que fosse dialético apenas no nome, poderia levar o marxista a pensar que a ditadura do proletariado (outra ficção e utopia que a realidade desmentiu, pois o que vimos foi a ditadura de um grupo sobre um partido, que a exerceu sobre o Estado e sobre a população) seria capaz de gestar a liberdade, que é imprescindível para que surja o socialismo, como não pode deixar de reconhecer como imprescindível quem realmente se considera socialista.

Consequentemente, o excesso de ditadura marxista não gestou nem o deperecimento do Estado, pois processou o inverso numa monopolização totalitária de poder, nem o menor resquício de liberdade, a qual perdeu totalmente, até mesmo para os dirigentes soviéticos, que vivem, para usar uma velha e batidíssima figura de retórica, com a espada de Dâmocles a ameaçar-lhes a cabeça.

A dialética marxista, com a sua visão parcial da alteridade (isto é, do devir), contribuiu para que, vitoriosos, tais dirigentes realizassem uma brutalidade crescente, levando-os aos excessos das depurações, à formação da polícia mais brutal da história, e, enfim, a um total esmagamento das liberdades.

Consequentemente, o marxismo, em sua aplicação prática, desmentiu categoricamente tudo quanto numa construção abstracionista e utópica havia construído. É na prática o inverso do que foi na teoria. Dessa forma, a sua dialética revelou que o marxismo geraria o seu contrário, o antimarxismo, não como um desenvolvimento da própria doutrina, mas como um movimento de oposição, à semelhança dos que acima estudamos. Ninguém pode negar, e os próprios marxistas intimamente não o poderão fazer: é impossível dar a menor liberdade aos povos submetidos à ditadura vermelha, pois estes logo manifestariam o seu antimarxismo, como vimos nos movimentos ocorridos na Alemanha Oriental, que não podem, em absoluto, ser atribuídos à ação de estrangeiros, como se quis fazer. E a razão é simples. Não é possível que os fatores predisponentes gestem por si mesmos algo sem que se dê a cooperação dos fatores emergentes. Pode-se ensinar uma língua a um animal, e ele não a apreenderá, pois nem o papagaio a aprende, embora repita palavras e frases humanas.

No entanto, a um homem é isso possível. Não basta predispor, é preciso que a emergência corresponda à possível reciprocidade dos fatores.

Não poderiam os trabalhadores alemães e soviéticos aceitar uma provocação, se não houvesse fatores emergentes, porque provocações de toda espécie fazem-nas os marxistas nos países capitalistas e não encontram eco, senão quando há motivos reais suficientes. É admirável que, sendo os marxistas tão realistas, queiram ocultar esta verdade, desejando explicar as "desordens" dos trabalhadores revoltados como meros produtos de provocações estranhas, e não como uma explosão das próprias massas. Podemos admitir que elas se tenham dado. Mas, se o trabalhador está num regime que perfeitamente o ampara, como poderia aceitar tais provocações? Sabe ou deveria saber o marxista que os fatores ideais não ressoam sem que lhes correspondam fatores reais que favoreçam tal ressonância.

Os fatores ideais, quando não encontram fundamento nos reais, soam como utopias ou palavras que provocam apenas riso em vez de explosões que exigiriam tanques do "exército do povo" para serem sufocadas.

É fácil ver assim que a dialética marxista os leva a erros palmares, como sempre os levou. O que os mantém ainda, e não será por muito tempo, são as reminiscências das velha prédica socialista, que predispõem muitos trabalhadores a verem na Rússia uma realização do povo trabalhador. Mas, cada dia que passa, a descrença aumenta aos olhos dos mais cultos e conhecedores dos fatos que lá se desenrolam. Se há, no entanto, alguns literatos pedantes, ambiciosos de mando, que são marxistas, ou alguns egressos da burguesia que adotam tal doutrina, se deve tal fato mais ao ressentimento e à sofisticação do que à sinceridade, embora se possa admitir, e nós o fazemos, que há entre eles muitos indivíduos sinceros e puros, que mereceriam estar em outro lugar.

Desta forma, a dialética marxista atua para corromper a própria doutrina.

Só essa dialética levaria ao absurdo de pensar que uma *generatio* se processasse do diferente para o diferente, em vez de do semelhante para o semelhante. Uma pereira dá peras e não elefantes.

O que o marxismo gesta é o que já estava implícito no marxismo. A sua dialética, por abstracionista e portanto pouco dialética, levou a um erro de consequências terríveis, pois os marxistas não podem continuar aplicando a brutalidade organizada opressiva, nem podem afrouxá-la. Uma ou outra os levará à derrota final, inevitavelmente.

2. O segundo aspecto contraditório do marxismo está em sua posição filosófica.

Como vimos em nosso livro citado,[3] tanto Marx, Engels, Lênin e Stálin como os outros marxistas têm uma visão deformada e primária da filosofia.

---

[3] Isto é: em *Lógica e Dialética*, parte "Dialética", tema IV, artigos 1 e 2. São Paulo, Logos, 1953, p. 145-59. (N. E.)

Colocam-se na mesma frágil posição dos positivistas e de toda a reação antimetafísica do século XIX.

Para todos eles, tanto de uma cor como de outra, metafísica é sinônimo de idealismo, e a metafísica é apenas aquela de que Wolff falava, que Kant combateu, etc. O idealismo alemão cooperou muito para essa visão da metafísica, e o que pensavam ser escolástica era apenas escolasticismo.

Dessa maneira, o século XIX, que foi eminentemente antimetafísico, influiu fortemente em todo o movimento socialista, que é predominante e quase totalmente materialista, julgando que a metafísica fosse um campo de meras distinções conceituais, de jogo de palavras, ou de construção de ficções sem qualquer fundamento na realidade.

A ignorância crassa que predominou quanto à obra metafísica de um Santo Tomás ou de um Duns Scot levou-os a um abandono total das obras do período medieval e do Renascimento, com prejuízos imensos para a filosofia moderna e contemporânea, em que os "Colombos atrasados" proliferam, defendendo ideias mais bem expostas há muitos séculos, e outras já refutadas com antecedência também de séculos.

O marxismo, por exemplo, seguindo as linhas do cientificismo do século XIX, com algumas tinturas hegelianas, lidas apressada e descuidadamente (vejam-se os *Cadernos sobre a Dialética de Hegel*, de Lênin, em suas análises primárias sobre a *Ciência da Lógica*, e o seu *Materialismo e Empiriocriticismo*), construiu uma visão materialista, que, apesar dos esforços para não se confundir com o materialismo vulgar de um Moleschott ou de um Vogt, não pôde evitar entregar-se a todas as aporias que daí resultam. E vemos os efeitos grosseiros dessa herança na polêmica que se trava entre os marxistas dissidentes e stalinistas, que mutuamente se acusam de falsificadores da doutrina, não poupando nem mesmo Engels, que já é acusado de ingenuidade...

O marxismo, filosoficamente, é uma doutrina materialista. Ora, a tese fundamental do materialismo marxista é a prioridade do objeto sobre o sujeito. O que o marxista afirma é a anterioridade daquele sobre este. Na verdade, o que o marxista quereria dizer é que há uma anterioridade do mundo exterior em relação ao homem, este sendo uma criação posterior àquele, ou seja, algo que só adveio depois. Dessa forma, sendo o homem produto de uma longa evolução da animalidade, a espécie (a *rationalitas* dos escolásticos) fica reduzida à animalidade.

O homem é um animal, mas um animal que se diferenciou. E essa diferença, não a nega o marxista. Mas afirma-a como mera consequência da evolução animal sem qualquer intervenção de qualquer providência extraterrena. Os marxistas desconhecem o que seja providência divina. Têm de tal termo uma visão caricatural (exemplo de *ignorantia elenchi*, como diriam os escolásticos). Combatem-na pelo modelo que dela fazem, e não compreendem que, se o homem surgiu, se acaso veio da animalidade, como um ser que se diferenciou, tal não poderia ser apenas uma obra do acaso, mas, sim, de desenvolvimento da própria ordem cósmica, que já continha, portanto, essa possibilidade. Aquele *ver para diante* (*pro* e *videre*) indica uma *providência* que atua na ordem cósmica, pois, do contrário, teria surgido do nada, o que o marxista não irá de forma alguma admitir.

Nesse caso, a ordem cósmica *providenciou* que surgisse o homem, pois, se ele surgiu, isto foi uma possibilidade daquela ordem. Portanto, houve um momento em que o homem não era ainda atual, mas estava em potência. Ora, tal potência indica uma possibilidade, um dar-se do homem dentro da ordem cósmica, uma *vidência pro*.

Responderia, acaso, o marxista que essa ordem cósmica é mera realização de *per si*, isto é, que surgiu também do nada? Não, essa ordem é intrínseca ao cosmos, dirá. De qualquer forma, há de convir que essa ordem, que se dá no cosmos, ou surgiu do acaso, ou é eternamente preexistente e eternamente subsistente, ou é idêntica ao próprio cosmos. Se aceita a primeira posição, cai em todas as aporias intrínsecas à concepção do acaso, já suficientemente refutada. Se aceita a eternidade e a subsistência, reconhece que há, no cosmos, uma ordem criadora de todas as coisas e não evitará, pelo menos, a queda no *deísmo*, embora não no *teísmo cristão*, com o perigo de tornar-se *panteísta*. Ou admitirá que é idêntica, o que se pode combinar com a segunda posição, e não se salvará do mesmo modo.

Dessa maneira, o materialismo marxista é deísta de qualquer modo, pois se vê obrigado a dar à matéria um poder infinito de criar todas as coisas que existem, existiram ou existirão, a não ser que aceite outro ser mais poderoso e abandone o seu monismo materialista. De uma forma ou de outra, o marxismo é supinamente metafísico, pois faz uma afirmação categórica sobre algo de que não tem experiência total.

Como sabe o marxista que é assim? Por lhe ser evidente? Mas basta a subjetividade da evidência para afirmar uma verdade? Não será apenas uma convicção?

Não podemos discutir as bases do materialismo aqui. Nós o faremos em outros trabalhos. Mas o que se pode dizer, e o queremos fazer com justiça, é que Marx não tomou uma posição genuinamente materialista, mas apenas uma posição empirista no que se refere ao conhecimento e à gestação da inteligência humana. Tal posição considera a inteligência um produto do mundo exterior, isto é, afirma a anterioridade do ser sobre o conhecer, e nisto o marxista, sem o saber, nada mais afirma que um dos pontos que são patrimônio de toda a escolástica.

Para a escolástica o homem é criatura, e portanto foi criado. E, como todo ser criado, é posterior ao que o cria, ao Ser que o antecede. Ademais, quanto ao conhecimento, deveriam os marxistas saber que Aristóteles e Santo Tomás aceitavam que *nihil est in intellectu quod non prius fuerit in sensu*, ou seja, "nada há no intelecto que primeiro não haja estado nos sentidos", o que é uma afirmação empirista.

Por escolher uma visão materialista, o marxismo juntou o seu destino ao destino do materialismo, a mais fraca posição que se conhece na filosofia.

Mas o mais importante é o que gesta aqui um ponto ético capital. O marxismo, por desvalorizar totalmente o homem, por reduzir a espécie ao gênero (a racionalidade à animalidade, e esta, fatalmente, pelo mesmo redutivismo, ao físico-químico), reduz o homem a uma coisa, e não a uma pessoa. Daí o desrespeito total à pessoa humana, que o leva a outros desrespeitos. O marxismo termina por negar valor a tudo quanto o homem elevou até então. E, no seu afã destrutivo, julga que, para ser socialista, é preciso destruir até as mais caras conquistas da racionalidade e da afetividade humana sobre a animalidade. Dessa forma, combateu a família, combateu a moral, combateu a religião, combateu a filosofia e, na verdade, não encontrou em que dar coerência ao seu movimento. Em lugar da força dada pela coerência, acabou por obter uma coerência conquistada pela força. E a falta de um princípio ético mais profundo, se pode vivamente interessar aos egressos, aos mórbidos, aos doentios, aos ressentidos, a todos os que não podem submeter-se a uma autodisciplina nem conhecer certas vitórias por si, não deu ao marxismo, contudo, a força que este julga ter. Na verdade, o que dá força ao marxismo, fora da Rússia, são ainda os ideais socialistas (no fundo, genuinamente cristãos), enquanto nos países dominados pelo seu poder essa coesão é obtida pela forma policial, como os fatos o comprovam cabalmente.

Vê-se assim, embora em linhas gerais, que a própria filosofia do marxismo contribui para levá-lo à corrupção mais extrema, a qual não pode ser negada, em face da própria história do partido bolchevista, que, fundado nas afirmações de seus sequazes, é um movimento que apresentou maior número de traidores que qualquer outro da história, e os bolchevistas mataram mais companheiros do que inimigos ideológicos.

Submetendo-se ao destino do materialismo, o marxismo condenou o seu futuro.

E as frequentes mudanças de posição, como nos mostra a história do movimento bolchevista na Rússia – que, depois de combater a família e propor uma camaradagem entre os sexos, termina por construir uma tríade para o povo, como é a atual "Pátria, Família e Estado", este último substituindo a Deus, repetindo ridiculamente o "Deus, Pátria e Família" –, provocaram os risos dos adversários.

As restrições ao divórcio e a defesa dos bons costumes atingem hoje, na Rússia, uma ferocidade inaudita. As contravenções ao código de moral soviético chegam ao extremo de atribuir penas pesadíssimas aos namorados que se beijam em rua aberta. Uma moral levada aos extremos, depois de ter sido ridicularizada por tanto tempo.

3. A contradição funcional é importantíssima. O autoritarismo fundamental da concepção marxista faz crescer os abusos de poder. Não são os adversários que os relatam. São os próprios marxistas. Leiam-se os relatórios de Stálin, e os últimos de Malenkov, que nos contam, em linhas gerais, o que ali se passava e passa. O princípio autoritário, inerente ao marxismo, levou-o a um excesso de poder que não pode afrouxar nem manter. Uma brutalidade leva a outra brutalidade e com essa sequência convivem milhões de seres humanos, sujeitos a todas as lutas internas que gera naturalmente o autoritarismo.

É o absolutismo autoritário um dos fatores mais importantes para levar todas as formas humanas às formas viciosas. Toda doutrina absolutamente autoritária está fadada ao malogro final, porque o autoritarismo, por seu caráter absolutista, tende ao vicioso e à destruição final. Toda a história prova essa afirmativa que ora fazemos. Nenhuma ideia, nenhuma organização, que se tornou autoritária sobreviveu ao próprio autoritarismo. Os abusos que dela decorrem destroem, mais dia menos dia, qualquer construção.

O autoritarismo marxista é uma contradição interna do marxismo, não como teoria, pois o marxismo é intrinsecamente autoritário, mas como fator de decomposição.

E as formas viciosas decorrem desse espírito autoritário, do qual não se livram mais e que as destruirá, afinal.

4. Outra contradição destrutiva encontramos no decurso da história. O marxismo não pode evitar que seja histórico e que passe com a história. Os fatos sucedem-se dentro de uma sequência que não o fortalece. As vitórias obtidas são uma marcha apressada para a derrota final, como as de Hitler o aproximavam cada vez mais da derrota.

Os progressos obtidos pela técnica permitiram que os países neotecnizados conhecessem uma melhoria de vida do trabalhador, vedada à Rússia paleotecnizada. Stálin queixava-se de ser a produção russa a mais cara do mundo, e de o país precisar manter-se afastado dos outros, com as fronteiras fechadas, porque não podia competir, em preços, com a produção dos países capitalistas.

Se os marxistas realmente desejassem a paz, poderiam negociar com os outros povos. Mas como vender o que produzem, se é tão caro? Têm de viver de restrições de toda espécie, como sucede com todo país industrialmente mal desenvolvido.

Os países neotecnizados, como o são Estados Unidos, Suécia, Holanda, Dinamarca, Noruega, etc., não conhecem movimentos marxistas ponderáveis. E, no entanto, nesses países, deveriam ter eclodido movimentos mais ferozes, segundo a norma marxista. Nesse ponto, fazem os defensores desta os maiores malabarismos intelectuais para explicar os fatos. Mas não podem negar estas observações:

a. que o proletariado desses países desfruta de um padrão de vida muitas vezes superior ao dos russos;
b. que nesses países a capacidade de produção *per capita* é maior que a dos trabalhadores russos;
c. que o proletariado desses países encontra meios fáceis de resolver os problemas econômicos e penetrar na produção, da qual a pouco e pouco se assenhoreiam, por formas cooperacionais.

Ora, tais fatos são evidentes. A mentalidade soviética é paleotécnica. Apesar de Lênin ter lutado pela eletrificação do país e os bolchevistas terem feito muito nesse setor, não foram capazes de aproveitar as lições que a neotécnica e a biotécnica oferecem. Ao contrário, paleotecnizaram a produção, que sofre a pesada carga de uma superburocratização, de que tanto Stálin tem se queixado, através de seus relatórios.

Dessa maneira, o processo histórico e a técnica mostram o marxismo como uma filosofia para o proletariado da paleotécnica, como o socialismo chamado utópico também o foi, e as utopias do Renascimento foram para a eotécnica. O marxismo encontra, assim, na história a sua própria contradição.

5. Outra contradição é a de ordem político-administrativa. Quando Lênin pedia ao proletariado que administrasse, que errasse mas administrasse (e isso antes da Revolução de Outubro), fazia ele uma afirmação que não se enquadrava no verdadeiro espírito da doutrina marxista, pois a direção *devia* caber ao partido, como depois se verificou. Poucos dias após a revolução, quando o proletariado se apoderou das fábricas, propuseram Lênin e Trotsky o prato de lentilhas. Em troca da administração das fábricas, dar-lhe-iam o direito de greve.

Sabiam muito bem Lênin e seus sequazes que, sem o poder econômico, os bolchevistas não guiariam o movimento socialista. O poder econômico concentrava-se nas mãos do Estado, que pôde promover, posteriormente, a liquidação dos remanescentes socialistas adversários, com o aproveitamento do desinteresse dos anarquistas pela política; dominando a máquina do Estado, os bolchevistas teriam além do poder político o econômico, e era isto o que lhes interessava, pois o poder político em si mesmo seria precário. E sucedeu o que era inevitável dentro da concepção marxista. Ludibriaram as massas com o prato de lentilhas do direito de greve em troca da administração, que foi burocratizada nas mãos do Estado. Vitoriosos, como o foram, o direito de greve foi imediatamente liquidado, e o poder absoluto dos bolchevistas instalou-se na Rússia.

Mas tudo isso traria, como trouxe, consequências:

a. a burocratização levou ao encarecimento da produção;
b. o proletariado, sem a administração, brutalizou-se nas garras do Estado policíaco;
c. a produção, apesar dos ímpetos stakhanovistas – ou seja, o movimento iniciado pelo mineiro Alexei Stakhanov, e que serviu de propaganda para aumentar a produtividade do trabalho – não diminuiu de custo,

porque o próprio trabalhador tinha um papel sempre inferior, o que lhe diminuía o estímulo;

d. ademais, a mais-valia paga ao capitalista passou a ser paga, em dobro ou em triplo, ao Estado;

e. caiu o proletariado perdido às mãos dos poderosos, sem ter possibilidade de organizar-se em defesa, pois os sindicatos e os sovietes perderam o poder, passando as leis, ordens e regras a serem estatuídas de cima para baixo.

Dessa forma os marxistas, na Rússia, semearam ventos e colherão tempestades, assim como Marx semeou dragões e colheu pulgas...

6. A organização paleotécnica da Rússia, o autoritarismo, em suma, tudo quanto estudamos acima levará o povo russo, para sair da situação em que se encontra, a fazer a revolução. Só pela revolução se libertará de toda a opressão em que vive, e o marxismo passará para a história como mais um exemplo do malogro das doutrinas autoritárias.

Assim como a nobreza fez a revolução para libertar-se do domínio do clero, a burguesia para libertar-se da nobreza, o proletariado para libertar-se da burguesia, instalando um regime de césares, o povo terá de fazer a revolução para libertar-se dos seus "libertadores".

Dizia Nietzsche que é do destino dos alemães salvar o que está perdido. Dizia que Lutero salvara a Igreja, a qual deveria canonizá-lo, pois graças à sua ação ela renasceu. Marx, também, salvou a burguesia, cuja situação ter-se-ia inevitavelmente chegado ao ocaso em dias de paleotécnica, se não visse surgida entre os socialistas a ação dissolvente e divisionista dos marxistas – poderia afirmar qualquer dos seus adversários.

Sua dialética levou-o, fundado em parcos fatos da História, a construir uma visão falsa da própria alteridade, único campo no qual trabalha a dialética marxista, apesar de haver muitos outros que ela esqueça ou desconheça.

* * *

O marxismo gera internamente uma luta sem quartel pelo poder.

É o que se verifica nos quadros do mais rudimentar partido comunista, em qualquer país. Esse espírito exige a desconfiança constante e implica certa instabilidade dos dirigentes, ameaçados sempre de denúncias, assim como dos membros menores, frequentemente intimidados. Nem Stálin sentiu-se seguro. E seu fim, um tanto prematuro, ainda põe dúvidas, e bem fundadas, sobre a verdadeira causa de sua morte, que parece ter obedecido mais a um plano premeditado que a uma simples doença.

Aqui há lugar para uma pausa e comentário. Stálin não podia modificar a orientação soviética. Ele era suficientemente inteligente para saber que um ditador, quando concede certas liberdades, cai fragorosamente. Uma vez morto, a Rússia poderia dar outro passo sem tal perigo. A morte de Stálin era necessária.

Sucede, porém, que a tática de Malenkov, e companheiros, também não trará grandes benefícios, e se verá forçada a guinadas de todo tipo, com depurações constantes e sangrentas.

Os bolchevistas não podem permanecer na brutalidade desenfreada, nem podem empregar a liberdade. Perdoem-nos a profecia, mas assistirá a humanidade à mais feroz carnificina que conheceu a história. Os russos aprendem há séculos a matar, brutalizar. Os discípulos, em breve, mostrarão aos mestres quanto aprenderam. Não se pense que tal seja impossível pelo fato de o Estado soviético dispor de tanta força, como a policial, a militar, etc. Tudo isso ruirá fragorosamente, mais cedo do que se pensa ou se espera.

O autoritarismo bolchevista provoca o antimarxismo, fortalece-o. As forças contrárias crescem constantemente e, internamente, as forças de desagregação são estimuladas. No fundo de si mesmo, todo russo, até Malenkov, desejaria que tudo fosse diferente... Esse desejo já existe. Se a Rússia abrisse as fronteiras e deixasse sair do país quem o quisesse, talvez ficassem apenas os senhores do Kremlin, e nesse "talvez" há muito ainda de dúvida. As fugas constantes, os milhares que morrem nas fronteiras, enfrentando os guardas, para alcançar um mundo onde possam respirar livremente, são um atestado insofismável de desencanto. Um estrangeiro, ao visitar a Rússia, sem faro psicológico, pode não perceber tal coisa ao primeiro relance. Pode, com espírito de turista, até mesmo se embriagar com belezas que o novo regime tenha realizado. Seria ingênuo acreditar que em trinta e tantos anos nada se tivesse feito na Rússia.

O turista não vai às favelas, à miséria dos bairros. E muito menos na Rússia, onde há lugares proibidos em todos os cantos.

Mas todos esses argumentos seriam fracos e desinteressantes, em face do que o marxismo inevitavelmente é *ab ovo*: autoritarismo, absolutismo.

Pode ter a Rússia tudo o que quiser, mas não tem socialismo, nem marcha para o socialismo. O socialismo só seria implantado à custa do regime bolchevista, por meio de uma grande revolução popular, que extirpasse do país os dirigentes.

O marxismo não é uma doutrina socialista consequente. O socialismo implica liberdade, e a liberdade é uma perfeição que só se torna real com a própria prática. A opressão não é escola de liberdade; esta só pode surgir por oposição àquela.

O ciclo dialético da alteridade leva-nos, *marxisticamente*, a considerar:

Como *tese*: o socialismo romântico, sincero, cheio de brio, e já genuinamente solidificado por ideais e práticas mais seguras;

Como *antítese*: o socialismo autoritário, prussiano, de Marx, cuja prática está atestando o que é;

Como *síntese*: um socialismo democrático cooperacional, que realizará o que já é feito, embora apenas em parte, pelos 500 milhões de cooperacionistas do mundo.

Os cooperacionistas constroem o que até então era considerado impossível, sem a intervenção do Estado, e pela exclusiva ação dos próprios trabalhadores, como verificamos em países como Suécia, Noruega, Islândia, Holanda, Dinamarca, Suíça, Inglaterra, Estados Unidos, Canadá, e entre nós, sobretudo no Rio Grande do Sul.[4]

Tais afirmativas, naturalmente, levam desde logo a muitas objeções por parte dos marxistas. Com seu tecnicismo verbal, desejariam demonstrar que tal é impossível. Mas trinta anos atrás também era impossível. E nessa época os cooperacionistas eram apenas uns cinquenta milhões. Afirmavam os marxistas que a cooperação organizada pelos trabalhadores e pelas classes populares não poderia construir, por exemplo, a exploração do petróleo, estradas de ferro, navegação, grandes indústrias, etc. As duas dezenas de companhias de petróleo, formadas sobre bases cooperativas, e de propriedade de trabalhadores, existentes nos Estados Unidos, com sua frota de petroleiros, etc., as estradas de ferro construídas na Bélgica e na Suécia, as grandes companhias de navegação suecas e islandesas, etc. demonstram à saciedade que os marxistas são teimosamente maus profetas.

São os marxistas os maiores inimigos do cooperacionismo. Para os líderes, é preciso que as massas populares não creiam em si mesmas, não confiem em sua força de organização, não realizem obras que melhorem suas condições econômicas, não aprendam a administrar a si mesmas. Elas precisam confiar na onisciência dos líderes, dos grandes iluminados da autossuficiência, dos ideólogos sistemáticos de ciência infusa, que se julgam senhores do conhecimento e falam em tom dogmático, como se conhecessem todos os mistérios da natureza e da vida humana.

---

[4] Documentos que demonstram o ativismo de Mário Ferreira dos Santos em prol da causa cooperacionista estão exibidos na seção "Arquivo Mário Ferreira dos Santos", no fim deste livro. (N. E.)

18. Os fatores emergentes e predisponentes

Os fatores emergentes são os internos; e os predisponentes, os externos.

O homem é emergentemente *corpo* (*fatores bionômicos*) e *alma* (*fatores psicológicos*). Mas o homem vive na natureza (*fatores ecológicos*) e numa sociedade humana, sem a qual ele não surgiria (*fatores histórico-sociais*).

Os fatores emergentes, ante a ação predisponencial dos fatores exteriores, atualizam-se de determinadas formas. Assim, o meio ambiente desempenha um papel importante, mas apenas favorece ou desfavorece a atualização da emergência.

Não é difícil encontrar no socialismo suas raízes emergentes, tampouco compreender o papel que os fatores predisponentes exercem na atualização de suas formas.

O socialismo da eotécnica é diferente do que corresponde à paleotécnica. Aquele tem características que lhe são dadas pelo *artesanato*; este, pelo *salariato* do período paleotécnico.

Um socialismo de Fourier, de Owen e de Proudhon, em parte, é eotécnico.

Dá-se a revolta romântica do artesão que subitamente é superado (não em tudo, é certo) pela grande indústria que aos poucos lhe arranca os clientes. Tem de proletarizar-se, e revolta-se. Ou está ameaçado a proletarizar-se, e revolta-se. Os fatores predisponentes atuam e permitem a emergência de uma revolta que se adapta às condições ambientais. Não se poderia esperar outra coisa.

Mas, nesse socialismo eotécnico, os fundamentos do socialismo são invariantes.

A inversão vai dar-se com os marxistas. Estes surgem em plena era da paleotécnica. São os socialistas da grande concentração.

O capitalismo toma o rumo das grandes unidades da centralização constante, do monopólio. O marxismo viu nisso o clímax do progresso e uma lição da organização social futura. A sociedade tem de ser centralizada, tem de haver monopólio de poder, monopólio de produção, monopólio em suma econômico, político e ideológico.

Os fatores predisponentes foram aqui importantes. Mas, assim como os fatores histórico-sociais para se constituírem precisam dos emergentes, em sua conjunção e reciprocidade, em cooperação com os ecológicos, o histórico-social influiu sobre Marx de tal modo que não poderia ele ter outra visão. Era tudo evidente a seus olhos, tão cheios do século XIX, sobretudo se se considerar que a sua insuficiente cultura filosófica não lhe permitia ver além dos fatos, nem ter uma visão global justa; faltava-lhe empreender uma sólida análise dialética.

Por isso, tendeu sempre a acentuar o fato econômico como o preponderante e decisivo. Realmente, nesse período, a predisponência econômica era decisiva, mas isso correspondia ao histórico-social e ao espírito da época, que perdera a fé, que acreditava apenas na ciência e que precisava resolver os problemas econômicos, únicos em que supostamente ainda era possível encontrar uma salvação para os homens.

Naturalmente que, desde esse momento, a emergência numa adequação com a predisponência dava a concluir precipitadamente que o fator econômico fosse sempre o decisivo. (É verdade que Marx e Engels em seus últimos anos de vida rejeitaram esse absolutismo. Mas os epígonos continuam afirmando-o dogmaticamente. O fator econômico é por eles, assim, tornado abstrato, retirado da concreção em que originariamente se dá. Em alguns marxistas, naturalmente os de menor porte, esse fator é único. Os outros nem são fatores...)

Ora, o ser humano, sendo corpo, é sempre biológico e, consequentemente, fisiológico. Um biologista poderia querer reduzir, e alguns o fazem, toda a superestrutura humana à biologia, como procede o biologismo; um fisiologista poderia reduzi-la à fisiologia, como o fazem os adeptos do fisiologismo.

Mas o homem é também psiquismo, e um psicólogo poderia reduzi-lo à psicologia, e eis o psicologismo. E como o homem existe na natureza, e é natureza, um físico ou químico poderia querer explicar totalmente o homem pela físico-química, e teríamos o materialismo vulgar. Como o homem é histórico-social, vive em sociedade e dela depende para surgir e perdurar, sofrendo dela suas influências, não faltam as reduções do historicismo, as do economicismo, etc.

Ora, desde os escolásticos, corpo e alma são inseparáveis no homem. E também o são a natureza e a sociedade. O homem é um todo dentro de uma concreção. O que se chama fatores biológicos não tem uma precisão absoluta, porque, no homem, o bionômico e o anímico estão fundidos. O que nos aparece, ora aqui, ora ali, é a predominância deste ou daquele, mas não se pode negar a interatuação do biológico e do psíquico, cujas ressonâncias são mútuas. Podemos não perceber isto ou aquilo, mas o nosso psiquismo percebe. A psicologia de profundidade nos mostra que o que pertence ao inconsciente e ao subconsciente, segundo suas classificações mais usuais, que são apenas graus de intensidade da vida psíquica, é muito mais rico do que pensaria a consciência vigilante, antes dos exames procedidos. Portanto, sabemos que há muito de inconsciente e de subconsciente num simples ato que praticamos, julgado apenas movido por isto ou por aquilo.

Assim como os fatores não têm uma nítida separação, não há senão distinções que fazemos com fundamento *in re*, como diria um escolástico, isto é, com fundamento na coisa; apenas distinções que não são separações reais-físicas sob todos os aspectos, pois a sociedade, que parece estranha, fora de nós, vive em nós, com muito maior influência e eficacidade do que se poderia pensar.

O fator econômico, por exemplo, não pode ser nitidamente separado, real-fisicamente, mas apenas apontado, e distinguido em sua concreção com os outros.

E explicar tudo quanto se dá na sociedade apenas pela ação decisiva desse fator seria dar uma explicação pouco dialética, porque abstrata. Ora, em cada ato humano, há sempre o econômico, ou a sua presença, como há o biológico, o psicológico e o social. A cooperação das intensidades e extensidades desses fatores explica os fatos históricos, pois do contrário não poderíamos compreender como um povo, em certas circunstâncias, atua deste modo e outro, em circunstâncias semelhantes, atua diferentemente. Há povos que aceitam desafios e povos que não os aceitam. Há povos que reagem, e outros que não reagem, aos ataques estranhos. Há povos que se deixam vencer pela natureza, e outros que vencem a natureza. E entre os indivíduos as diferenças são ainda maiores. Os estudos de Spengler e de Toynbee sobre a história, que analisamos em nossa *Filosofia e História da Cultura*, nos colocam ante fatos que só uma visão dialética e cooperacional dos fatores de emergência e de predisponência, como propomos, pode explicar.

O estudo mais pormenorizado desses fatores, que ora fazemos apenas em suas linhas gerais, está esparso em nossas obras, onde os estudamos sob vários aspectos, desde *Lógica e Dialética*.

Marx viu nessa época o que outros, antes dele, já haviam visto: os homens estavam empolgados com o econômico. Os problemas econômicos avultavam. Como a filosofia anterior se encontrava, naturalmente, dominada pelo abstracionismo idealista, pelo abstracionismo materialista vulgar, pelo abstracionismo racionalista, que eram formas dissolvidas, degenerações da concreção escolástica, e, como o econômico não era mais salientado pelos filósofos de então, que até o desprezavam, Marx, espírito rebelde e em constante oposição, acentuou-o, tanto quanto podia, como ele mesmo o confessa, com o intuito de salientar vivamente o que os outros desconsideravam.

Marx, embora não fosse descobridor do fator econômico, teve um papel inegavelmente positivo e de grande valor, ao ressaltá-lo, até com exagero, em contraposição ao abstracionismo na filosofia que o havia desprezado.

Mas Marx foi um exemplo do fenômeno constatado por sua própria teoria. Seus exageros foram por ele vividos de tal modo que, ao visualizar uma situação histórica, fundado em documentos de parcial valor, construiu uma cosmovisão totalmente paleotécnica, e julgou que as soluções sociais seriam, por sua vez, paleotécnicas. O proletariado seria apenas o herdeiro do capitalismo. Eram as formas de produção do capitalismo que *geravam* o socialismo. E de tal modo que as relações de produção se tornavam díspares em relação àquelas, o que estabelecia um conteúdo novo, enquanto permaneciam formas velhas. A revolução seria inevitável, porque o capitalismo seria obrigado a socializar a produção. Marx olhava apenas o aspecto da ordem das coisas; não queria ver mais nada.

Ora, o socialismo eotécnico de forma nenhuma consideraria a oficina burguesa exemplo de uma oficina socialista, nem admitiria que a forma de produção burguesa fosse socialista, pois a técnica levava o trabalhador a uma brutalização tal que seria hediondo aceitá-la.

Opunha-se ao capitalismo. Marx, não; considerava-o um passo à frente, um progresso. O capitalismo criava maravilhas. Os ditirambos de Marx no *Manifesto Comunista* são tão entusiastas que nenhum capitalista seria capaz de escrever com tanto entusiasmo sobre o seu regime econômico.

O próprio Marx intitula o seu livro máximo de *O Capital*, porque é sobre o capitalismo, forma viciosa do domínio do capital, que ele quer falar.

Viu nas grandes chaminés que empestavam as cidades, naquelas florestas de canos espetando o céu, um progresso. As imundas cidades de carvão e fuligem são um progresso ante as limpas cidades da eotécnica, conhecidas nos países nórdicos. Marx está cego pela fuligem que lhe cobre os olhos, a barba, o corpo e a alma. O capitalismo é o gestador do socialismo. Ainda o diferente gestará o diferente, o tigre gestará pombas...

Colocado nesse ângulo, o marxismo estrutura-se como uma filosofia do proletariado da paleotécnica.

Marx nunca pensou devidamente nas grandes revoluções técnicas; não pensou que elas poderiam ter outro papel, importantíssimo, na formação de novos ângulos e perspectivas. O que foi antevisto pelos "utopistas" Proudhon (que previu o fascismo, enquanto Marx não) e Kropotkin (em cuja obra *Campos, Fábricas e Oficinas* se colocam os aspectos da técnica que serviram de base a Patrick Geddes e a Lewis Mumford posteriormente, e, atualmente, ao movimento de humanização do trabalho), Marx não previra. Marx era paleotécnica – e só.

Em sua obra não encontramos uma visão clara nem das possibilidades revolucionárias da técnica, nem sequer do papel que ela exercera na transformação das sociedades do passado.

19. Análise decadialética

Com a colocação dos diversos aspectos mais importantes do marxismo, por nós já salientados nas páginas que antecedem a esta, é fácil agora fazer uma análise decadialética, segundo os dez planos, bem como da maneira abstrata de visualizar os temas, não só sociais mas também filosóficos, econômicos, etc.

Analisado o marxismo no *campo do sujeito e do objeto*, deve ser examinado como doutrina e como prática, como obra de Marx e de seus seguidores.

Se atualizamos o subjetivo, a pessoa de Marx se torna importante para a explicação de sua doutrina, marcada pelas peculiaridades do espírito de seu autor. A marca pessoal é demasiadamente evidente: messianismo judaico, ressentimento individual, perseguições e desprezo dos dominadores de então. Marx, antes de ser marxista, opunha-se politicamente àqueles a quem houvera solicitado um cargo, que não obtivera por ser judeu, apesar de casado com uma mulher da pequena nobreza alemã. Os estudos filosóficos de Marx, e a influência que sobre ele teve Engels, que era um industrial e economista, explicam-nos muito dessa notável simbiose, que terminou por Engels fazer mais filosofia que economia, e Marx mais economia que filosofia.

Filosoficamente influenciado pelo hegelianismo de esquerda, que atualizara da obra de Hegel o aspecto objetivo, assistindo à luta que era travada pelos dois grupos que disputavam entre si a verdadeira exegese do hegelianismo, posicionado ao lado dos esquerdistas, o aspecto materialista teria de ser finalmente acentuado, pois virtualizaria, naturalmente, tudo quanto fosse subjetivo em Hegel, malgrado fizesse parte da concreção hegeliana, a qual é uma síntese de objetividade e subjetividade. A influência positivista, que se manifestava vivamente na ciência (o que não deve ser simplesmente confundido com o positivismo de Comte), levava Marx a tender para a objetividade. Mas todo tender objetivo, como já vimos na *Psicologia* e em *Lógica e Dialética*, tem sempre uma raiz num interesse *páthico*, genuinamente afetivo. Marx era afetivamente objetivo e exagerava esse aspecto, virtualizando tanto quanto possível a subjetividade, no intuito de alcançar aquela precisão que a ciência buscava e adquiria ao afastar-se do subjetivo, do qual, na verdade, ninguém consegue escapar. Somos objetivos ainda por paixão, e Marx o era, também por paixão.

A Alemanha, que sempre chega tarde na história, era estimulada por seus homens públicos (a era bismarckiana se construía) a industrializar-se, a fim de competir com as grandes regiões industrializadas da Inglaterra e da França.

Todo o subjetivismo alemão (que se revela tão simbolicamente no expressionismo de sua arte) tinha de ser posto em quarentena. Era preciso ser objetivo, preciso, prático, eficiente. Era preciso superar estágios, avançar, acompanhar o progresso econômico dos outros povos, competir com eles, e vencê-los.

Naturalmente que a luta entre as tendências objetivas e subjetivas na Alemanha tinham de ser mais agudas que em qualquer outra parte. Marx sentiu o conflito e, homem de luta, engajou-se do lado objetivo com toda a paixão. O exagero era inevitável. Por outro lado, o socialismo, que se processava nos países latinos, tinha um cunho altamente subjetivo e, por isso, era supinamente romântico, sem que desprezemos o invariante que o estrutura, nem os fundamentos seguros que o sustentam.

A princípio Marx, neófito no socialismo, tinha os olhos voltados para o além--Reno. Mas trazia sua alma hegeliana de esquerda já estruturada quando, em contato com os revolucionários latinos, sentiu que havia muita exteriorização de paixão por parte destes. Seu rompimento com Proudhon, que tanto admirara, e que o desprezara, levou-o de vez a cair numa visão objetiva do socialismo e a atualizar consequentemente os aspectos do objetivo, esquecendo a importância do subjetivo, o qual virtualizou, algo que terminaria por tornar-se o ponto fraco do marxismo. Essa acentuação levá-lo-ia a desprezar o homem como pessoa, e o marxismo caracteriza-se por essa frieza ao tratar do ser humano, que passa a ser apenas uma coisa que organiza coisas, mas que por estas é modelado.

Daí a concluir que a objetividade gesta a subjetividade era apenas um passo; e a teoria do conhecimento marxista não poderia deixar de cair num empirismo abstracionista, embora fundando-se nas mesmas teses aristotélico-tomistas de raiz empírica sobre o conhecimento. Mas a não aceitação de um papel ativo (o *intellectus agens*, por exemplo, dos tomistas) levou Marx a transformar o subjetivo num mero epifenômeno – ou seja, uma cópia, caindo consequentemente em todos os defeitos, do nominalismo (como todo materialismo, já refutado com séculos de antecedência).

É verdade que Marx, no tempo de *A Ideologia Alemã*, obra pouco lida e pouco conhecida pelos marxistas, tinha uma visão proudhoniana, e aceitava a interatuação do objetivo e do subjetivo na formação do conhecimento. Mas o calor da sua paixão objetivadora levou-o a esquecer essas teses, e até o quadro da estrutura (da infraestrutura e da superestrutura) foi finalmente modificado, permanecendo a infraestrutura como meramente objetiva, e a subjetividade colocada exclusivamente na superestrutura. Esta passou a ser apenas um epifenômeno daquela, assim como o tremer de um motor é apenas um epifenômeno do seu funcionamento.

Dessa maneira, o marxismo caiu no abismo nominalista, e consequentemente teria de gestar todos os erros que posteriormente vieram adicionar-se a este. (Um pequeno erro no início gesta grandes erros posteriores, diziam os escolásticos.)

Por isso, na economia, o valor de uso, que é subjetivo, é reduzido ao valor de troca. Marx não vê mais o antinômico que se dá entre ambos, como vimos na análise da teoria do valor, que expusemos em *Lógica e Dialética*. Só se produz o que é útil; consequentemente, conclui que a utilidade já está contida no valor de troca, o que o leva a construir uma teoria abstrata do valor.

O excesso do objetivismo marxista impele a falsificar o próprio conhecimento, no receio de cair nas teses idealistas. No entanto, como já vimos em nossos trabalhos anteriores, o idealismo tinha sua positividade, também, ao afirmar que o mundo objetivo é modelado pelo sujeito.

O mundo exterior, que não deve ser confundido com o objetivo, existe independentemente de nós. Mas o conhecimento que dele temos depende do sujeito. O conhecimento se verifica do modo como o conhecido está no que o conhece (*cognitio enim contingit secundum quod cognitum est in cognoscente*), afirma Santo Tomás. E prossegue: o conhecido está no que o conhece segundo seja seu modo natural de ser (o cão conhece caninamente; o homem, humanamente, isto é, racionalmente também), de maneira que o conhecimento se adapta ao modo natural de ser do cognoscente.

> Portanto, se o modo de ser de um objeto de conhecimento é de ordem superior ao modo natural de ser do que conhece, seu conhecimento está necessariamente acima da natureza de tal cognoscente. (*Summa Theologica* I, q. 12, a. 4)[1]

Vemos aqui colocado dialeticamente o fator emergente do conhecimento ao lado do predisponente. O sujeito conhece segundo pode conhecer. Nossos esquemas permitem que conheçamos segundo nossa *assimilatio* (assimilação) a eles. A criança conhece na proporção de seus esquemas. Quanto mais esquemas, mais conhecimento. A tese idealista, aqui, é positiva. O conhecimento está condicionado ao cognoscente. Mas o cognoscente adquire esquemas pela experiência que o torna apto a conhecer mais. E esta é a tese empirista.

Santo Tomás é dialético, assim, quanto ao conhecimento. Marx só vê a ação da experiência, e esquece que sem a emergência não haveria conhecimento, isto é, sem *o que* é capaz de conhecer, e que realiza o ato de conhecer. O sujeito é

---

[1] Cf. Santo Tomás de Aquino, *Suma de Teología*, vol. 1. Trad. José Martorell Capó. 4 ed. Madri, Biblioteca de Autores Cristianos, 2001, p. 169.

constituído de modo a conhecer. E conhece segundo o seu modo natural de ser. Dessa forma, a posição empirista e a racionalista apriorista são sintetizadas num empirismo racionalista, que é o de Santo Tomás.

Marx, acentuando o aspecto objetivo, virtualiza a ação subjetiva. É verdade que ele termina por aceitar uma positividade também idealista, ao reconhecer o papel que a ideologia exerce no conhecimento, o papel que a subjetividade posteriormente impõe, como na cosmovisão das classes, etc., que ele, na verdade, compreendeu e tangeu em parte, o que já estava bem delineado, explicitamente, nos estudos sobre o conhecimento que Santo Tomás, Duns Scot e Suárez haviam feito, como o mostramos em nosso livro *Gnosiologia ou Teoria do Conhecimento*.[2]

Citamos ainda Santo Tomás no mesmo tópico:

> Portanto, o natural para nosso entendimento é conhecer as coisas que não têm ser senão na matéria, já que a nossa alma, pela qual conhecemos, é forma de uma matéria. Mas a alma tem duas faculdades cognoscitivas. Uma, que é ato de algum órgão corpóreo, pelo que sua atividade natural é conhecer as coisas segundo o modo de ser que têm na matéria individual, e por isto os sentidos unicamente conhecem o singular. A outra é o entendimento, que não é ato de nenhum órgão corpóreo, e por isso o conatural [*natural com*] do entendimento é conhecer as naturezas que têm ser em uma matéria concreta, mas não enquanto estão concretadas na matéria individual, e sim enquanto abstraídas dela pela ação do entendimento. Por essa ação, com o entendimento, podemos conhecer as coisas em seu ser universal, ao qual não podem alcançar os nossos sentidos. (*Summa Theologica* I, q. 12, a. 4)[3]

Esta segunda ação do conhecimento, o marxista a considera como os nominalistas a consideravam. O universal é apenas o que têm em comum os entes.

---

[2] Publicado como *Teoria do Conhecimento – Gnosiologia e Criteriologia*. São Paulo, Logos, 1954. (N. E.)

[3] Cf. Santo Tomás de Aquino, *Suma de Teología*, op. cit., p. 170.

Mas esquecem-se de que os esquemas concretos estão também nas coisas, sem uma presença material. Esta maçã é maçã, e não outra coisa.

E por quê? Porque nela há um relacionamento físico-químico-biológico que a torna maçã e não outra coisa. Mas esse relacionamento é um relacionamento que não é qualquer outro. É este. E, não sendo este, a maçã não seria maçã, seria outra coisa. Portanto, é o esquema concreto o que dá a tensão maçã, com sua forma maçã, algo que se repete nesta e naquela e naquela outra maçã, e só nas maçãs. Mas não está nesta maçã materialmente, pois, do contrário, como teria ubiquidade para estar naquela? Logo, o *arithmós*, o número pitagórico no bom sentido, o *arithmós plethós* de que falava Pitágoras, que dá a forma maçã, algo que não é matéria, é uma fórmula que não é apenas uma abstração do homem (excesso da tese subjetivista que não pôde evitar Marx) mas é algo que se dá aqui, ali e acolá simultaneamente. É uma forma, um *eidos*, no sentido platônico, um *arithmós*, no pitagórico, que não é matéria, do contrário não teria ubiquidade, não poderia estar simultaneamente em tantos lugares.

Não é o mero *flatus vocis* dos nominalistas, apenas uma palavra, mas um esquema concreto que *cresce com* (*concretum* vem de *concrecior*, "crescer com", também em sentido aumentativo), a matéria que compõe esta ou aquela maçã. Mas essa forma não se atualiza nesta e naquela maçã sem a presença dos fatores predisponentes que a facilitam, pois uma maçã não surgiria na lua, como a lua é hoje.

Logo, essa forma maçã (esse *eidos*, esse *arithmós*, essa *forma*, o nome pouco importa) é um esquema concreto, real, portanto, não com as características da matéria, mas ubíqua, uma possibilidade dentro do ser (um *possibilium* da escolástica, que se torna um *effectibilium* neste planeta), e em certas condições se atualiza como maçã.

Podemos não saber qual é o esquema concreto da maçã; pode a ciência ainda não saber como ele é; mas sabe que ele é, que ele se dá aqui, ali, acolá. Captamos dele, segundo nossas possibilidades, segundo a possibilidade do cognoscente, *o que* ele é, uma *quidditas*, o seu *quid*, o seu *o quê*.

É uma universalidade para nós, adquirida *post rem*, depois da experiência (como o querem os nominalistas), mas que está *in re*, na coisa, na maçã (como o afirmam os conceptualistas), e que tinha um modo de ser *ante rem*, no Ser (como o afirmariam os realistas), pois era uma possibilidade que se efetuou. Dessa forma, o pensamento tomista é dialético. As formas estão antes da coisa no Ser (tese realista), pois do contrário viriam do nada, dão-se nas coisas, em esquemas concretos (tese dos conceptualistas), e são conhecidas, por nós, *post rem*, depois da experiência (tese dos nominalistas). Dessa forma, o realismo de Santo Tomás é mais dialético que o nominalismo marxista, que é abstrato.

O que conhecemos das coisas, as *quidditates*, são condicionadas pelo cognoscente. Conhecemos o cognoscível, e ampliamos o conhecimento à proporção que ampliamos os nossos esquemas de conhecimento. Que são os aparelhos da ciência, microscópios, etc. senão uma ampliação dos nossos esquemas, ou instrumentos que reduzem aos nossos esquemas o que se dá além da capacidade cognoscitiva do cognoscente?

Portanto, uma visão meramente objetiva do conhecimento é uma visão abstrata.

Os marxistas, quando transformam o aparelho cognoscitivo do homem numa mera máquina fotográfica, caem na mesma posição nominalista ou na maneira brutal de ver dos materialistas vulgares, com quem Marx se preocupava tanto em não ser confundido.

E assim como Kant, querendo combater o idealismo, não pôde impedir de nele cair, Marx não pôde impedir de cair no materialismo vulgar, e ao semear dragões colheu pulgas, que se escarrapacharam, sugando, tanto quanto possível, o sangue do nominalismo, até inflar ao extremo.

E tudo isso era uma decorrência natural da sua posição subjetivamente objetiva, da sua paixão (subjetiva) pelo objetivo, que o levou a não poder conter os exageros, e a precipitar no exagero os seus epígonos, mais "marxistas" que ele.

Analisemos dialeticamente outros campos.

As atualizações e virtualizações a que o marxismo procedeu permitiram as modalidades abstracionistas de que está cheia essa doutrina, e que encontra, na prática, um desmentido constante.

Por que os marxistas na prática tiveram de ser diferentes do que foram na teoria?

A simples evidenciação dessa diferença é suficiente para, desde logo, mostrar que havia alguma coisa que não estava perfeitamente entrosada, perfeitamente adequada. Em vez de procurarem o ponto frágil, os marxistas preferiram cair num bizantinismo de interpretações sutis das frases de Marx, procurando sempre justificar os erros, que eram apenas erros porque partiam de posições desde o princípio falsas.

Basta que se observem as obras dos autores marxistas que estão sempre apontando os erros cometidos, como monotonamente o fazem Engels, Lênin e outros, com exceção dos stalinistas, porque estes nunca erram, pois descobriram uma solução ideal para as atitudes: "as condições históricas exigiam tal atitude, etc.".

A posição filosófica do marxismo, sua maneira de ver a história, leva-o a atualizar apenas os aspectos extensistas e a virtualizar o intensista, a atualizar as possibilidades *reais* ou não, que se coadunam com a sua maneira de ver os fatos, e a virtualizar tudo o mais, razão por que os acontecimentos, que não seguem a regra marxista, desmentem-no constantemente. A redução do mundo a uma cosmovisão simplista leva-os a ver nos fatos apenas os aspectos que estão de acordo com a teoria, daí atualizarem supinamente o fator econômico, sem considerar o que coopera em sua formação, e que atua conjuntamente com ele.

Uma análise da filosofia e da economia marxistas, que faremos em outros trabalhos, mostraria à saciedade quanto os outros campos da análise decadialética oferecem exemplos de má apreciação – como seja o campo das contradições da razão, das suas antinomias, que os marxistas não captam; o das contradições da intuição, o que há de desconhecimento, etc. –, que não poderíamos examinar aqui, onde pretendemos apenas dar uma visão ampla dessa doutrina, dentro do socialismo em geral, sem entrar em pormenores, que implicaria citações de passagens a fim de justificar as afirmativas que teríamos de fazer.

A análise dialética da dialética marxista, já a fizemos em nossos livros anteriores e cremos, portanto, que o estudo dos aspectos, que acabamos de realizar, é suficiente para justificar este livro, cujo intuito não é atacar, mas apenas mostrar o que há de positivo, a par do que há de abstrato, em uma doutrina que é defendida por seus sequazes como a mais objetiva, a mais realista, a mais perfeita que o cérebro humano já foi capaz de construir, e até insuperável, perene, eterna. Por isso não é de admirar que os marxistas afirmem, com cândida convicção, que depois deles não há mais caminho para a filosofia, a qual se reduz, dessa forma, a apenas repetir o que Marx disse. O marxismo assim tende a parar o pensamento e a acabar com a sua própria dialética, pois não admite nenhuma contradição em si mesmo. Não se alterará, não será substituído.

Como fecho final, a própria posição marxista é o desmentido mais cabal a si mesma. O marxista, não admitindo sua superação, nega a sua própria dialética.

Podem os marxistas fazer os maiores esgares, levantar a voz, blasfemos e revoltados, arguir os mais sutis e bizantinos argumentos, mas o marxismo, negando sua superação, nega-se a si mesmo.

E se se aceitar, deverá reconhecer que foi uma filosofia aplicável ao proletariado da paleotécnica, mas insubsistente e superada para a neotécnica, e ainda mais para a biotécnica. Podem afirmar que Stálin superou Marx. Bem, isso já é outra coisa.

E aqui, ante tal afirmação, eis que os dissidentes, os não stalinistas, passam a vociferar contra os primeiros. E quando marxistas vociferam é melhor fechar os ouvidos. O desaforo substitui a análise serena, segura e filosoficamente bem fundada. É o que poderemos esperar, quanto a nós, quando certos marxistas fanatizados leiam este livro, e não quanto àqueles que honestamente aceitam a sua doutrina. Estes meditarão sobre as nossas palavras e, se forem socialistas sinceros e equilibrados, haverão de bem compreendê-las.

Bibliografia

Na edição original, não constava esta Bibliografia, organizada especialmente para a presente reedição.

BAKUNIN, Mikhail. *God and the State*. Trad. Benjamin Tucker. Nova York: Dover Publications, 1970.

BARNES, Harry Elmer e BECKER, Howard (com a colaboração de BENOÎT-SMULLYAN, Emile). *Historia del Pensamiento Social, I – Historia e Interpretación de las Ideas acerca de la Convivencia Humana*. Trad. Vicente Herrero e Tomás Muñoz Molina. Cidade do México: Fondo de Cultura Económica, 1945.

BEER, Max. *The Life and Teaching of Karl Marx*. Social Studies Series, vol. 2. Trad. T. C. Partington e H. J. Stenning. Londres/Manchester: The National Labour Press, 1921.

ENGELS, Friedrich. "212. Engels to Conrad Schmidt". In: MARX, Karl e ENGELS, Friedrich. *Correspondence (1846-1895) – A Selection with Commentary and Notes*. Calcutá: National Book Agency, 1945.

_____. "213. Engels to J. Bloch". In: MARX, Karl e ENGELS, Friedrich. *Correspondence (1846-1895) – A Selection with Commentary and Notes*. Calcutá: National Book Agency, 1945. [Edição em português: "Carta a Joseph Bloch (em Konigsberg)". In: MARX, Karl e ENGELS, Friedrich. *Obras Escolhidas*, vol. 3. Trad. José Barata-Moura. Lisboa/Moscou: Editorial Avante!, 1982.]

_____. "214. Engels to Conrad Schmidt". In: MARX, Karl e ENGELS, Friedrich. *Correspondence (1846-1895) – A Selection with Commentary and Notes*. Calcutá: National Book Agency, 1945. [Edição em português: "Carta a Conrad Schmidt (em Berlim)". In: MARX, Karl e ENGELS, Friedrich. *Obras Escolhidas*, vol. 3. Trad. José Barata-Moura. Lisboa/Moscou: Editorial Avante!, 1982.]

_____. "227. Engels to Mehring". In: MARX, Karl e ENGELS, Friedrich. *Correspondence (1846-1895) – A Selection with Commentary and Notes*. Calcutá: National Book Agency, 1945. [Edição em português: "Carta a Franz Mehring (em Berlim)". In: MARX, Karl e ENGELS, Friedrich. *Obras Escolhidas*, vol. 3. Trad. José Barata-Moura. Lisboa/Moscou: Editorial Avante!, 1982.]

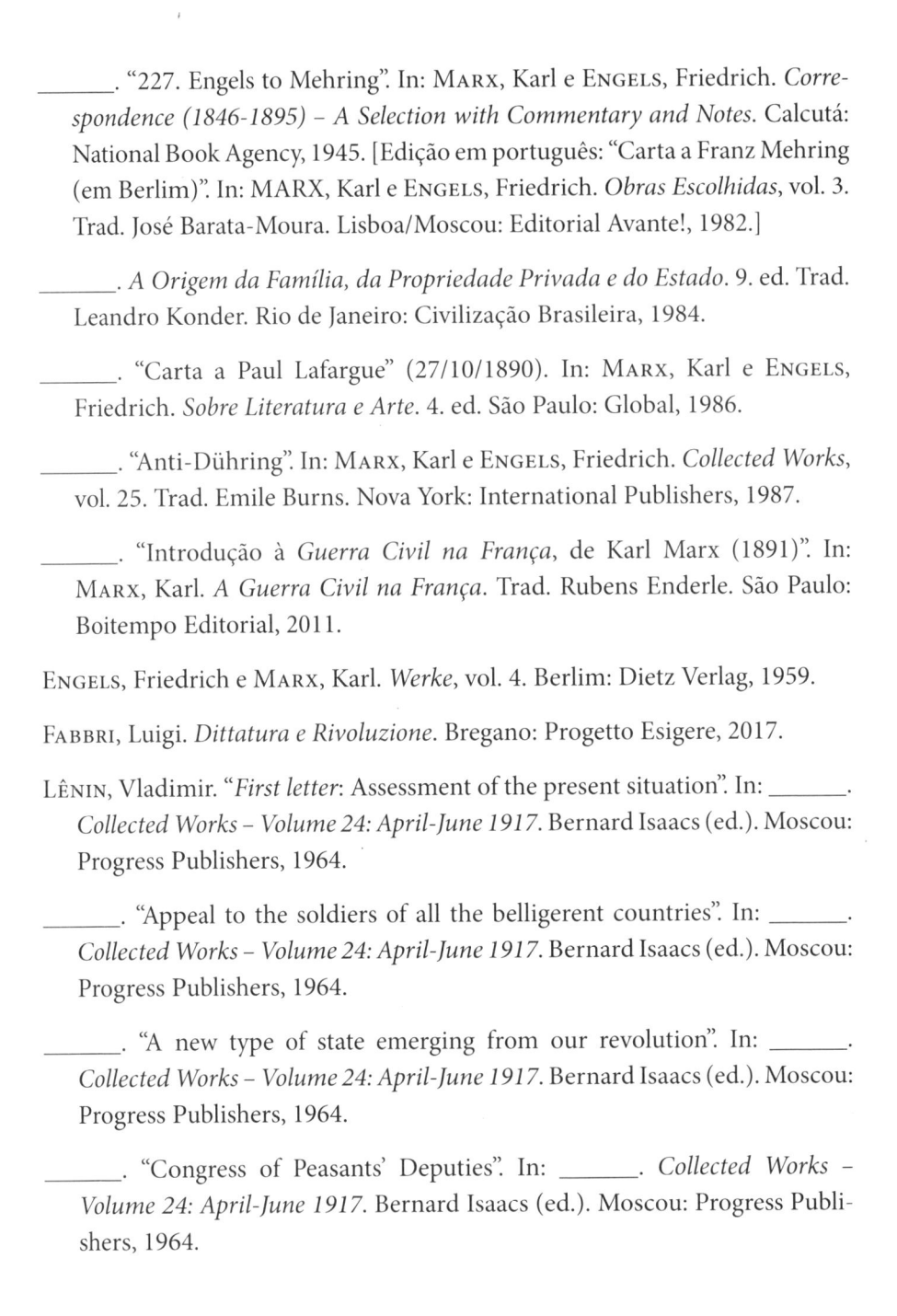

_____. *A Origem da Família, da Propriedade Privada e do Estado*. 9. ed. Trad. Leandro Konder. Rio de Janeiro: Civilização Brasileira, 1984.

_____. "Carta a Paul Lafargue" (27/10/1890). In: MARX, Karl e ENGELS, Friedrich. *Sobre Literatura e Arte*. 4. ed. São Paulo: Global, 1986.

_____. "Anti-Dühring". In: MARX, Karl e ENGELS, Friedrich. *Collected Works*, vol. 25. Trad. Emile Burns. Nova York: International Publishers, 1987.

_____. "Introdução à *Guerra Civil na França*, de Karl Marx (1891)". In: MARX, Karl. *A Guerra Civil na França*. Trad. Rubens Enderle. São Paulo: Boitempo Editorial, 2011.

ENGELS, Friedrich e MARX, Karl. *Werke*, vol. 4. Berlim: Dietz Verlag, 1959.

FABBRI, Luigi. *Dittatura e Rivoluzione*. Bregano: Progetto Esigere, 2017.

LÊNIN, Vladimir. "*First letter*: Assessment of the present situation". In: _____. *Collected Works – Volume 24: April-June 1917*. Bernard Isaacs (ed.). Moscou: Progress Publishers, 1964.

_____. "Appeal to the soldiers of all the belligerent countries". In: _____. *Collected Works – Volume 24: April-June 1917*. Bernard Isaacs (ed.). Moscou: Progress Publishers, 1964.

_____. "A new type of state emerging from our revolution". In: _____. *Collected Works – Volume 24: April-June 1917*. Bernard Isaacs (ed.). Moscou: Progress Publishers, 1964.

_____. "Congress of Peasants' Deputies". In: _____. *Collected Works – Volume 24: April-June 1917*. Bernard Isaacs (ed.). Moscou: Progress Publishers, 1964.

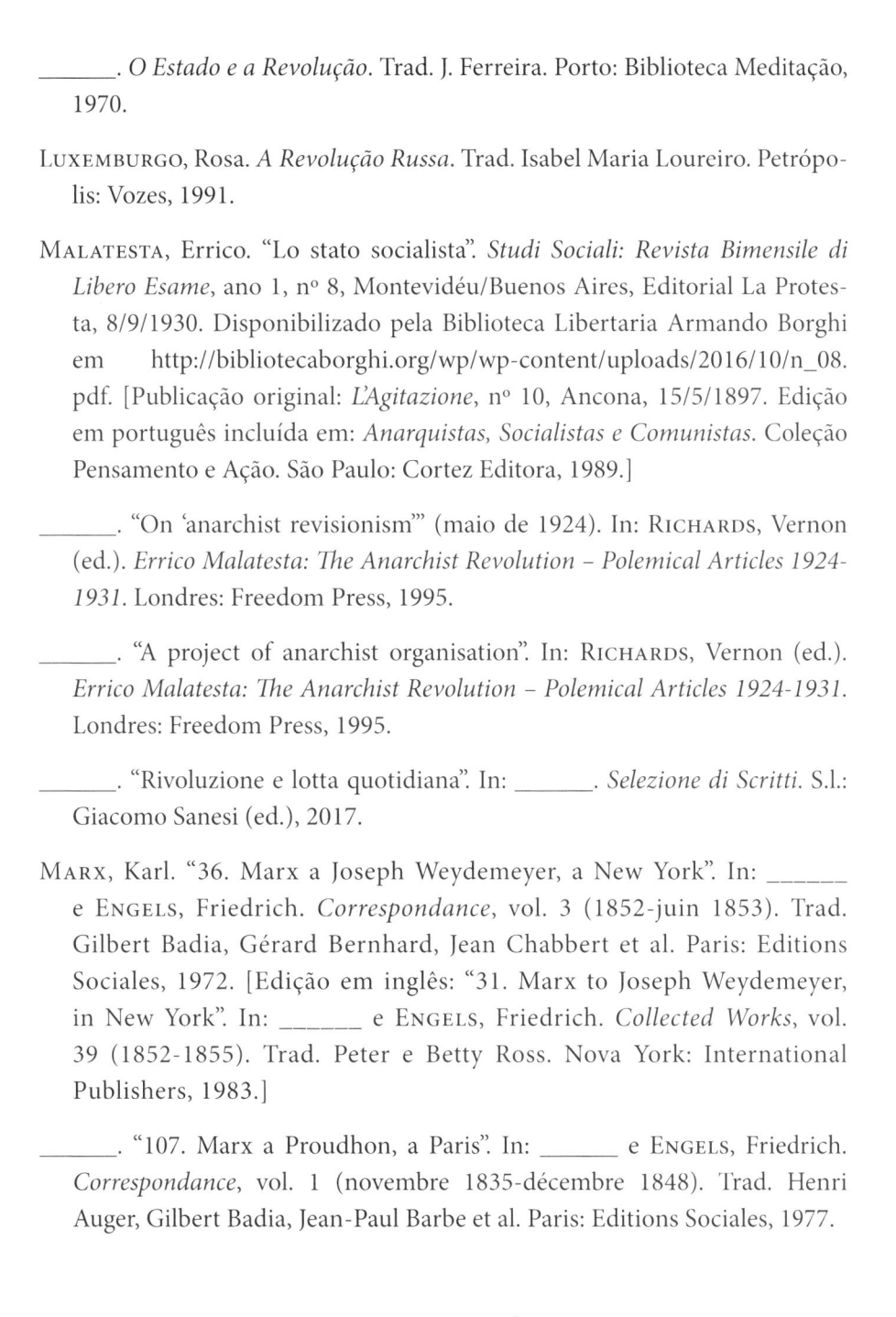

_____. *O Estado e a Revolução*. Trad. J. Ferreira. Porto: Biblioteca Meditação, 1970.

LUXEMBURGO, Rosa. *A Revolução Russa*. Trad. Isabel Maria Loureiro. Petrópolis: Vozes, 1991.

MALATESTA, Errico. "Lo stato socialista". *Studi Sociali: Revista Bimensile di Libero Esame*, ano 1, nº 8, Montevidéu/Buenos Aires, Editorial La Protesta, 8/9/1930. Disponibilizado pela Biblioteca Libertaria Armando Borghi em http://bibliotecaborghi.org/wp/wp-content/uploads/2016/10/n_08.pdf. [Publicação original: *L'Agitazione*, nº 10, Ancona, 15/5/1897. Edição em português incluída em: *Anarquistas, Socialistas e Comunistas*. Coleção Pensamento e Ação. São Paulo: Cortez Editora, 1989.]

_____. "On 'anarchist revisionism'" (maio de 1924). In: RICHARDS, Vernon (ed.). *Errico Malatesta: The Anarchist Revolution – Polemical Articles 1924-1931*. Londres: Freedom Press, 1995.

_____. "A project of anarchist organisation". In: RICHARDS, Vernon (ed.). *Errico Malatesta: The Anarchist Revolution – Polemical Articles 1924-1931*. Londres: Freedom Press, 1995.

_____. "Rivoluzione e lotta quotidiana". In: _____. *Selezione di Scritti*. S.l.: Giacomo Sanesi (ed.), 2017.

MARX, Karl. "36. Marx a Joseph Weydemeyer, a New York". In: _____ e ENGELS, Friedrich. *Correspondance*, vol. 3 (1852-juin 1853). Trad. Gilbert Badia, Gérard Bernhard, Jean Chabbert et al. Paris: Editions Sociales, 1972. [Edição em inglês: "31. Marx to Joseph Weydemeyer, in New York". In: _____ e ENGELS, Friedrich. *Collected Works*, vol. 39 (1852-1855). Trad. Peter e Betty Ross. Nova York: International Publishers, 1983.]

_____. "107. Marx a Proudhon, a Paris". In: _____ e ENGELS, Friedrich. *Correspondance*, vol. 1 (novembre 1835-décembre 1848). Trad. Henri Auger, Gilbert Badia, Jean-Paul Barbe et al. Paris: Editions Sociales, 1977.

_____. *A Guerra Civil na França*. Trad. Rubens Enderle. São Paulo: Boitempo Editorial, 2011 (ePub).

_____. *O 18 de Brumário de Luís Bonaparte*. Trad. Nélio Schneider. São Paulo: Boitempo Editorial, 2011.

_____. *As Lutas de Classes na França – De 1848 a 1850*. Trad. Nélio Schneider. São Paulo: Boitempo Editorial, 2012 (ePub).

_____. *O Capital – Crítica da Economia Política*. Trad. Rubens Enderle. São Paulo: Boitempo Editorial, 2013 (ePub).

MARX, Karl e ENGELS, Friedrich. *Manifesto Comunista*. Trad. Álvaro Pina. Org. Osvaldo Coggiola. São Paulo: Boitempo Editorial, 1998. [Edição alternativa: *Manifesto do Partido Comunista*. Trad. Marco Aurélio Nogueira e Leandro Konder. Petrópolis: Vozes, 2011.]

MEHRING, Franz. *Karl Marx – The Story of his Life*. Trad. Edward Fitzgerald. Ann Arbor: The University of Michigan Press, 1962. [Edição em português: *Karl Marx – A História de sua Vida*. São Paulo: Sundermann, 2013.]

MUMFORD, Lewis. *Technics and Civilization*. Londres: Routledge & Kegan Paul, 1934.

NIETZSCHE, Friedrich. *Humano, Demasiado Humano*. Trad. Paulo César de Souza. São Paulo: Companhia de Bolso, 2005 (ePub).

PROUDHON, Pierre-Joseph. "A M. Marx". In: _____. *Correspondance de P.-J. Proudhon*, vol. 2. Paris: A. Lacroix Éditeurs, 1875.

REULEAUX, Franz. *The Kinematics of Machinery – Outlines of a Theory of Machines*. Trad. Alexander B. W. Kennedy. Mineola (NY): Dover Publications, 1963.

RÜHLE, Otto. *Karl Marx – Vie et œuvre*. Trad. Alexandre Vialatte. Genebra: Entremonde, 2011.

SANTOS, Mário Ferreira dos. *Teoria do Conhecimento – Gnosiologia e Criteriologia*. São Paulo: Logos, 1954.

_____. *Tratado de Economia*. 2 vols. São Paulo: Logos, 1962.

_____. *Lógica e Dialética – Lógica, Dialética, Decadialética*. São Paulo: Paulus, 2007.

_____. *Filosofia da Crise*. São Paulo: É Realizações Editora, 2017.

STERN, William. "The study of individuality". Clark University, setembro de 1909 (palestra).

_____. "Abstracts of lectures on the psychology of testimony and on the study of individuality". Trad. E. C. Sanford. *The American Journal of Psychology*, University of Illinois Press, vol. 21, nº 2, 1910.

TOMÁS DE AQUINO, Santo. *Suma de Teología*, vol. 1. Trad. José Martorell Capó. 4 ed. Madri: Biblioteca de Autores Cristianos, 2001.

URE, Andrew. *The Philosophy of Manufactures: or, An Exposition of the Scientific, Moral, and Commercial Economy of the Factory System of Great Britain*. Londres: Charles Knight, 1835.

WEBER, Max. *Economía y Sociedad*. 2. ed. Johannes Winckelmann (ed.). Trad. J. M. Echavarría, J. R. Farella, E. Ímaz et al. Cidade do México: Fondo de Cultura Económica, 2002.

Texto crítico

Anarquismo, socialismo libertário e filosofia concreta

João Cezar de Castro Rocha

1953: fim de um ciclo

A primeira edição deste livro veio à luz em novembro de 1953. Em 5 de março desse ano Josef Stálin faleceu e o acontecimento sem dúvida afetou a reflexão do filósofo, tornando-a, por assim dizer, ainda mais urgente. Em duas ocasiões a morte do líder comunista é mencionada, e, ao abordá-la, Mário Ferreira dos Santos adiciona uma observação que vale a pena destacar.

Na primeira passagem, o pensador assinala um traço perturbador da dinâmica interna do Partido Comunista, qual seja, as disputas intestinas pelo poder geraram a necessidade de constantes expurgos e autênticas execrações públicas: inúmeras vezes o militante exemplar de hoje revelou-se o mais ignóbil vilão no dia seguinte...[1] Na prática, quase ninguém foi poupado:

> Quanto a Lênin e Stálin, o primeiro forçado a um retiro para tratamento de saúde, *e o segundo morrendo de modo ainda pouco conhecido*, foram os únicos aos quais o Partido Comunista não atirou a pecha de traidores![2]

---

[1] "Se observarmos a história do Partido Comunista, desde os pródromos da Revolução de Outubro até Geórgiy Malenkov, observaremos espantadamente que esse partido teve à sua frente 90% (noventa por cento) de traidores, escapando apenas dessa pecha três: Lênin, Kalinin e Stálin". Ver, neste livro, p. 166.

[2] Ver, neste livro, p. 166, grifos meus.

Ressalva reveladora da argúcia política de Mário Ferreira dos Santos; aliás, a atividade propriamente política do filósofo ainda não foi devidamente reconhecida – lacuna que começamos a sanar com a reedição deste livro. Ora, dos líderes históricos do Partido nenhum foi mais perseguido que Leon Trotsky, cuja imagem foi laboriosamente apagada dos registros fotográficos dos anos heroicos da Revolução.[3] Seu assassinato na Cidade do México em 1940 confirmou o alcance da máquina partidária soviética, que, em alguma medida, adquiriu um centro próprio de gravidade, independentemente de seus eventuais líderes, numa ilustração inesperada da razão instrumental, estudada por Theodor Adorno e Max Horkheimer em *Dialética do Iluminismo*. Vale dizer, se, num primeiro momento, e fiel à teoria leninista da vanguarda política, o Partido é o meio adequado para assegurar o triunfo da Revolução, uma vez alcançado o poder, o Partido torna-se um fim em si mesmo, convertendo o projeto revolucionário em mero meio de manutenção de suas estruturas.

Na avaliação justa de Mário Ferreira dos Santos:

> Nem Stálin sentiu-se seguro. E *seu fim, um tanto prematuro, ainda põe dúvidas, e bem fundadas, sobre a verdadeira causa de sua morte*, que parece ter obedecido mais a um plano premeditado que a uma simples doença.
>
> Aqui há lugar para uma pausa e comentário. Stálin não podia modificar a orientação soviética. Ele era suficientemente inteligente para saber que um ditador, quando concede certas liberdades, cai fragorosamente. Uma vez morto, a Rússia poderia dar outro passo sem tal perigo. *A morte de Stálin era necessária*.[4]

---

[3] "Os anarquistas previram que Lênin seria vítima de seu Estado e, depois dele, Trotsky, e todos os outros, que estiveram desde a primeira hora na vanguarda da Revolução. A vitória de Stálin foi prevista por Malatesta e por Fabbri, e por muitos outros. Sua falta de escrúpulos e seu desejo oriental de poder deveriam transformá-lo no mais poderoso dos ditadores. Posteriormente os fatos tudo confirmaram." Ver, neste livro, p. 113.

[4] Ver, neste livro, p. 208, grifos meus.

Pelo que se sabe não houve exatamente um atentado, muito embora pesquisas recentes não descartem a possibilidade de envenenamento. Em todo o caso, Stálin foi encontrado desfalecido, em virtude de um suposto derrame, e seus assistentes mais próximos demoraram um pouco demais a chamar os médicos – digamos assim. E mesmo os médicos não se apressaram no socorro ao líder. Quatro dias depois do derrame, Stálin faleceu.

Foi preciso esperar que, no XX Congresso do Partido Comunista da União Soviética, Nikita Khrushchóv apresentasse o famoso relatório de denúncia dos crimes de Stálin, cujo forte impacto em todo o mundo é bem conhecido e por isso não preciso detalhá-lo. O "Relatório Khrushchóv", na verdade intitulado "Sobre o culto à personalidade e suas consequências", foi lido em 25 de fevereiro de 1956. A partir desse momento, somente Lênin escapava à pecha de traidor... Muito em breve o autor do relatório conheceria destino similar.[5]

É claro que Mário Ferreira dos Santos não chegou a intuir a extensão das práticas stalinistas, porém no plano propriamente filosófico não hesitou: o comunismo soviético havia chegado ao fim de um ciclo, ainda que pudesse manter-se funcional e poderoso por algum tempo. Tratava-se do esgotamento dos recursos e das possibilidades da era dominada pela paleotécnica.

Nas palavras do autor:

> O marxismo é uma ideologia nascida na paleotécnica e por ela influída. A organização industrial na paleotécnica, que se estabeleceu no século XIX e ainda prepondera hoje, é uma forma primitiva e brutal de organização técnica, dominada pelo princípio de que a quantidade supera a qualidade. Na eotécnica predominou a qualidade,

---

[5] No jornal editado pelo filósofo, *O Homem Livre*, afirmava-se: "O camarada Kruschev que ontem era um *gênio*, é hoje 'um intrigante carente de inteligência [...]', como classificou o *Pravda*, órgão oficial do governo soviético". "A Vez do Camarada Kruschev... e outros virão, e cairão também". *O Homem Livre*, nº 2, março de 1965, p. 11, grifo do autor. Ver, neste livro, p. 274.

porque a produção era dominada pelo artesanato. Na paleotécnica, predomina a quantidade porque a produção é feita em grandes volumes e destina-se aos grandes mercados.

Dialeticamente podemos concluir que a neotécnica buscará a quantidade com a qualidade, porque libertará o homem das grandes aglomerações, devolverá o prazer da realização de obras melhores e será orientada apenas por técnicos, já libertados dos preconceitos políticos que tanto têm prejudicado a marcha da evolução.

O marxismo, portanto, não representa a última palavra.[6]

Isto é, dialeticamente o marxismo não pode ser considerado o alfa e o ômega das realizações humanas, pois isso implicaria uma negação da noção-chave de processo histórico, sem a qual materialismo algum pode ser postulado.[7] Ademais, o próprio processo histórico demandava a superação, no mínimo a relativização, de aspectos centrais do pensamento marxista, uma vez que as circunstâncias da neotécnica tendiam a desfavorecer a centralização excessiva de todos os ramos da atividade econômica e de todas as esferas da organização social. Mário Ferreira dos Santos sabia estar na posição privilegiada de um observador atilado no limiar de períodos históricos. Portanto, este é um livro escrito no calor da hora:

> *Estamos num momento histórico de máxima significação.* E no futuro, quando se escreverem as páginas dessa história, poderão os historiadores dizer quão inimiga da liberdade e do socialismo foi essa casta de burocratas e de estatistas russos, que arrastaram a revolução, não

---

[6] Ver, neste livro, p. 147.
[7] Na conclusão deste livro, o filósofo foi ainda mais claro: "Por isso não é de admirar que os marxistas afirmem, com cândida convicção, que depois deles não há mais caminho para a filosofia, a qual se reduz, dessa forma, a apenas repetir o que Marx disse. O marxismo assim tende a parar o pensamento e a acabar com a sua própria dialética, pois não admite nenhuma contradição em si mesmo. Não se alterará, não será substituído. Como fecho final, a própria posição marxista é o desmentido mais cabal a si mesma. O marxista, não admitindo sua superação, nega a sua própria dialética". Ver, neste livro, p. 225.

ao definhamento do Estado e ao socialismo, mas à maior derrota proletária que talvez venha a registrar a história – *terminam por dizer os anarquistas*.[8]

Ao mesmo tempo, *Análise Dialética do Marxismo* é uma reflexão filosófica de fôlego, na qual Mário Ferreira dos Santos submete as ideias de Karl Marx a seus métodos próprios de investigação filosófica: a pentadialética e a decadialética. Nesse sentido, trata-se de título singular na vasta produção do pensador brasileiro, pois, como a passagem acima esclarece, talvez este seja o livro no qual mais ele assumiu o ponto de vista tanto do anarquismo quanto do socialismo libertário, abrindo uma via muito importante para o pleno entendimento das inúmeras atividades de Mário Ferreira dos Santos.

Há mais: além da crítica à concepção soviética de organização da sociedade, o filósofo oferece um estudo das contradições internas do marxismo. Em sua perspectiva, as antinomias do pensamento de Marx muito provavelmente não poderiam senão conduzir aos impasses do comunismo soviético, pois, em ambos os casos, o que se experimenta são também os limites de uma determinada circunstância histórica. Em outras palavras, Mário Ferreira dos Santos compreende o marxismo como uma expressão filosófica desenvolvida no âmbito do período dominado pela paleotécnica; ora, dialeticamente, no instante em que as condições de produção se deslocam da paleotécnica para a neotécnica e mesmo a biotécnica, as contradições do pensamento marxista tendem a se revelar com clareza, assim como se seus limites já não podem ser disfarçados por qualquer forma de engajamento político.

Essa reflexão permite ainda o resgate de princípios anarquistas e sobretudo dos ideais do socialismo libertário, assim como estimula a reconstrução das iniciativas políticas de Mário Ferreira dos Santos. Tal reconstrução será feita por meio de duas fontes. De um lado, os documentos do Arquivo Mário Ferreira dos Santos / É Realizações Editora iluminam a trajetória do filósofo em

---

[8] Ver, neste livro, p. 139, grifos meus.

prol do cooperativismo como forma libertária de organização social.[9] De outro lado, muito me beneficiei da importante tese de doutoramento de Alysson Bruno Viana, "Anarquismo em Papel e Tinta: Imprensa, Edição e Cultura Libertária (1945-1968)", defendida em 2014 na Universidade Federal do Ceará.[10] No fundo, a atuação destacada nos meios anarquistas, especialmente de São Paulo, associa-se à leitura radical que o filósofo realizou do marxismo.

Eis em linhas gerais a estrutura deste livro. Sublinharei a seguir alguns pontos de fuga que desenham um perfil novo do filósofo. Antes, contudo, leiamos a síntese que ele mesmo propôs de seu esforço:

> Uma análise fundamentada na decadialética é a que oferece este livro de Mário Ferreira dos Santos.
>
> Após um estudo do desenvolvimento da técnica, da estrutura da cosmovisão de Marx, da polêmica entre ele e Proudhon e Bakunin e, posteriormente, com os autonomistas, a análise da concepção marxista do Estado em sua polêmica com os socialistas libertários, a análise decadialética, fundamentada nas próprias obras marxistas, permite ter uma compreensão clara do significado dessa ideologia e de suas possibilidades.[11]

Marxismo: pensamento paleotécnico?

Destaque-se, brevemente, o movimento proposto pelo autor, a fim de caracterizar o pensamento marxista.

Nos primeiros capítulos, o filósofo define os conceitos de "máquina" e de "técnica", abrindo caminho para um entendimento tanto histórico quanto filosófico do marxismo.

---

[9] Desde já remeto o público leitor à seção "Arquivo Mário Ferreira dos Santos". Ver, neste livro, p. 253.
[10] Devo essa referência a André Gomes Quirino, a quem agradeço.
[11] Catálogo "O Estudo da Filosofia – Uma exigência hoje!". São Paulo, Editora Logos, s.d., p. 6. Ver, neste livro, p. 258.

Do ponto de vista histórico, e com base nas ideias de Patrick Geddes, Mário Ferreira dos Santos identifica três fases da técnica na história: eotécnica, paleotécnica e neotécnica – e ainda sublinha a emergência da biotécnica.[12] O pensamento de Marx foi formulado nas condições dominantes no século XIX, isto é, na era da paleoténica. Para o pensador brasileiro, tal constatação equivale a uma nota crítica:

> As interpretações de Marx, imbuídas do espírito paleotécnico, representavam um estudo crítico coordenado do capitalismo paleotécnico – especialmente se considerarmos outras análises dessa época. Mas surgiu depois uma transformação radical, profunda e muito maior do que poderia parecer, com o advento de uma verdadeira revolução na técnica que, aos poucos, irá transformando totalmente o panorama do mundo.
>
> É a *neotécnica*.[13]

Do ponto de vista filosófico, Mário Ferreira dos Santos considera o pensamento marxista não somente em seus próprios termos, mas também no âmbito de sua metodologia:

> Observando pentadialeticamente, o marxismo, como unidade doutrinária, pertence à *totalidade* do pensamento socialista, que, como série, se inclui no pensamento social, que se conjuga no *sistema* do pensamento ético-filosófico do Ocidente, e, como *universo*, está imerso em nossa cultura fáustica, como a chama Spengler.
>
> Ainda pentadialeticamente, o marxismo, como fato social, pertence à totalidade do período romântico; como série, à chamada era

---

[12] "Essa época [neotécnica], mais curta que a outra, está sendo substituída, em muitos aspectos, pela *biotécnica*, a fase prevista por Kropotkin, *em que se dará a incorporação do orgânico ao mecânico*, a fase verdadeiramente concreta, e que será o começo de uma nova aurora para a humanidade, depois de destruídos, de uma vez para sempre, o espírito e as formas de vida e de exploração paleotécnicas." Ver, neste livro, p. 49, grifos meus.

[13] Ver, neste livro, p. 48, grifo do autor.

industrial; como sistema, à cultura fáustica, e encontra-se imerso na universalidade de nossa era cristã.

Dessa maneira, colocamos o marxismo sob dois grandes planos pentadialéticos, podendo ainda estudá-lo, seguindo as mesmas normas, como doutrina econômica, como doutrina política e como doutrina ética.[14]

Esforço que estrutura as seções finais deste livro, ampliado por uma análise decadialética do marxismo.[15] Ao mesmo tempo, a reflexão de Mário Ferreira dos Santos apresenta um gesto que deve ser assinalado, isto é, em mais de uma ocasião o autor lança mão sutilmente de um recurso estilístico que sugere a fusão do ponto de vista libertário com o seu próprio.

Vejamos dois ou três exemplos.

No contexto da discussão sobre a ditadura do proletariado, e, sobretudo, em sua crítica à noção, Mário Ferreira dos Santos resgata princípios anarquistas. Com grande habilidade retórica, cita Lênin e Nietzsche para definir a ditadura do proletariado como uma forma de governo que se destacaria pela opressão da sociedade e pela repressão às diferenças. Então, conclui o capítulo com a tirada:

> Nós também sabíamos e os fatos vieram confirmar posteriormente as nossas previsões.[16]

No capítulo dedicado à complexa questão de deperecimento do Estado na teoria marxista, a voz narrativa aproxima-se ainda mais do pensamento libertário:

> Mas raciocinemos com calma, dizem os anarquistas. [...]
> Nós dizemos não!, exclamam os anarquistas. [...]
> Nós afirmamos, prosseguem os anarquistas [...].[17]

---

[14] Ver, neste livro, p. 10.
[15] Ver, neste livro, "Análise decadialética do marxismo", p. 185.
[16] Ver, neste livro, p. 117.
[17] Ver, neste livro, p. 137-38.

Portanto, Mário Ferreira dos Santos assume narrativamente a voz do anarquismo e do socialismo libertário – o texto não deixa margem a dúvidas.

Podemos tornar essa observação estilística uma forma de ampliar nosso entendimento de sua obra filosófica e especialmente de sua atividade política?

Anarquismo: a complexidade de um filósofo

Alysson Bruno Viana reconstruiu exemplar e exaustivamente a atividade dos círculos libertários na edição e na circulação de sua literatura no período de 1945 a 1968, isto é, da redemocratização após o Estado Novo (1937-1945) até o momento de endurecimento máximo da ditadura militar com o estabelecimento do Ato Institucional Número 5 em 13 de dezembro de 1968. Em seu trabalho, destacou-se a presença de Mário Ferreira dos Santos como um dos intelectuais mais importantes do movimento, cujos títulos compunham a biblioteca básica de anarquistas desde a década de 1950.[18]

Eis a primeira referência ao filósofo no trabalho do pesquisador:

> Os livros oferecidos por Páparo ao movimento libertário do Rio de Janeiro já se encontravam à venda nas páginas de *A Plebe*, na sua edição de 15 de agosto de 1947, entre as "Leituras que recomendamos", que, além daqueles, dispunha à venda também *Teses da Existência e da Inexistência de Deus*, publicado no ano anterior por Mário Ferreira dos Santos sob o pseudônimo de Charles Duclos.[19]

---

[18] "Nas estantes do Centro de Estudos Professor José Oiticica, constavam, além de outros títulos da lavra de Santos, os nove volumes da *Coleção Grandes Temas Sociais*, publicados pela Editora Logos, em 1962. Os quatro últimos volumes dessa coleção (*Análise de Temas Sociais*, volumes 1, 2 e 3; e *O Problema Social*) são um apanhado de análises políticas, econômicas e sociais nas quais se acentua a crítica ao marxismo. É possível imaginar alguns desses livros como sendo aqueles que Jaime Cubero lia motivado, noite adentro, após ouvir uma conferência de Mário Ferreira dos Santos no Centro de Cultura Social." Alysson Bruno Viana, "Anarquismo em Papel e Tinta: Imprensa, Edição e Cultura Libertária (1945-1968)", Tese de Doutoramento, Universidade Federal do Ceará, 2004, p. 260.

[19] Ibidem, p. 199.

Luís Páparo, operário anarquista de ascendência italiana, recomendava um título do autor de *Filosofia Concreta*, evidenciando a recepção de sua obra. O livro que ora reeditamos foi recebido com entusiasmo.[20] Aliás, tanto *Análise Dialética do Marxismo* quanto *Teses da Existência e da Inexistência de Deus* tiveram sua circulação proibida em Portugal, pois entraram na lista da inquisição do ditador António de Oliveira Salazar. A acolhida ao trabalho do filósofo nos meios libertários se deduz de menção feita no jornal *Ação Direta*, fundado pelo líder anarquista José Oiticica:

> É seu autor nosso companheiro Prof. Mário Ferreira dos Santos, uma das mais vastas, sólidas e brilhantes culturas do Brasil. [...] É esta uma obra honesta, do mais profundo e impessoal que conhecemos, e que, por tudo isto, nenhum anarquista, nenhum militante operário, nenhum estudioso de sociologia deve deixar de ler (*Ação Direta*, nov-dez/1954).[21]

De fato, o ensaio converteu-se rapidamente em referência obrigatória na formação da militância:

> Para os anarquistas brasileiros, as discussões suscitadas na obra de Santos tornaram o *Análise Dialética do Marxismo* frequente nas bibliotecas pessoais dos militantes libertários e nas estantes do Centro de Cultura Social de São Paulo e do Centro de Estudos Professor José Oiticica, no Rio de Janeiro. Na biblioteca particular de Edgard Leuenroth também havia um exemplar (CADERNOS AEL, 1998, p. 255).[22]

O filósofo aliás colaborou com Edgard Leuenroth, fundador de *A Plebe*, importante jornal anarquista, lançado em 1917 e extinto em 1951. No dia 16

---

[20] "Assim sendo, somando-se o esforço analítico de Mário Ferreira dos Santos – ele próprio um ex-militante comunista que aderiu às concepções libertárias –, a *Análise Dialética do Marxismo* mereceria dos anarquistas ampla divulgação." Ibidem, p. 258.
[21] Ibidem, p. 209.
[22] Ibidem, p. 260.

de julho de 1946, o leitor encontrou uma pequena mostra de "pensamentos de Mahdi Fezzan", mais um dos pseudônimos de Mário Ferreira dos Santos. Com o título "No mundo social das fábulas e parábolas", "Mahdi Fezzan" alvejava o sistema capitalista por meio de uma comparação a Esopo ou a La Fontaine:

> Tal é a humanidade do mundo capitalista, cujo zangão é o burguês que, sem nada produzir, diz arrogantemente da sua organização e do seu trabalho, e cujas abelhas são os trabalhadores que, produzindo tudo, são desdenhosamente olhados pelos parasitas como meros auxiliares.[23]

No tocante à atuação de Mário Ferreira dos Santos nos meios anarquistas, há depoimentos notáveis. Leia-se, por exemplo, a homenagem do ítalo-argentino Pedro Catallo, dramaturgo e diretor do jornal *Dealbar*, que circulou de 1965 a 1968. Seu texto publicado na edição de abril/maio de 1968 vale por um obituário:

> [...] Dominado por uma imensa modéstia, que o colocava acima de qualquer espírito de exibicionismo, Mário Santos passava quase despercebido pela crônica literária. O seu grande número de obras de toda espécie e de todos os setores do pensamento humano ocupa lugar de destaque em todas as livrarias do Brasil. O Dr. Mário Ferreira dos Santos, que tivemos a ventura de conhecer como dono de uma livraria (que era o elemento por ele sempre preferido) em 1946, foi, sem dúvida nenhuma, o homem mais culto que conhecemos em nossa longa vida de militante libertário. A sua erudição não tinha limites, artes, ciências, filosofia, línguas e História, não tinha segredos para aquele cérebro singularmente privilegiado.
>
> Conferencista exímio, expositor de recursos incomensuráveis, e polemista tranquilo, seguro e imperturbável, prendia qualquer assistência, por mais culta e exigente que fosse.

---

[23] Mahdi Fezzan, "No mundo social das fábulas e parábolas". *A Plebe*, 16 de julho de 1946, p. 1. Ver, neste livro, p. 261.

> Nós que tivemos o ensejo de privar com ele por quase trinta anos e de conhecer-lhe o manancial de sabedoria que possuía debaixo daquela sublime modéstia que o caracterizava, podemos avaliar a grande perda que o mundo teve com o falecimento do nosso inesquecível amigo Prof. Dr. Mário Ferreira dos Santos.
>
> Os libertários e o Centro de Cultura Social associam-se à dor a ao luto de sua esposa, filhas e genros.[24]

Citação longa, mas indispensável porque sublinha de modo definitivo um aspecto negligenciado da atuação do filósofo Mário Ferreira dos Santos. No entanto, sua influência no meio anarquista não se limitou ao campo das ideias. Como vimos, sua adesão aos princípios do anarquismo e do socialismo libertário favoreceu a crítica radical que propôs do marxismo e sobretudo do comunismo soviético.

Há mais – porém.

Pois além de filósofo, editor, livreiro, empresário, professor, conferencista, tradutor, comentador de textos clássicos, jornalista, diretor de revistas, Mário Ferreira dos Santos foi também um homem de ação política, redigindo manifestos e se empenhando na construção de um sistema de cooperativa que pretendia abranger todo o país, a fim de transformar suas estruturas.

Nada menos do que isso: a transformação do Brasil com base no ideal cooperativista.

O cooperativismo

O tema do cooperativismo não é simples e muito menos linear, pois abarca pelo menos duas tendências diametralmente opostas. A compreensão dessa distância é indispensável para fazer justiça à posição de Mário Ferreira dos Santos.

---

[24] Pedro Catallo apud Alysson Bruno Viana, "Anarquismo em Papel e Tinta", op. cit., p. 243.

Vejamos.

De um lado, a ideia de cooperativismo foi utilizada à exaustão pelo fascismo como imagem de uma sociedade sem mediação da política partidária, permitindo a concentração de poder na liderança suprema do "Duce" ou do "Führer" – o condutor da totalidade da organização social. Assim, a miríade de cooperativas adquiririam unidade no feixe da autoridade suprema: autêntico ponto de fuga da sociedade como uma entidade unívoca: sociedade totalitária, pois. O modelo do sindicalismo cooptado pelo Estado foi sua expressão máxima e, por exemplo, alcançou tanto o Brasil como a Argentina.

De outro lado, contudo, o cooperativismo foi um ideal anarquista, naturalmente em direção oposta à privilegiada pelo Estado fascista, pois, nesse caso, o cooperativismo representava o desejo de superar o estatuto individual da propriedade privada e da exploração do homem pelo homem. Aqui, o ideal cooperativista insinua a fraternidade como motor central de uma nova ética, que transformaria a sociedade principiando pelas relações no dia a dia, em lugar de postular a mudança por meio da ação de cima para baixo de um Estado forte ou de um punhado de membros da vanguarda revolucionária.

Isto é: as duas noções de cooperativismo são como água e vinho.

(Vinagre e vinho – diria um crítico enólogo.)

Se o fascismo procurou instrumentalizar a noção de cooperativismo, retirando-lhe porém a autonomia, a prática política leninista não poderia tolerar sua existência, pois, se compreendido radicalmente, o cooperativismo supõe a mais completa recusa de qualquer instância central e controladora. Em boa medida, o estudo que Mário Ferreira dos Santos empreende do marxismo também apresenta uma resposta refletida porém firme à tendência autoritária da administração soviética – isso mesmo: em alguns momentos, Mário Ferreira dos Santos não diferencia marxismo e comunismo soviético.

O filósofo não poderia ser mais claro:

Afirmavam os marxistas que a cooperação organizada pelos trabalhadores e pelas classes populares não poderia construir, por exemplo, a exploração do petróleo, estradas de ferro, navegação, grandes indústrias, etc. As duas dezenas de companhias de petróleo, formadas sobre bases cooperativas, e de propriedade de trabalhadores, existentes nos Estados Unidos, com sua frota de petroleiros, etc., as estradas de ferro construídas na Bélgica e na Suécia, as grandes companhias de navegação suecas e islandesas, etc. demonstram à saciedade que os marxistas são teimosamente maus profetas.

São os marxistas os maiores inimigos do cooperacionismo. *Para os líderes, é preciso que as massas populares não creiam em si mesmas, não confiem em sua força de organização*, não realizem obras que melhorem suas condições econômicas, não aprendam a administrar a si mesmas. Elas precisam confiar na onisciência dos líderes, dos grandes iluminados da autossuficiência, dos ideólogos sistemáticos de ciência infusa, que se julgam senhores do conhecimento e falam em tom dogmático, como se conhecessem todos os mistérios da natureza e da vida humana.[25]

Hora de consultar o Arquivo Mário Ferreira dos Santos / É Realizações Editora. Entre seus inúmeros documentos, achamos a lista completa dos membros diretores da Cooperativa Central Brasileira. Quem encontramos entre os conselheiros? Ninguém menos do que o "Prof. Dr. Mário Ferreira dos Santos".

Já num texto de grande relevância intitulado "Manifesto do Movimento Cooperacionista Brasileiro", datado em 12 de janeiro de 1951, ao final são nomeados os responsáveis pela "Comissão de Propaganda": "Prof. Mário Ferreira dos Santos, L. R. Guasque, Nelson Costa Carvalho". No documento anteriormente citado, este último aparecia como Presidente da Cooperativa Central Brasileira e, entre seus conselheiros, além do filósofo, constava o "Cap. Luiz Rocha Guasque".

Não é tudo.

---

[25] Ver, neste livro, p. 210, grifos meus.

O conteúdo e o estilo do "Manifesto do Movimento Cooperacionista Brasileiro" são inconfundíveis : sua redação trai a autoria de Mário Ferreira dos Santos.

Leiamos algumas frases:

> O atraso técnico que conhecemos no Brasil decorre do espírito feudal eotécnico e de certo agrarismo ainda escravocrata, da mentalidade capitalista paleotécnica e de certa influência alienígena, que impediram o Brasil, com a coadjuvação de políticos mal intencionados além de ignorantes, penetrar na senda de um progresso neotécnico.
>
> [...] duas mentalidades que devem desaparecer: a paleotécnica, com seu desejo de lucro insaciável, e a bolchevista, com seus ódios correspondentes de reação.[26]

Ora, não somente se trata do vocabulário que estruturará a primeira parte do ensaio publicado em 1953, dois anos depois portanto, como também idêntico adversário é anunciado: o marxismo, em sua concretização soviética. Percebe-se o lento trabalho de elaboração de *Análise Dialética do Marxismo*.

Ainda: no mesmo mês de janeiro de 1951 veio à luz o primeiro número de uma revista editada por Mário Ferreira dos Santos, *Zaratustra – Revista de Cultura*. Numa página inteira, o seguinte reclame convocava os leitores:

> Coopere conosco no reerguimento econômico e social do Brasil, associando-se independentemente de suas convicções políticas ou religiosas, à
>
> COOPERATIVA CENTRAL BRASILEIRA

Um dos artigos da revista, "O problema pecuário", é assinado por L. R. Guasque, que agora sabemos referir-se ao conselheiro da Cooperativa, o

---

[26] Mário Ferreira dos Santos, "Manifesto do Movimento Cooperacionista Brasileiro". Arquivo Mário Ferreira dos Santos / É Realizações Editora. Ver, neste livro, p. 271-72.

Capitão Luiz Rocha Guasque. Outro texto, "O pequeno burguês e a concepção libertária", apresenta como autor Renato Lopes, um dos inúmeros pseudônimos do filósofo. No Arquivo Mário Ferreira dos Santos / É Realizações Editora descobrimos um documento datiloscrito e corrigido, também atribuído a Renato Lopes, "As formas de cooperação libertária" – a palavra *libertária* foi posteriormente riscada. É possível datar a redação como sendo posterior a 1948, pois numa passagem se diz: "Depois da cisão Stálin-Trotsky, temos agora a Tito-Cominform, e outras ainda virão".[27] Ora, criado em 1947, o Cominform, ou o "Escritório de Informação dos Partidos Comunistas e Operários", tinha a função de coordenar o intercâmbio entre partidos comunistas. Na prática, claro está, o Cominform permitia o controle central do Partido Comunista da União Soviética, que assim conseguia definir ações políticas em todo o mundo, mantendo os demais partidos comunistas sob rédea curta; curtíssima, a bem da verdade. Em 1948, Josip Broz Tito rompeu com Josef Stálin e retirou a Iugoslávia da órbita russa. No início do texto, Renato Lopes parece anunciar o ensaio que agora reeditamos:

> Costumamos falar com franqueza e com franqueza dizer o que sentimos e o que pensamos. E é com franqueza que dizemos ingênuos os que desejam *salvar* o capitalismo paleotécnico, que deu o que podia dar, inclusive o seu filho espúrio, o marxismo (*cujas bases profundamente capitalistas prometemos ainda um dia estudar*), como deu também outro filho espúrio, sua forma viciosa, que foi o fascismo.[28]

Eis, numa frase, o eixo de *Análise Dialética do Marxismo*: refletir sobre as *bases profundamente capitalistas* do marxismo, vale dizer, assinalar seu tempo histórico, no qual se encontra tanto sua potência quanto seu limite: a paleotécnica.

---

[27] Renato Lopes, "As formas de cooperação libertária". Arquivo Mário Ferreira dos Santos / É Realizações Editora. Passagem inteiramente riscada na correção. Ver, neste livro, p. 266-70.
[28] Ibidem, grifos meus, exceto o primeiro.

Esta edição

Em primeiro lugar, destaco o excepcional trabalho realizado pelo jovem pesquisador André Gomes Quirino. Aliás, junto com Ian Rebelo Chaves, ele tem dado uma contribuição fundamental para a organização do Arquivo Mário Ferreira dos Santos / É Realizações Editora. Numa resenha muito favorável à primeira edição deste livro, a militante anarquista Esther Rêdes, após reconhecer a importância da obra, ainda assim assinalou um aspecto que deveria ser aperfeiçoado numa futura reedição: "*a falta de bibliografia que acompanha qualquer livro de estudos* e os descuidos em erros de impressão, ortografia e concordância que são encontrados a cada passo. Seria necessária revisão em próxima e indispensável edição" (*Ação Direta*, março/1958).[29]

Pois bem: após meses de trabalho, André Gomes Quirino localizou praticamente todas as referências bibliográficas empregadas por Mário Ferreira dos Santos na escrita de *Análise Dialética do Marxismo*. Por isso mesmo, apresentamos nesta reedição a "Bibliografia" que faltava no lançamento em 1953. De igual modo, procedemos a uma revisão cuidadosa do texto, aparando as arestas corretamente assinaladas por Esther Rêdes, mas que em nada comprometiam o vigor da reflexão do filósofo. Naturalmente, não chamamos atenção para tais revisões no corpo do texto, pois nosso propósito é sempre (e somente) difundir a obra fundamental do filósofo brasileiro. Seguimos pois o projeto de trabalhar com afinco para que seja mais bem apreciada a contribuição de Mário Ferreira dos Santos para a cultura filosófica.

Por fim, levando adiante o projeto de colocar à disposição os achados do Arquivo Mário Ferreira dos Santos / É Realizações Editora, oferecemos à apreciação do público leitor uma série relevante de documentos que comprova a atividade propriamente política do filósofo. Em outras palavras, esta reedição permite que se compreenda, e pela primeira vez, a pluralidade das atividades

---

[29] Apud Alysson Bruno Viana, "Anarquismo em Papel e Tinta", op. cit., p. 195, grifos meus.

de Mário Ferreira dos Santos, acrescentando a tantas facetas a de militante idealista do ideal cooperativo e de participante ativo dos círculos anarquistas de São Paulo.

Hora de ler *Análise Dialética do Marxismo*: título único na vasta e incontornável obra de Mário Ferreira dos Santos.

Ao trabalho, portanto.

(Trabalho: única palavra-ímã.)

Arquivo
Mário Ferreira
dos Santos

Estudo de capa para este livro. Arquivo Mário Ferreira dos Santos / É Realizações Editora.

samento humano, veladas através da simbólica. Um trabalho que pela sua originalidade e pelos métodos de decifração dos símbolos abre novos caminhos para o pensamento humano.
Um volume de bela apresentação Cr$ 160,00
Encadernação de luxo .... Cr$ 320,00

A sair, no 1.º semestre de 1956: "O Homem Perante o Infinito (Temas teológicos), "Noologia Geral" (A ciência do Espírito) e "Filosofia Concreta", síntese axiomática dos principais temas da filosofia, concrecionados sob uma nova visão, fundada em demonstrações apodíticas, isto é, absolutamente válidas.

Um livro que hoje é para todos!

"ASSIM FALAVA ZARATUSTRA"
de Friedrich Nietzsche

2ª edição

Graças à nova tradução de Mário Ferreira dos Santos, às análises simbólicas que acompanham o seu texto e a explicação das passagens mais difíceis, essa grande obra do genial Nietzsche torna-se acessível a todos, e permite penetrar na profundidade de seu pensamento que se torna positivo e benéfico à humanidade. A 1.ª edição esgotou em poucos meses.
Um volume de belíssima
apresentação .... Cr$ 200,00
Encadernação de luxo .... Cr$ 350,00

"O HOMEM QUE NASCEU PÓSTUMO"
de Mário Ferreira dos Santos

Uma ampla exposição dos mais importantes temas da filosofia e do pensamento de Nietzsche, fundada na obra do famoso autor, o que facilita ao leitor uma visão clara do grande filósofo, tantas vêzes tão mal compreendido e mal interpretado.
Um volume de bela apresentação Cr$ 150,00
Encadernação de luxo .... Cr$ 300,00

"ANÁLISE DIALÉCTICA DO MARXISMO"
de Mário Ferreira dos Santos

Um livro que analisa honestamente a doutrina marxista e a coloca em face de outras posições socialistas. Um trabalho, cujas previsões estão sendo confirmadas pelos factos últimamente decorridos.
Um volume de grande formato .. Cr$ 100,00
Encadernação de luxo .... Cr$ 250,00

"ARISTÓTELES E AS MUTAÇÕES"
de Mário Ferreira dos Santos

Uma exposição do tema da geração e da corrupção das coisas físicas no pensamento aristotélico, posto em paralelo com o pensamento atual da ciência, com a tradução dos textos de Aristóteles, que são reexpostos de maneira didática e acompanhados de notas explicativas.
Um volume de bela apresentação Cr$ 150,00
Encadernação de luxo .... Cr$ 300,00

Outra grande apresentação da Livraria e Editôra LOGOS Ltda.

Antologia da Literatura Mundial
CONTOS E NOVELAS DA LÍNGUA *Estrangeira*

A preocupação dos que organizaram essa seleção obedeceu apenas a um critério: escolher o que de melhor corresponde ao gosto normal do leitor.

Contém contos e novelas dos mais categorizados autores, como sejam: Virgínia Woolf, Somerset Maugham, inglêses; os alemães, com Klabund, Wilhelm Schaeffer, Jacob Wassermann, Ernst Weiss, Arnold Ulitz e Bruno Frank, glória da moderna literatura germânica; russos, como Arcádio Avertchenco e Alexandre S. Puchkin, a sueca Selma Lagerlof, os italianos Nicolo Macchiavello e Luigi Pirandello, o francês Guy de Maupassant, e ainda o grego Lafcádio Hearn, naturalizado japonês, uma das glórias da moderna literatura do grande país asiático, e o indú Kandhekar.
Em elegante apresentação, papel de 1.ª no tamanho 16x23 .... Cr$ 150,00

CURSO DE ORATÓRIA E DE INTEGRAÇÃO
de MÁRIO FERREIRA DOS SANTOS

Um conjunto de obras úteis a todos. A oratória não é uma arte útil apenas aos que desejam falar em público. Nós, em cada um de nosso momentos nas relações humanas, usamos constantemente do discurso. Ademais, os livros abaixo apresentados cooperam para a estruturação da personalidade humana, oferecendo caminhos e soluções em benefício de todos.

"CURSO DE INTEGRAÇÃO PESSOAL"
de Mário Ferreira dos Santos

Na época actual, como em tôdas as épocas, o homem precisa conhecer a si mesmo, seu carácter e sua individualidade, para que possa auxiliar-se, não só no domínio de si mesmo, mas para melhor manter relações com seus semelhantes. Êste livro oferece o que há de mais positivo na caracterologia moderna, ensinando a cada um como conhecer-se a si e conhecer aos outros, e dominar-se interiormente, integrando-se numa personalidade equilibrada. Com ilustrações proveitosas.
Um volume de bela apresentação Cr$ 150,00
Encadernação de luxo .... Cr$ 300,00

Catálogo de Obras da Livraria e Editora Logos com correções do autor.
Arquivo Mário Ferreira dos Santos / É Realizações Editora.

21 — Manual de Bobinagem — Buzzoni	100,00	30 — A Arte de Encadernar — Pratt	70,00
22 — Matemática para Oficinas — Felker	200,00	31 — Como se Organiza uma Biblioteca — Almeida Prado	50,00
23 — Manual do Marceneiro — Hojorth	150,00	32 — Matemática Comercial e Financeira Aplicada — Gischkow	150,00
24 — Manual do Tipógrafo — Polk	150,00	33 — Fabricação de Sabões e Artigos de Toucador — Ribeiro de Mello	80,00
25 — Manual do Automobilista — Buzzoni	150,00	34 — Minerais e Minérios — Slater	80,00
26 — Manual do Perfumista — Sobrinho	100,00	36 — Urânio e Tório no Brasil — Argentiére	250,00
27 — Motores a Jacto — Nogueira	300,00	37 — Rochas — Slater	100,00
28 — Problemas Usuais de Desenho Linear Geométrico — Teodoro Braga	100,00	38 — Tabelas de Vigas Contínuas — Resnik	200,00
29 — Matemática Industrial — Japor	70,00	39 — Manual do Relojoeiro — Pimenta	120,00

ATENÇÃO

Atendem todos os pedidos de livros de vossa preferência. Os pedidos devem ser escritos de maneira legível, dando o nome do livro, do autor e, se possível, da editôra, bem como o endereço completo do encomendante.

Atendem-se pedidos somente de Cr$ 50,00 para cima

Livraria e Editôra LOGOS Ltda.

Alameda Itú, 452 — Tels.: 31-3365 e 31-0238 — SÃO PAULO

PUBLICAÇÃO PERIÓDICA — EXPEDIDA PELOS EDITÔRES — 1956

Catálogo de Livros

Ilmo Snr.

Ao Sr. Agente Postal: Será favor devolver, se o destinatário não fôr encontrado

O HOMEM QUE NASCEU PÓSTUMO

Mário Ferreira dos Santos

Os grandes temas da nova rebelião moral dos escravos, da ética, de Sócrates e do racionalismo, da paz e da guerra, do Estado, do poder, da mística, da psicologia, etc., estudados e expostos com palavras nietzscheanas, coerentemente.

Ampla visão clara da filosofia do autor de "Assim Falava Zaratustra", — tão sujeita a interpretações apressadas que a deformaram — apresentada em linguagem nietzscheana, coordenadamente, e com o emprêgo direto das próprias expressões de Nietzsche.

Edição de luxo — Cr$ 120,00

★

ANÁLISE DIALECTICA DO MARXISMO

Mário Ferreira dos Santos

Uma análise fundamentada na decadialéctica é a que oferece êste livro de Mário Ferreira dos Santos.

Após um estudo do desenvolvimento da técnica, da estrutura da cosmovisão de Marx, da polêmica entre êle e Proudhon e Bakunine e, posteriormente, com os autonomistas, a análise da concepção marxista do Estado em sua polêmica com os socialistas-libertários, a análise decadialéctica, fundamentada nas próprias obras marxistas, permite ter uma compreensão clara do significado dessa ideologia e de suas possibilidades.

Cr$ 100,00

Todos os livros constantes dêste catálogo podem ser pedidos para
MÁRIO FERREIRA DOS SANTOS
Rua São Carlos do Pinhal, 485 - Apto. 74 — São Paulo

Catálogo de Obras da Livraria e Editora Logos com destaque para a síntese de *Análise Dialética do Marxismo*. Arquivo Mário Ferreira dos Santos / É Realizações Editora.

Queira remeter os seguintes livros:

....
....
....
....
....
....

Quantia remetida Cr$ ...., por Reembôlso, Vale Postal, Valor Declarado ou Cheque bancário. (Risque os não usados).

Meu enderêço:

Nome (bem legível(....
....
....

CATÁLOGO DE LIVROS

Remetente: MÁRIO FERREIRA DOS SANTOS
Rua São Carlos do Pinhal, 485 - Apto. 74
Telefone, 31-0238 — São Paulo

Ilmo. Sr.

....
....
....

AO SR. AGENTE DO CORREIO: Não sendo encontrado o destinatário é favor devolver ao remetente.

Catálogo de Obras da Livraria e Editora Logos com destaque para o sistema de vendas por reembolso postal. Arquivo Mário Ferreira dos Santos / É Realizações Editora.

A Rússia Soviética Ocidentalisa-se...

Mario SANTOS

Nunca acreditamos que Hitler se atirasse numa campanha militar contra a Rússia. Sempre julgamos uma aventura da mesma categoria, a de um suicida que se projeta do Pão de Açúcar, para ir de encontro às matas da Urca. Era um salto no escuro. E o abismo das estepes russas já tinha atrás de si a nitória de outros fracassos. Hitler contava, no entanto, com três elementos que nem de longe julgou possível falhassem: uma revolução interna, a fraqueza propalada do exército russo e a invencibilidade mística da "wehrmacht".

A revolução interna não se deu, manifestando-se, ao contrário, no povo russo, o mesmo espírito asiático-fatalista, e um patriotismo que parecia morto sob a aparência das atitudes internacionalistas. O ataque alemão à Rússia conseguiu solidificar a situação interna, unir os homens das estepes aos camponeses, aos soldados, e às dezenas de raças e de povos, num único povo. O benefício para o mundo, conseguido com o ataque alemão, foi aproximar a Rússia do Ocidente. O internacionalismo russo toma, agora, um aspecto humano e não de classes. A Rússia, daqui por diante, está atraída ao espírito ocidental e o idealismo revolucionário desaparece de uma vez. Aliás, desde o advento de Stalin, que, na Rússia, se processava a liquidação do espírito internacionalista revolucionário de Trotzky. Stalin, grande admirador da civilização ocidental, foi liquidando, aos poucos, todos os revolucionários da velha guarda leninista, que ainda sonhavam com a implantação do sovietismo no mundo.

O exército russo mostrou-se num grau de igualdade ao exército alemão. Sofreu derrotas que teriam feito capitular qualquer outro exército. Resistiu baixas horríveis, suportou tudo com o fatalismo que é a viga mestra da alma russa, empreendeu uma retirada tecnicamente perfeita, deixando, ao adversário, um terreno inóspito, transformando as vitórias alemãs em derrotas e sua derrota em vitórias. A invencibilidade do exército alemão obteve na Rússia a primeira exceção. A Alemanha não é invencível. Os golpes que os russos lhe estão dando, mostram a vulnerabilidade de seu exército e generais quasi perfeitos, como Brauschitch, são retirados do comando, porque não puderam se tornar deuses, embora chegassem a ser mais que homens.

Oswald Spengler tem sido inegavelmente um dos grandes líderes intelectuais da Alemanha. Sua "Decadência do Ocidente" foi a estratificação dos ressentimentos teutos. Ele sedimentou, nessa obra, a filosofia irracionalista alemã, a concepção da "kultur" germânica e os anseios fáusticos de um povo que uma casta de ambiciosos tem aproveitado para transformar num rebanho de guerreiros. Ele mesmo dizia em seus "Anos Decisivos", em tradução portuguesa, da Livraria do Globo, sob o título "Anos de Decisão": "A população do maior país continental do mundo é inatacável de fora. A extensão é um poder político e militar, e que ainda não foi vencido. Napoleão já fez essa experiência. De que serve ao inimigo ocupar as mais vastas regiões? Para fazer impossível a simples tentativa de uma invasão, os bolchevistas transferiram o centro de gravidade do seu sistema cada vez mais para o leste. Os estabelecimentos industriais de importância política têm sido construídos todos a leste de Moscou, e em grande parte a leste dos Urais, até o Altai, e, no sul, até o Cáucaso. Toda a região a oeste de Moscou, a Rússia Branca, a Ucrânia, desde Riga até Odessa, outrora a região vital do império dos czares, constitue, atualmente, um imenso glaces contra a "Europa", o poderia ser abandonada sem que, por isso, desmoronasse o sistema. Por essa medida, toda a idéia de uma ofensiva pelo lado do ocidente perdeu o sentido. Assestaria um golpe num espaço vasio". Ele mesmo dizia alhures: "A Rússia não é invencível, mas é inconquistável".

Foi considerando tudo isso, certos de que Hitler teria conhecimento desses elementos ponderáveis, que sempre julgamos não se atiraria nessa aventura louca e procuraria contemporizar ou então fazer o que dizem Goering desejava: confabular.

Mas Hitler que teve possibilidade de transformar a Rússia em sua aliada, isso, se se realizasse seria terrível para o mundo, atirou-a, de vez, nos braços dos aliados. Resta-lhe somente um ponto digno de aplausos: conseguiu com isso novamente ocidentalizar a Rússia, aproximando-a ao espírito liberal dos povos democráticos. E convenhamos, o regime russo quer econômico como político, possue todos os elementos e possibilidades de se transformar numa grande democracia, conservando o que de bom obteve do socialismo, sem, no entanto, deixar de permitir aos homens, conhecer a vantagem das vitórias individuais. Os fascistas representaram um espírito de rebanho. O indivíduo desaparece em face do partido. A Rússia aliando-se aos que lutam pelo indivíduo em bem de coletividade, sem anulação do homem, sofre, assim, a grande transformação desejada por Pedro Grande: a sua ocidentalização.

Mais uma vez a Rússia deixará de ser asiática.

"A Rússia soviética ocidentaliza-se", artigo publicado no *Diário de Notícias*, 6 de março de 1942.
Arquivo Mário Ferreira dos Santos / É Realizações Editora.

"No mundo social das fábulas e parábolas", de Mahdi Fezzan (pseudônimo de Mário Ferreira dos Santos). *A Plebe*, 16 de julho de 1948. Arquivo Mário Ferreira dos Santos / É Realizações Editora.

LIVROS PROIBIDOS EM PORTUGAL
PELA INQUISIÇÃO DE SALAZAR

H. Claude, "Da Crise Econômica do Após-Guerra", Cr$ 60,00; J. M. Warlasse, "O Sistema Cooperativo", Cr$ 100,00; Gonzalez Prada, "Horas de Luta", Cr$ 60,00; G. Landauer, "Incitação ao Socialismo", Cr$ 75,00; Emílio Frugoni, "Gênesis, Essência e Fundamentos do Socialismo", 2 tomos enc., Cr$ 200,00; C. Chiaraviglia, "Civilização do Trabalho e da Liberdade", Cr$ 75,00; Sainte-Beuve, "Proudhon: Sua vida e sua Correspondência", Cr$ 50,00; L. Fabri, "Malatesta, Sua Vida e Sua Obra", Cr$ 60,00; J. Nicolai, "Libertação do Trabalho", Cr$ 50,00; Mortier e Adler, "Como Pensar sôbre a Guerra", Cr$ 65,00; Harold Laski, "O Govêrno Parlamentar na Inglaterra", Cr$ 85,00; "A Liberdade no Estado Moderno", Cr$ 70,00; "O Perigo de Ser Gentleman", Cr$ 80,00; Tomaz da Fonseca, "Sermões da Montanha", (nova edição, ilustrada por diversos caricaturistas), Cr$ 100,00; "Afonso Henriques e a Fundação da Nacionalidade" (as lutas do povo português no início da sua história, contra a Igreja Romana), Cr$ 100,00; "A Filha de Labão", Cr$ 50,00; J. Oiticica, "A Doutrina Anarquista ao Alcance de Todos", Cr$ 30,00; P. Ferreira da Silva, "Eu Creio na Humanidade, Cr$ 20,00; "Três Enganos Sociais (Férias, Previdência e Lucros)", Cr$ 30,00; E. Mezzabotta, "O Papa Negro" Cr$ 100,00; Herón P. Pinto, "Nos Subterrâneos do Estado Novo (Os Crimes de Getulio Vargas)", Cr$ 20,00; Paul Berthelot, "O Evangelho da Hora", Cr$ 5,00; Serafim Porto, "O 1.º de Maio - História e Significado", Cr$ 5,00; Ch. Duclos, "Teses da Existência e Inexistência de Deus", Cr$ 20,00; Frederico Nietzsche, "O Anti-Cristo", Cr$ 20,00; "Genealogia da Moral", Cr$ 25,00; "Aurora", Cr$ 50,00; "Além do Bem e do Mal", Cr$ 50,00; Ch Albert, "O Amor Livre", Cr$ 30,00; P. Kropótkine, "A Conquista do Pão", Cr$ 35,00; "Memórias de um Revolucionário", enc., Cr$ 120,00; "A Grande Revolução (história da Rev. Francesa)", Cr$ 100,00; "O Apoio Mutuo", Cr$ 120,00; "Origem e Evolução da Moral", Cr$ 50,00; A. de Figueiredo Lima, "Nos Bastidores do Mistério" (Epopeia das sociedades secretas Carbonária e Maçonaria, em prol da libertação dos povos), Cr$ 150,00; Filósofo da Selva, "Páginas Panteistas", "Um Vagabundo nos Andes e no Amazonas", "Teses Selvagens" e "Páginas Rebeldes", cada, Cr$ 5,00; Guerra Junqueiro, "A Velhice do Padre Eterno", enc., Cr$ 90,00; broch. Cr$ 60,00; A. Herculano, "História da Inquisição", 3 vols., Cr$ 150,00; enc., Cr$ 200,00; Barata Dias, "Alqueive" (romance sôbre a vida miserável do camponês em Portugal), Cr$ 30,00; Castro Soromenho, "Terra Morta" (romance sôbre a exploração do negro das colônias africanas), Cr$ 30,00; Eça de Queiroz, "O Crime do Padre Amaro", Cr$ 85,00; "A Relíquia", Cr$ 75,00; Mário Ferreira dos Santos, "Análise Dialética do Marxismo", Cr$ 100,00; Octaviano Bastos, "Enciclopédia Maçônica", 2 vols. enc., Cr$ 400,00; "Carta de Talleyrand ao Papa que o Excomungou", Cr$ 10,00; H. Blavaski, "Origens do Ritual na Igreja e na Maçonaria", Cr$ 10,00; Borges Grainha, "História da Maçonaria em Portugal", Cr$ 100,00; "O Portugal Jesuíta", Cr$ 100,00; P. J. Proudhon, "Que é a Propriedade?", Cr$ 75,00; "Confissões de um Revolucionário", Cr$ 75,00; Rudolf Rocker, "Nacionalismo e Cultura", Cr$ 200,00; "A Segunda Guerra Mundial", Cr$ 40,00; "O Pensamento Liberal nos Estados Unidos", Cr$ 50,00; "Juventude de um Rebelde", Cr$ 120,00; "Na Borrasca", Cr$ 140,00; "Revolução e Regressão", Cr$ 200,00; J. M. Guyau, "A Irreligião do Porvir", Cr$ 120,00; W. Godwin, "Investigação Acêrca da Justiça Política", Cr$ 120,00; Joaquim Costa, "Coletivismo Agrário em Espanha", Cr$ 160,00; R. Barrett, "Obras Completas", Cr$ 300,00; Pi y Margall, "As Nacionalidades", Cr$ 80,00; Roberto das Neves, "Assim Cantava um Cidadão do Mundo (poemas que levaram o autor treze vezes aos cárceres da Inquisição de Salazar)", Cr$ 50,00; "O Diário do Dr (Comentários Subversivos às Escorrências Quotidianas da Sifilização Cristã)", ilustrada com dezenas de caricaturas de famosos autores mundiais, Cr$ 100,00; "Curso Completo de Esperanto", Cr$ 200,00.

Livraria Editora GERMINAL
CAIXA POSTAL 142 -- AGÊNCIA DA LAPA
Tel. 52-1001 — Rio de Janeiro

ESTE CATÁLOGO ANULA OS ANTERIORES — Rio de Janeiro, 30 de Novembro de 1954

Catálogo de 1954 com livros proibidos em Portugal durante a ditadura salazarista. Na lista constam, de Mário Ferreira dos Santos, *Análise Dialética do Marxismo* e *Teses da Existência e Inexistência de Deus* (assinado com o pseudônimo Charles Duclos). Arquivo Mário Ferreira dos Santos / É Realizações Editora.

Zaratustra – Revista de Cultura, fundada por Mário Ferreira dos Santos.
Arquivo Mário Ferreira dos Santos / É Realizações Editora.

ZARATUSTRA
REVISTA DE CULTURA

ANO I   JANEIRO DE 1951   N.º 1

SUMÁRIO

	Pág.
ZARATUSTRA (apresentação)	7
A TRÍADA DO IDEALISMO DE HEGEL (Prof. Mário Ferreira dos Santos)	9
TEMAS DE PROBLEMÁTICA (Lázaro Brentano)	13
SÍNTESE DAS ORIGENS DA FILOSOFIA GREGA (Ana Luiza S. Saldanha da Luz)	20
APÓLOGOS, FÁBULAS E AFORISMOS (Mahdi Fezzan)	24
A MONOTONIA DA EXISTÊNCIA (Odilon Gomes)	28
A TRAGÉDIA DA EXCEPÇÃO (J. de Almeida Brito)	30
O HOMEM E A SOLIDÃO (Alcino Leal)	32
A ETERNIDADE DO INSTANTE (Lúcio da Silveira)	34
O ESTRATAGEMA DAS SERPENTES (Laura Dias)	36
ESCUTAI EM SILÊNCIO (Aquilino de Freitas)	38
UM POETA QUE NÃO QUER SER ORIGINAL (Redação)	39
POEMAS SEM ISMOS (Jerônimo Ferreira)	40
NÁDIA SANTOS (Redação)	45
CANTO À INFÂNCIA (Nádia Santos)	46
ERA UMA VEZ e TRANQÜILIDADE (Nádia Santos)	48
MEDITAÇÕES SÔBRE A FANTASIA COMO COMPENSAÇÃO DA REALIDADE (Dan Andersen)	49
A MÚSICA NACIONAL (Ana Lourenço)	51
ASSIM FALAVA ZARATUSTRA (Nagib Elchemer)	53
A DISCIPLINA DA LIBERDADE (Yolanda Lhullier Santos)	56
O PEQUENO BURGUÊS E A CONCEPÇÃO LIBERTÁRIA (Renato Lopes)	58
O PROBLEMA PECUÁRIO (L. R. Guasque)	61
ASSIM FALAVA ZARATUSTRA (Friedrich Nietzsche)	66
O EFÊMERO DAS CONDIÇÕES ADVERSAS (Eduardo Braga)	70
NOTAS E COMENTÁRIOS	72
CURSOS DO INSTITUTO CULTURAL "LOGOS"	94

Publicação Bimensal   Número Avulso: Cr$ 15,00

DIRETORES:
Prof. Mário Ferreira dos Santos
Nagib Elchemer

Yolanda Lhullier Santos
José Pereira de Mello

REDATORES:
Astrogildo Silva
Ana Lourenço

COLABORADORES:

L. R. Guasque	Nádia Santos	Alcino Leal
Lázaro Brentano	Jerônimo Ferreira	J. de Almeida Brito
Dan Andersen	Aquilino de Freitas	Eduardo Braga
Mahdi Fezzan	Moura e Silva	Odilon Gomes
Nicolau Bruno	Laura Dias	Ana Luiza S. Saldanha da Luz e
Yol	Lúcio da Silveira	alunos do Instituto Cultural "Logos"

Redação e Administração: Rua Paisandu, 73 — Conjunto 25 — SÃO PAULO

Coopere conosco no reerguimento econômico e social do Brasil, associando-se, independentemente de suas convicções políticas ou religiosas, à

COOPERATIVA CENTRAL BRASILEIRA

SÃO PAULO

Sociedade Cooperativa Central de Economia Popular

Secções de: Consumo, Abastecimento a Cooperativas associadas, de Produção e Crédito cooperativo, e de Assistência Social e Cultural.

★

A COOPERATIVA CENTRAL BRASILEIRA tem por escopo o desenvolvimento econômico-social pela divulgação e prática do Cooperativismo em tôdas as suas formas de alcance econômico e social, promovendo, pelos seus Departamentos de Serviço: a defesa dos Consumidores, assistência técnica e financeira aos Produtores. Assistência técnica e financeira às Cooperativas associadas, a fundação de Núcleos Cooperativistas com pessoal habilitado para a direção, Serviço de "COOPERATIVA DE LIVROS" com descontos, Serviço de "Cooperativas Culturais" para facilitar a instrução em geral, Serviços de Assistência de Ordem Geral.

Os interessados em Cooperativismo podem dirigir-se à nossa Secretaria para informações mais detalhadas, pessoalmente ou por correspondência.

Sede provisória: AVENIDA IPIRANGA, 1.123, 7.º and. - s/ 701
SÃO PAULO

Ind. Gráfica SIQUEIRA S. A. — R. Augusta, 235 — S. Paulo

Zaratustra – Revista de Cultura com destaque para a propaganda da Cooperativa Central Brasileira.
Arquivo Mário Ferreira dos Santos / É Realizações Editora.

As formas de cooperação ~~libertária~~

Renato Lopes

   Dizem os socialistas autoritários de todos os matizes que o fim do socialismo é estabelecer a liberdade e a emancipação dos trabalhadores. Para isso, o caminho é : ou um órgão de pressão, como o Estado socialista, ou, então, a ditadura do proletariado(?), através do Estado, sob a direção do partido único e absoluto, o bolchevista.
   Se reconhecemos que o capitalismo paleotécnico esgota cada dia as suas possibilidades e ingressa num período de aventurismo, ~~e gangsterismo~~, sobretudo verificável em países onde predomina ainda a eotécnica e a paleotécnica, e está ameaçado de um monopolismo disfarçado e tecnocrático, que se processa na pre-revolução de diretores, não nos incluímos, entre os que julgam que o socialismo autoritário será o herdeiro do capitalismo paleotécnico moribundo. Este está sendo substituido pelo neotecnico e já biotecnico, o que abrem campo para novas possibilidades.
   Como já o mostramos em vários outros trabalhos, somos dos que não aceitam o dilema em que nos querem colocar: capitalismo paleotecnico ou bolchevismo.
   Costumamos falar com franqueza e com franqueza dizer o que sentimos e o que pensamos. E é com franqueza que dizemos que ingênuos são os que desejam salvar o capitalismo paleotécnico, que deu o que podia dar, e ~~deu~~ já inclusive seu filho espúrio, o marxismo, (cujas bases profundamente capitalistas prometemos ainda um dia estudar), como deu também aquêle outro filho espúrio, sua forma viciosa, que foi o fascismo. Não se iludam os capitalistas paleotécnicos, com o panorama atual do mundo. Não julguem que o proletariado queira salvá-los. E podem crer, embora tal pareça um verdadeiro paradoxo, que foi precisamente o marxismo russo, o stalinismo sobretudo, quem permitiu que êsse capitalismo ainda viva, porque o marxismo conseguiu, admiràvelmente, dividir as fôrças revolucionárias do proletariado ~~nas elites revolucionárias~~. ~~Depois da cisão Stalin-Trotsky, temos agora a Tito-Cominform, e outras ainda virão.~~
   ~~Entretanto não julguem que essa divisão, se isentarem o fim do capitalismo moderno, possam salvá-los, como os não salvarão a bomba atômica nem a de hidrogênio nem a guerra bacteriológica.~~ Com a brutalidade, que lhes é peculiar, e com o apôio extraordinário de ~~seu~~ sua quinta-coluna, os marxistas mantêm o terreno/ganho.
   E nessa questão de quinta-coluna não nos podemos furtar a alguns comentários que julgamos convenientes. Há duas quinta-colunas russas: a consciente

"As formas de cooperação libertária", de Renato Lopes (pseudônimo de Mário Ferreira dos Santos). Manuscrito no qual se anunciam os temas de *Análise Dialética do Marxismo*. Arquivo Mário Ferreira dos Santos / É Realizações Editora.

e a inconsciente.Na consciente,temos todos os membros dos Partidos Comunistas,
os cripto-comunistas,a linha auxiliar,seus agentes secretos,etc,na inconsciente: os exploradores,os intermediários encarecedores,os grileiros,os subornadores,os políticos profissionais,os monopolistas,etc.Em outras palavras: a
coorte dos paleotécnicos e seus auxiliares.

Sim,pois quando um fiscal escorcha um comerciante,multa-o apenas para
aproveitar sua participação na multa,quando o senhorio aumenta indevidamente
o aluguel do prédio, ou cobra luvas,quando o grileiro vende terras que não lhe
pertencem,quando a polícia desarma o povo,mas os assaltos continuam,quando o
político profissional vende sua consciência,quando os governos organizam
caixinhas para benefício de alguns usufrutuários,tudo isso tem um efeito
mais potente, junto ao proletariado, que os ingênuos e repetidos discursos ou
frases feitas dos marxistas.Podem pôr na ilegalidade o Partido Comunista,podem seus líderes não terem a palavra livre,mas com mais eficiência do que
êles,falam os actos de todos os patifes e exploradores.Quando um político
americano,um daqueles impagáveis senadores,fala em atacar a Rússia,Stalin
esfrega as mãos de contente e depois publica tudo,palavra por palavra,para
o povo,e diz,através dos órgãos do partido: "Camaradas é preciso ir ao extremos dos nossos sacrifícios para salvar a Rússia do próximo ataque dos capitalistas." E as palavras do "inteligente" homem público norte-americano
servem para comprovar tudo quanto o Satlin disser,e para justificar tudo quanto fizer.

O Rádio e o Jornal passarão para a história como as grandes armas de
destruição do capitalismo paleotécnico.Os homens do futuro,quando estudarem
a nossa época,dirão: Tantos disseram tantas coisas,atacaram tão inàbilmente
os seus adversários,que foram levados à destruição por suas próprias palavras.

Sim,porque atacar mal a alguém é uma forma de defendê-lo.E nisso os
paleotécnicos são mestres consumandos.

O que nos mostra tudo isso? Mostra-nos que os capitalistas já não sabem
o que querem,e como quem está a afogar-se,grita,clama,maxe desordenadamente
os braços e pernas e apressa,desse modo,a morte por asfixia.

Não podemos salvar o que está perdido e nem o desejamos.O capitalismo
paleotécnico já deu o que podia dar,e que passe para a história e para o museu,que é o lugar das coisas mortas.A era neotécnica e biotécnica surge
para bem dos homens.

Através dos estudos feitos na história,comprovou,sobretudo no que nos
diz respeito,que duas são as formas de pressão que calcam o povo,o humilham,
o espoliam,o angustiam: a pressão estatal e a extra-estatal.Na primeira,temos

o todo-poderoso Estado,o absolutismo no capitalismo paleotécnico,como tivemos o absolutista no feudalismo.O Estado,separa-se da sociedade,forma uma entidade à parte,intervem em tudo,tudo quer dirigir,saber e fazer,e organiza a desorganização mais completa,usando da maior soma de poder e de violência. O dirigismo econômico,pregado pelos egressos do liberalismo capitalista,que sempre vivem com os olhos voltados para o deus das intervenções,e pelos socialistas autoritários,que também o adoram,e o julgam capaz de resolver os problemas humanos,só tem servido para maior opressão e para que atinjamos uma época de estupidez e brutalidade,levando-nos a viver sob o guante dos maiores perigos,muito mais angustiados do que o povo romano,sob a ameaça constante das invasões de bárbaros.

Lutar contra o dirigismo econômico do Estado paleotécnico,senhor absoluto que os socialistas autoritários querem transformar no patrão único ,é um dos deveres dos que amam a liberdade.O Estado tem de devolver a administração à sociedade,porque esta é a única capaz de resolver seus próprios interêsses. E como espontaneamente nunca o fará,embora os marxistas,por exemplo,acreditam "ingenuamente" que simé preciso,desde logo,organizar a sociedade de maneira que o dirigismo econômico do Estado se reduza ao mínimo,passando a administração para a sociedade,pela organização das formas de cooperação.

Quanto às formas de pressão extra-estatal,temos os males que nos afligem e criam a situação angustiosa em que vivemos,cuja abolição só pode ser conseguida através de formas de cooperação.Não acreditam os cooperacionistas,que a liberdade surja da opressão,porque a liberdade e a opressão não formam dialéticamente uma unidade.A liberdade é complementária da necessidade,mas a opressão é outra coisa.Os marxistas,por confundirem os diversos processos dialéticos,têm conclusões dessas,como a que,do totalitarismo do estado russo possa surgir a liberdade,e até a anarquia,fito último dos marxistas(assim escrevem) ,onde a liberdade seria total, e cada um receberia da sociedade, segundo as suas necessidades e devolveria a esta segundo a sua capacidade.

O cooperacionismo,ao qual nos ligamos,vê concretamente os factos sociais, e quer realizar desde já,o que já está comprovado históricamente que se pode fazer,e que as condições neotécnicas e biotécnicas exigem,cujos frutos já deram provas de sua eficiência : o cooperacionismo,o cooperativismo genuinamente cooperativista como forma específica,e ainda,o mutualismo,genuinamente mutualista,enfim tôdas as formas de apôio-mútuo que podem ser criadas,desde já,e que substituirão as formas de pressão,isto é,que se oporão àquelas. É lógico que isso não se faz com palavras e sim com factos.Por isso,os cooperacionistas se interessam pelos factos e querem reunir, à sua volta, todos os que desejam entrar na ação cooperacional, que desejem criar formas de cooperação, experiências mutualistas, etc.

Sabem os cooperacionistas que a não aplicação das formas de cooperação levará fatalmente a humanidade à guerra. E a guerra não pode ser evitada por formas de pressão, mas por formas de cooperação. Para evitar a guerra é preciso evitar o que a condiciona. A cooperação extensiva e intensiva não faculta à guerra nenhuma vantagem, e oferece formas de solução que a colocam de lado.

Além disso, as formas de cooperação permitem uma marcha natural e não violenta para novas formas de vida, para novas possiblidades sociais. O indivíduo não é diminuído em face da colectividade, nem por essa oprimido. Ao contrário, pois a colectividade se fortalece pelo fortalecimento do indivíduo. As formas morais de relações humanas substituem as de competição e lucro, pelas de cooperação e serviços prestados. A organização técnica da sociedade torna-se imediatamente possível e rasgam-se novos horizontes. As "etapas" propostas, não são aquelas que a ingenuidade marxista compreendeu, através de uma má interpretação hegeliana, que os factos depois desmentem terrivelmente.

Quanto ao capitalismo paleotécnico é inutil e ingénuo que muitos ainda o julguem capaz de resistir aos embates que se travam. Ele está minado e corroído pelos próprios elementos que o compõem. Combatem as formas de cooperação os socialistas autoritários e os capitalistas paleotécnicos exploradores. Os capitalistas que têm um senso de progresso real, não do progressismo soviético, fórmula arranjada para cobrir com uma cortina de fumaça os sonhos imperialistas da Grande Rússia, velho sonho secular, que são os neotécnicos e biotécnicos, sabem e querem colaborar com todos os seus bens para as formas de cooperação. Os socialistas autoritários, por seus chefes, ambiciosos de poder, sabem que as formas de cooperação levantam o padrão de vida das massas e também sua cultura, não permitindo, portanto, que elas desejem as formas de pressão. São êsses os adversários do cooperacionismo, mas também a simples enunciação dêsses inimigos honra tôda a obra cooperacional. Assim podem todos ver, aí e agora, nos factos que se dão, o que não querem os cooperacionistas; não querem o monopolismo e a exploração desenfreada do capitalismo paleotécnico, nem a do estado-patrão soviético, nem a das nacionalizações pelo Estado, que o tornam, finalmente, o patrão único, mas sim o que já provou na Suécia, na Noruega, na Finlândia, na Suíça, na Islândia, na Nova Zelândia, na Dinamarca, na Holanda, etc, nos Estados Unidos, no Canadá, no Uruguai, o que é capaz de elevar o padrão das massas, de aumentar o respeito do indivíduo, de solidificar a boa ordem: as formas de cooperação, que constituem a base dos nobres ideais cristãos, que são o fundo afectivo de todos os povos, como o é de todos os homens.

E estas, apoiadas nos órgãos coordenadores técnicos da administração cooperacional, construirão um mundo realmente melhor. Hoje já despertam as consciências, e os frutos do dirigismo econômico estatal envenenam a sociedade. O dirigismo (político), por suas obras, revela quanto é prejudicial aos interêsses humanos. As novas condições da técnica levam à cooperação de todos em bem de todos, e o espírito paleotécnico terá fatalmente de ceder às injunções do progresso em sua marcha vitoriosa e avassalante. E êne é um programa de ação.

MANIFESTO
do
MOVIMENTO COOPERACIONISTA BRASILEIRO

A gravidade do momento que atravessamos exige atitudes claras e um exame cuidadoso da realidade. Impõe-se que estabeleçamos previamente certos princípios fundamentais para uma visão precisa da História, e dos acontecimentos dela decorrentes.
Nunca teria o homem atingido a situação em que se encontra, superado a de mísero animal, se não fôsse assistido previamente pela inteligência. Um símio não é capaz de progresso, porque lhe falta a organização inteligente. Dessa forma, de uma vez para sempre, é preciso libertar o pensamento humano das falsas teorias que afirmam que a inteligência é um produto apenas da atividade, quando esta não se caracterizaria, como humana, se não tivesse o homem a capacidade de criá-la.
Dessa forma, há contemporaneidade, dão-se juntas, a inteligência e a atividade, naturalmente uma influindo, actuando sôbre a outra.
A inteligência se manifesta na atividade e a desenvolve, mas esta, por sua vez, desenvolve a inteligência. Por isso as idéias podem actuar sôbre as relações de produção no convívio social, como estas sôbre aquelas. Quando o homem propõe idéias sem base real está sujeito a criar o que geralmente chamamos de utopia. E utopia têm sido tôdas as doutrinas pregadas, não fundadas na realidade.
Essa razão por que a história é também a história das derrotas das grandes i-déias.
Dois aspectos são ainda importantes: o da direção e o da derivação. Na verdade, dirigir é pôr à frente dos homens um ideal. Só os ideais devem dirigir, porque os que não são dirigidos por ideais perdem-se nos meios e neles perecem por ausência de um fim. Derivar é pôr ou tirar obstáculos a tudo quanto impede ou facilita obtenção do ideal. Os homens podem e devem derivar, mas quando actuam como dirigentes levam os povos fatalmente às grandes derrocadas.
São tais factos importantes que geram as formas viciosas de tôdas as idéias partidárias. Quando surge uma idéia, os partidários da mesma, ao reunirem-se, logo se polarizam em duas tendências: a da direita e a da esquerda. Fatalmente, para equilibrá-las, surgem logo os centristas, quase sempre fiéis da balança, e aproveitadores das situações. Como, por sua vez, a esquerda se polariza numa extrema esquerda e numa esquerda centrista, isto é, tendendo para o centro, forma-se, na esquerda, um centro para equilibrá-la. O mesmo sucede com a direita que polariza uma extrema direita e uma direita centrista, com um centro novo. Esse facto não é observável apenas no terreno das idéias, mas até nas organizações comerciais e industriais, em que os sócios, muitas vêzes, são os pontos de convergência dessas polarizações.
Quando uma idéia (partido político, em geral) chega a êste ponto, é comum estruturar em tôrno de um homem uma auréola de infalibilidade, divinizando-o até. Surge, então, o chefe, o qual, desde logo, é cercado por uma camarilha que o envolve, sempre composta dos elementos que procuram ter ligações ou servir de ligação entre os polos, os quais são sempre usufrutuários do prestígio que gozam junto ao chefe, negociando sua influência ou, em colaboração com os outros, impedindo que conheça o chefe a realidade, que lhe é mostrada deformada, segundo as conveniências. Desde tal momento tôdas as idéias encarnadas em um homem tendem a cumprir seu ciclo vicioso, e ter um final trágico e espetacular. Sobrevém também a fase da doutrina, em que é essa apresentada como certa e eficaz, depois como mais certa e a mais eficaz e, finalmente, como a única certa e a única eficaz. E para coroar a marcha quer ser absoluta, e perseguir tôdas as outras como heregas. Corroído pelas lutas internas, se vê obrigada às grandes depurações, com a excomunhão e até o sacrifício de seus membros, inclusive inocentes, afim de salvar a coerência que normalmente não possui. Estabelece uma disciplina rígida, imposta, e passa a tiranizar as consciências até dos elementos hierarquicamente mais elevados. Consegue, assim, a hipocrisia total ao lado do terror total. Que é a história senão o relato dessas organizações?
E qual o fim de tôdas essas formas viciosas? a catástrofe final à custa da vida e do sofrimento de milhões. Vimos em nossos dias, (e ainda em nossos dias veremos outros), o que foi o epílogo sangrento e catastrófico do nazismo e do fascismo.

"Manifesto do Movimento Cooperacionista Brasileiro", datado em 12 de janeiro de 1951. Ao final são nomeados os responsáveis pela "Comissão de Propaganda": "Prof. Mário Ferreira dos Santos, L. R. Guasque, Nelson Costa Carvalho". Arquivo Mário Ferreira dos Santos / É Realizações Editora.

Aos homens de responsabilidade do Brasil

O atraso técnico que conhecemos no Brasil decorre do espírito feudal eotécnico de certo agrarismo ainda escravocrata, da mentalidade capitalista paleotécnica e de certa influência alienígena, que impediram ao Brasil, com a conjugação de políticos mal intencionados além de ignorantes, penetrar na senda de um progresso neotécnico.

Assim como a Holanda pôde livrar-se da paleotécnica, passando da eotécnica para a neotécnica, como igualmente o fêz a Suécia, a Suiça, a Dinamarca, a Finlândia (essa eterna resistente ao espírito paleotécnico dos bolchevistas), podemos nós, no Brasil, no caso da agricultura, por exemplo, dar o grande salto qualitativo que nos leve das formas eotécnicas para as neotécnicas, e destas à biotécnica.

Devemos estimular a transformação de nossa produção paleotécnica em neotécnica, inaugurando com a ação combinada de médicos, psicólogos e trabalhadores, a mais ampla humanização do trabalho, aproveitando os exemplos das grandes obras já realizadas nos países mais avançados.

Será ação combinada de homens responsáveis e bem intencionados, de todos os quadrantes do país, que podemos estabelecer prática e objetivamente a libertação econômica de nosso país, por um Brasil Melhor. Naturalmente não se poderia nas linhas limitadas de um manifesto dar um amplo apanhado das possibilidades de nossa prática, mas todos podem perfeitamente ver, em face das grandes experiências já realizadas e da riqueza de nossa terra, que temos um futuro a realizar, e que êle depende apenas da boa vontade dos homens, filhos desta terra e dos que a escolheram como a sua nova pátria. Não esqueçamos que os aspectos negativos e dissolventes que assistimos hoje em nossa vida são alimentados pelas duas mentalidades que devem desaparecer: a paleotécnica, com seu desejo de lucro insaciável, e a bolchevista, com seus ódios correspondentes de reação. Devemos procurar construir um novo Brasil, não de aventurismo político e econômico, não de competições, que custam a carne dos pobres, mas um Brasil de cooperação, o verdadeiro Brasil, que será um exemplo de paz para o mundo.

O gigante adormecido, ridicularizado pelos exploradores, há de despertar. Não para forjar novas algemas, mas para libertar-se das que tem, e das que lhe querem impor. O Brasil assim colaborará com todos os países do mundo para uma nova humanidade.

Não tememos criar. Não aceitemos a velha mentira de que somos incapazes de criar.

Podemos construir, com poucos embora no início, mas que serão milhões amanhã, uma pátria realmente feliz, uma pátria de fartura, uma pátria de paz, a verdadeira pátria do povo, que é aquela em que todos têm seus interêsses ligados, cujos bens, cujos frutos são de todos os homens que trabalham para o bem de seus semelhantes, e não querem transformar seus irmãos em instrumentos de exploração. Projetemos no Brasil, na América e no mundo êsse genuíno espírito de cooperação do nosso povo, (a mão estendida do brasileiro e o seu grande abraço fraternal), que é o melhor de sua afetividade. E desde já, alertas e activos, pela grande luta que é a vossa, a de vossos pais, de vossos filhos, de vossos amigos, de vossos irmãos!

Se tendes mêdo de lutar por um ideal ao menos não fortaleçais as legiões dos exploradores. Demiti-vos como homem, porém não vos inscrevais como escravos sob a bandeira dos feitores de homens: a bandeira do capitalismo paleotécnico, explorador desenfreado, e do intermediário encarecedor, e a do outro capitalismo de homens, que os movimenta como números, o bolchevismo, o filho rebelado da paleotécnica.

São Paulo, 12 de Janeiro de 1951

<u>Comissão de Propaganda</u>: Prof. Mário Ferreira dos Santos, L.R. Guasque, Nelson Costa Carvalho.

<u>Sede provisória</u>: Avenida Ipiranga, 1123 - Conj. 701 - São Paulo.

...

C O O P E R A T I V A   C E N T R A L   B R A S I L E I R A
= SÃO PAULO =

Séde: Av. Ipiranga nº 1123 - 7º andar - conjunto 701

CONSELHO DE ADMINISTRAÇÃO E CONSELHO FISCAL E SUPLENTES
eleitos em Assembléia constitutiva de 21 de Dezembro de 1950

DIRETORIA EXECUTIVA:

Presidente: Dr. Nelson Costa Carvalho; - Secretário Geral: Carlos Svoboda; - 1º Secretário: Laerte Aredes Santos; - 2º Secretário: Otto Gronow; - Diretor Gerente Geral: Prof. José Venosa; - 1º Gerente: Paulo Ribeiro de Vasconcellos; - 2º Gerente: Euclydes Pires de Camargo.

CONSELHEIROS:

Prof. Mário Miranda Rosa; - Prof. Dr. Mário Ferreira dos Santos; - Dr. Edson Amaral; - Nuncio Soares Silva; - Altino David; - José Silveira Leite; - Cap. Luiz Rocha Guasque; - Engº Dr. Jorge de Valhery; - Engº Dr. Marquart Bauch; - Sebastião Ribeiro do Vale; - Prof. Dr. Francisco Brasiliense Fusco; - Dr. Rogerio Camargo; - Pedro Pieroni; - Vinicius da Silva Oliveira.

CONSELHO FISCAL

Prof. Dr. Socrates Ferreira Diniz; - Dr. Otávio Martins de Moura; Prof. Oscar de Almeida Redondo; - Prof. Octavio Ramos; - Prof. Miguel Sansigolo; - Dr. Luiz Francisco Simões; - Paulo Paganha de Figueiredo Jnr;- Antonio Lugaresi; - Engº Dr. Luiz do Amaral; - Augusto Morais de Oliveira; - Guilherme Genari; - Walter Quaas; - Alvaro H. F. de Barros; - Nicola Morano; - Guilherme Stoterau; - Cap. Epaminondas de Andrade Sandim; - Euclydes Pires de Camargo Jnr; - Humberto Romualdo de Castro; - Armando Macedo F. de Souza; - Prof. Waldemar Marcondes; Nediver Galvão de Azevedo.

SUPLENTES

Carlos F. Policelli; - Waldemar Pedroso; - Alberto Nunes Martins; - Alberto Perez Cruz; - Jayme Cubero; - Brenno V. Longo; - Felix Martins; - Anisio Ribeiro de Barros; - Manoel Rodrigues; - Antenor Mello; - Clovis Ferreira da Silva; - Antonio Borrego; - Virgilio Queiroz Junior; - Astrogildo Silva; - Angelo Barreto de Oliveira; - João Gomes Machado, - Alcides Gloria de Camargo; - J. D. Martins Filho; - Manoel Ferraz - Vicente de Oliveira; - Demetrio da Silva.

Composição da Cooperativa Central Brasileira; entre os conselheiros encontra-se o "Prof. Dr. Mário Ferreira dos Santos". Arquivo Mário Ferreira dos Santos / É Realizações Editora.

O HOMEM LIVRE

EM LUTA CONTRA:
— a improvisação;
— o farisaísmo dos ódios;

MAS A FAVOR:
— da cultura em profundidade;
— da liberdade justa;
— do conhecimento

São Paulo, março de 1965

Contradição entre Marxistas

A vez do camarada Kruchev... e outros virão, e cairão também

Em seu «Análise de Temas Sociais», na 2.ª edição, Mário Ferreira dos Santos previa a queda do sr. Kruschev antes do fim de 1964. A ascensão dos tecnocratas, com o apoio dos acadêmicos da famosa Academia de Ciências da URSS, era prevista para breve, o que acaba de acontecer com a ascenção ao poder dos camaradas Brezhnev e Kossagine, dois «tecnocratas».

Brezhnev é um tipo uranita, portanto violento, e de uma inteligência tardia, enquanto Kossagine, pelas suas condições caracterológicas, é mais calculista. Se o primeiro não fizer renunciar desde logo o segundo, êste fará o primeiro renunciar. Mas os dois prepararam o terreno de um terceiro, que irá herdar tudo isso.

A doença do camarada Nikita Kruchev contaminou os camaradas Adjubei, Satyukov, Kharlamov, Troyanovski e os outros, cuja lista será grande, imensa. Contudo, o que é de preocupar é que perdemos, nestes últimos meses, três esteios da paz: Kennedy, João XXIII e Kruschev. Penetramos, agora, num período difícil e confuso, que exige meditação. Comentar ou prêver o que ainda poderá acontecer não é fácil. Contudo, há elementos bastantes para admitir como fortemente prováveis algumas possibilidades que podem ser posteriormente examinadas.

O camarada Kruschev, que ontem era gênio, é hoje «um intrigante carente de inteligência, propenso a conclusões precipitadas e a ações divorciadas da realidade, jactancioso e falador, autoritário e incapaz de levar em conta as realizações da ciência e as experiências práticas», como o classificou o «Pravda», órgão oficial do govêrno soviético. Nas últimas palavras, está o sinal do ressentimento dos «teocratas» e «académicos», que representam a intelligentzia soviética. A Rússia ainda não se refez da conduta catastrófica da sua agricultura e da sua indústria, e apesar dos seus milhões de quilômetros quadrados de terra, viu-se forçada a importar 750 milhões de dólares de alimentos, e receber a cooperação espontânea da exportação de produtos industriais dos países amigos, que livremente entregam a preços baixíssimos, o que industrialmente produzem de melhor qualidade que o russo. Kruschev é acusado de manter imensos estoques de produtos soviéticos, calculados em bilhões de dólares, de péssima qualidade, que os russos se negam a adquirir. Imaginem que os russos se negam a adquirir tais produtos! De que qualidade, então, devem ser?

Mas tudo isso não é novo. Leiam os famosos relatórios de Lenine, de Stálin, de Malenkov, do mesmo Kruschev. Todos se queixavam, amargamente, da má qualidade dos produtos industriais, da incompetência dos «técnicos», etc. O ressentimento dêsses vem de longa data. Agora, atira-se a culpa sôbre Kruschev... Mas era êle que estava na direção das fábricas, era êle que empunhava a enxada e dirigia o arado, o tratar? Era êle que administrava as emprêsas? Tornou-se, agora, a «cabeça de turco», o bode expiatório dos erros cometidos. A lista cresce... mas outros virão...

Na Filosofia só há uma autoridade: a demonstração.

Basta de filodoxia, de filosofia de meras asserções, invadida espúriamente por estetas malogrados ou duvidosos.

Basta de palpiteiros no filosofar. A mente humana já atingiu um grau capaz de demonstrar o que afirma, e de revelar o êrro palmar em que se fundam os negativistas.

As doutrinas negativistas baseiam-se em erros elementares de lógica, por isso combatem a Lógica.

Fundam-se em erros elementares de ontologia, por isso combatem a Ontologia e a Metafisica.

Se quer lutar contra as trevas, acompanhe-nos.

Nós precisamos de companheiros audazes e persistentes.

Se quer que sejamos um povo de vergonha na cara, acompanhe-nos.

Nós precisamos de homens dignos e respeitáveis.

Se quer que se multipliquem entre nós os homens livres, acompanhe-nos.

Nós precisamos de homens que amem a liberdade.

Se quer que a vontade humana seja livre, acompanhe-nos.

Nós precisamos de homens de vontade de ferro, que desprezem o perigo.

Se quer arrancar o nosso povo da confusão de idéias, das falsas verdades, dos exploradores da sua fraqueza, acompanhe-nos.

Nós queremos ao nosso lado homens de brio, e que amem a sua pátria e a sua gente.

Páginas de *O Homem Livre*, jornal editado por Mário Ferreira dos Santos, com destaque para a matéria "A vez do camarada Kruschev... e outros virão, e cairão também".
Arquivo Mário Ferreira dos Santos / É Realizações Editora.

Índice analítico

A

Abstracionismo
  empirista, 192
  idealista, 191-92
  materialista, 191
  racionalista, 192
Anarquismo, 94, 123, 143, 184
  aspecto utópico do, 184
  como filosofia pequeno-burguesa, 128
  como invariante na história, 184
  concepção heroica da vida, 160
  crítica do, 184
  de batalha, 158
  histórico, 159
  indivíduo individuado do, 152
  na Revolução de Outubro, 120
  realizador e realizável, 158
Antimarxismo, 198, 208
Arithmós plethós, 222
Autoritarismo, 141, 177

B

Beneditinos
  como fundadores do capitalismo moderno, 19
Biologismo, 213
Biotécnica, 36, 49, 205, 241
  como incorporação do orgânico ao mecânico, 49, 241
  era da, 48
Bolchevismo, 120
Bonapartismo, 117, 131

Burguesia
  internacional, 137
Burocracia
  do Estado, 165
  do partido, 165
  na União Soviética, 137

C

Campo
  socialista
    linguagem no, 13
Capitalismo
  como prólogo do socialismo, 65
  como um sistema de transição, 67
  da era paleotécnica, 47
  desenvolvimento do, 188
  internacional, 137
  moderno, 22
  paleotécnico, 48, 241
  teorização do, 67
Causas
  emergentes, 181
  predisponentes, 181
Centralização
  do poder
    na União Soviética, 137
Cesarismo, 170
Cientificismo
  do século XIX, 200
Classes, 56
  sociedade sem, 61, 163
Comissariocracia, 138, 171

Comuna
   de Paris, 181
Comunismo
   autoritário, 161
Concreção
   escolástica, 214
   hegeliana, 218
      síntese de objetividade e subjetividade, 218
Cooperação
   era da, 48
Cooperacionismo, 210, 248
Cristianismo
   espírito místico do, 19
   primitivo, 194
Cruzadas, 20
Cultura
   fáustica, 186, 187

D
Determinismo
   econômico, 59
Dialética
   hegeliana, 55
   leis da, 64
   marxista, 197, 199
      análise dialética da, 225
Ditadura
   de um partido, 125
   do proletariado, 60, 98, 102, 131, 144, 197
      como negação da revolução, 114
      conceito de, 124
   e Revolução de 1848, 60
   na Rússia, 106
   recusa anarqusita da, 156

E
Economia
   estudo analítico da, 48
Economicismo, 213
Effectibilium, 222
Eidos, 222
Emergência, 211
   atualização da, 211
Energia
   atômica, 36
Eotécnica, 35, 147, 237
   e qualidade, 147, 238
   etimologia de, 35
Era
   industrial, 186
Escolástica, 8, 148, 202
   afastamento da genuína, 191
   depois da Reforma, 188
   edifício da, 192
   e filosofia moderna, 9
   período de refluxo da, 188
   profundidade e extensão analítica da, 192
Escolasticismo, 9, 189, 200
   excessos do, 187
   marxista, 9
Estado
   apoderamento da força do, 96
   burguês, 97, 99, 135

ÍNDICE ANALÍTICO

capitalismo de, 167
concepção anarquista do, 108
concepção hegeliana do, 153
concepção marxista do, 89, 91, 94
deificação do, 59
desaparecimento
   inevitável do, 101
desaparecimento do, 58
hipertrofiação bolchevista do, 104
hipertrofiação do, 152, 171
nacional, 195
   formação do, 195
necessidade do, 124
parasitário, 108
proletário, 115, 117
socialismo de, 60
soviético, 169
   como nacionalista, 165
teoria marxista do, 59, 165
Estandartização, 149
Estatismo
   russo, 58
Expressionismo, 218

F
Fascismo, 170
Fatalismo
   economicista, 160
   econômico, 65
Fatores
   emergentes, 10, 62, 64, 189, 193, 197-98, 211
   ideais, 199
   predisponentes, 10, 62, 64, 189, 193, 196, 198, 211, 222
Filosofia
   contemporânea, 200
   da história, 160
   definição, 145
   história da, 145
   moderna, 188, 190, 196, 200
   tarefa da, 64

G
Guerra
   arte da, 21

H
Hegelianismo
   de direita, 191
   de esquerda, 191, 217
História
   interpretação econômica da, 63
Historicismo, 213
Homo
   religiosus, 187
      hindu, 187

I
Idealismo
   alemão, 200
   concreto
      de Hegel, 191
   excessos do, 191
Incitação
   fenômeno biológico, 179

Indivíduo
　na concepção
　　anarquista, 153
　　marxista, 153
Intellectus
　agens, 219
Irracionalismo, 186

L
Liberdade, 147
　definição de, 149
　e pesquisa científica, 148
Libertarismo, 183
　opinião universal, 183
Luta
　de classes, 56
　　justificação social da, 160
　　teoria da, 154

M
Má
　política
　　definição, 169
Mais-valia, 62, 165, 207
Máquina
　desenvolvimento da, 17
Marx
　epígonos de, 8
　escolasticismo dos epígonos de, 8
　humanizar, 64, 67
Marxismo, 160
　análise
　　decadialética do, 185
　　dialética do, 8, 10, 55
　　pentadialética do, 10, 187, 241
　como doutrina
　　científica do operariado, 195
　　materialista, 200
　como economia quantitativista, 44
　como filosofia do proletariado da paleotécnica, 215
　como ideologia nascida na paleotécnica, 147, 237
　como materialismo e naturalismo, 160
　como metafísico, 202
　contradição interna do, 195, 204
　crítica
　　libertária ao, 163, 178
　crítica ao, 57, 58
　e era paleotécnica, 48, 241
　estruturação dialética do, 195
　fatores predisponentes do, 11
　obras apologéticas do, 12
　posição filosófica do, 224
　revolucionário, 120
　unidade doutrinária do, 187
Materialismo
　histórico, 56, 154, 160
　marxista, 202
　vulgar, 200, 223
　　definição do, 213
Messianismo, 194
　judaico, 217
　de Marx, 194

Metafísica
   como sinônimo de idealismo, 200
Monismo
   materialista, 202

N
Nazismo, 126, 166
Neotécnica, 35, 147, 205, 238
   e Segunda Guerra Mundial, 147
   e transformação do mundo, 48, 241
   quantidade com qualidade, 147, 238

O
Objetivismo
   excesso do, 220
Ocidente
   cristão, 20
Oriente
   muçulmano, 20

P
Paleotécnica, 35, 184
   e autoritarismo, 147
   e quantidade, 147, 238
   etimologia de, 35
   mentalidade soviética é, 205
Pensamento
   anarquista, 97
   marxista, 97
Personalismo
   nietzscheano, 148

Pessimismo
   grego, 19
Politicismo, 177
Positivismo, 200
Possibilium, 222
Primeira Guerra Mundial, 50
Primeira Internacional, 77
Processo
   de Moscou, 94
Progresso
   como mito da paleotécnica, 47
   ideia do, 47
Proletariado
   da paleotécnica, 205, 225
   formação do, 195
   internacional, 137
   mundial, 165
   papel messiânico emprestado ao, 187
   revolucionário, 147
   russo, 165
Providência, 201
   divina, 201

Q
Quidditates, 223

R
Racionalismo
   abstrato
      de René Descartes, 191
   cartesiano
      excesso do, 192

empirista
  de Santo Tomás, 191
Rationalitas
  dos escolásticos, 201
Reforma, 188, 189
Relógio
  como máquina-chave da
    modernidade, 20
Revolução
  bolchevista, 141
  de 1848, 60
  de Outubro, 58, 92, 113-15, 118,
    120, 131, 138, 164, 206
  Francesa, 34, 181
  governo ditatorial da, 156
  Industrial, 38, 42
  permanente, 123
  proletária, 98
  social, 143
Revolucionário
  profissional, 65
    teoria leninista do, 64
Romanticismo, 193
Romantismo, 193

S
Segunda Guerra Mundial, 147
Socialismo
  alemão, 69
  autoritário, 11, 76, 113, 123, 125-
    26, 129, 143, 181, 209
  científico, 125, 151
  como genuinamente cristão, 203

crise do, 184
crise moderna do, 171
crítica do, 13
da eotécnica, 211
da paleotécnica, 211
democrático, 76, 143-44, 184
  cooperacional, 209
desenvolvimento do, 68
eleitoralista, 176
e liberdade, 138, 141
eotécnico, 211, 215
formação do, 195
francês, 69
genuínas teses do, 167
história do, 77
libertário, 11, 76, 91, 96, 100, 113,
  116, 123, 126, 128, 137, 141,
  143, 179, 182
  origens do, 183
matiz romântico do, 193
revolucionário, 120, 137
romântico, 209
teorização do, 67
Sociedade
  civil, 56
  cooperacional, 170
Soviete, 116
  como realização do povo russo, 116
  democracia do, 124
  e ditadura do proletariado, 131
  origem do, 120
Sovietismo, 120
  definição de, 120

Subjetivismo
   alemão, 218

U
Utopia
   definição de, 184
   no Renascimento, 189

V
Violência
   proletária, 124
   revolucionária da libertação, 156
Vontade
   de potência, 116, 187
      hindu, 187

Índice onomástico

A
Adolfo, Gustavo, 33
Adorno, Theodor, 236
Ampère, André Marie, 49
Aristóteles, 192, 202
Augusto, Filipe, 84

B
Bacon, Roger, 27, 49
Baekeland, Leo, 50
Bakunin, Mikhail, 77-78, 119, 158, 160, 240
Bañez, Domingo, 188
Barnes, Harry Elmer, 55-56, 59
Becker, Howard, 55-56, 59
Beer, Max, 61
Bell, Graham, 50
Beria, Laventriy, 167
Blanc, Louis, 56
Bohr, Niels, 50
Bukharin, Nikolai, 166

C
Caetano, 188
Calvino, João, 22
Campanella, Tommaso, 189
Comte, Auguste, 218
Confúcio, 32
Cusa, Cardeal Nicolau de, 188

D
Danton, Georges Jacques, 56
Darby, Abraham, 44
Da Vinci, Leonardo, 21, 24, 49
Denikin, Anton Ivanovich, 159
Descartes, René, 190-91

E
Edison, Thomas, 50
Einstein, Albert, 50
Engels, Friedrich, 8, 55, 57-58, 60-61, 70, 72, 75-76, 79, 81, 84-85, 89, 91-100, 103, 104, 108, 112, 139, 182, 195, 199-200, 212, 217, 224

F
Fabbri, Luigi, 100, 111-14, 118-22, 125, 127, 129, 131, 157, 159, 184, 236
Faraday, Michael, 49
Feuerbach, Ludwig, 56, 75, 83
Fichte, Johann Gottlieb, 191
Fleming, John Ambrose, 52
Ford, Henry, 50-51
Forest, Lee De, 50, 52
Fourier, Charles, 211
Fourneyron, Benoît, 38, 49
Franklin, Benjamin, 51
Galilei, Galileu, 21, 26, 36, 39, 49, 188
Galvani, Luigi, 49

Geddes, Patrick, 35, 53, 216, 241
Gibbs, Josiah Willard, 50
Gigot, Philippe, 70, 72, 76
Glanvill, Joseph, 49
Grün, Karl, 71, 74-76

H
Heeren, Arnold, 56
Hegel, Georg Wilhelm Friedrich, 55, 59, 79, 89, 191, 200, 217-18
Heine, Heinrich, 55
Henry, Joseph, 49, 60
Heráclito, 196
Hertz, Heinrich, 50
Horkheimer, Max, 236
Hume, David, 192

J
Janssen, Zacharias, 39
Jesus Cristo, 32

K
Kalinin, Mikhail, 137, 166, 235
Kamenev, Lev, 166
Kant, Immanuel, 192-93, 200, 223
Kautsky, Karl, 59, 90, 108
Kelvin, Lord, 50
Kepler, Johannes, 23
Kerensky, Alexander Fiódorovitch, 139
Kropotkin, Piotr, 35, 49, 53, 158, 180, 216, 241
Krupp, Friedrich, 50

L
Labriola, Antonio, 161
Lafargue, Paul, 55
Lavrov, Sergey, 65
Leibniz, Gottfried Wilhelm, 191
Lênin (Vladimir Ilyich Ulyanov), 8, 12, 57-58, 63-64, 89-90, 92-93, 95-99, 102-09, 113, 117-19, 123-24, 128, 131, 135-36, 139-41, 165, 166, 182, 199-200, 205-06, 224, 235-37, 242
Lippershey, Hans, 39
Luís XIV, 33
Luxemburgo, Rosa, 119

M
Mach, Ernst, 50
Makhno, Nestor, 138
Malatesta, Errico, 112-13, 154-57, 184, 236
Malenkov, Geórgiy, 166, 204, 208, 235
Marx, Karl, 8-9, 22, 24, 44, 48, 55-67, 69, 71-72, 74-81, 83-86, 90-91, 95-96, 99-100, 103-08, 123, 139, 151, 153, 161, 163, 165, 182, 193-95, 199, 202, 207, 209, 212, 214-25, 238-41
Maxwell, James Clerk, 50
Mazzini, Giuseppe, 161
Mehring, Franz, 77-78, 85
Mikhailovski, 65
Mitchell, John, 50
Moisés, 32

Molaschi, Carlo, 157-58
Molina, Luís de, 56, 188
Molotov, Viatcheslav, 166
Mondolfo, Rodolfo, 161
More, Thomas, 189
Morse, Samuel, 50
Mumford, Lewis, 11, 18, 20-21, 23, 25, 35-36, 46, 50, 53, 216

N
Narodnik, 65
Nietzsche, Friedrich, 47, 117, 207

O
Ockham, Guilherme de, 188-89
Ohm, Georg Simon, 49
Oiticica, José, 243-44
Ørsted, Hans Christian, 49
Owen, Robert, 211

P
Páparo, Luís, 243-44
Parmênides, 196
Pasteur, Louis, 50
Pedro, o Grande, 33, 245-46
Petliura, Symon, 138, 159
Pitágoras, 222
Planck, Max, 50
Plekhanov, Gueorgui, 65, 182
Proudhon, Pierre-Joseph, 56, 69-72, 76-77, 123, 161, 184, 211, 216, 218, 240
Pupin, Michael, 50

R
Rêdes, Esther, 251
Reuleaux, Franz, 18
Ricardo Coração de Leão, 84
Ruge, Arnold, 60
Ruskin, John, 47
Rykov, Aleksei, 166

S
Santo Alberto Magno, 188
Santo Anselmo da Cantuária, 8, 188
Santo Tomás de Aquino, 8, 188-92, 200, 202, 220-21, 223
São Boaventura, 8, 188
Schelling, Friedrich Wilhelm Joseph von, 191
Schuckert, Sigmund, 50
Scot, Duns, 8, 188-89, 191-92, 196, 200, 221
Siemens, Werner von, 50
Simon IV de Montfort, 190
Sombart, Werner, 62
Sperry, Elmer, 50
Stálin, Josef, 113, 117, 131, 165-66, 199, 204-05, 208, 225, 235-37, 250
Steinheil, Carl August von, 50
Stern, Wilhelm, 148
Suárez, Francisco, 8, 188, 191-92, 221

T
Tesla, Nikola, 50
Thompson, William, 56

Tomás, João de São, 8, 56, 188-92, 200, 202, 220-21, 223
Trotsky, Leon, 113, 119, 131, 166, 206, 236, 250
Tugan-Baranovsky, Mikhail, 63

U
Ure, Andrew, 46

V
Viana, Alysson Bruno, 240, 243, 246, 251
Volta, Alessandro, 49

W
Weber, Max, 21, 151
Weitling, Wilhelm, 56
Weydemeyer, Joseph, 56-57
Wolff, Christian, 191-92, 200
Wrangel, Pyotr Nikolayevich, 138, 159

Z
Zinoviev, Grigori, 119, 166

Você poderá interessar-se por:

MÁRIO FERREIRA DOS SANTOS

FILOSOFIAS DA AFIRMAÇÃO E DA NEGAÇÃO

Neste livro, o filósofo Mário Ferreira dos Santos apresenta o seu próprio Sócrates – Pitágoras de Melo – e o põe para dialogar com amigos a respeito dos problemas mais basilares da epistemologia e da metafísica: como o conhecimento é possível? Existem verdades objetivas? O que são os universais? Mas estas perguntas não surgem do nada. Assim como o Sócrates de Platão se opunha ao sofismo que corrompia Atenas, Pitágoras de Melo pretende refutar as "doutrinas negativistas" – como o ceticismo, o relativismo e o idealismo – que promovem na modernidade um niilismo destrutivo tal como fora profetizado por Nietzsche. Em lugar destas, ele defende um modo positivo de fazer filosofia, que seja atento à realidade e reconheça as contribuições já feitas por filósofos anteriores para o conhecimento dela.

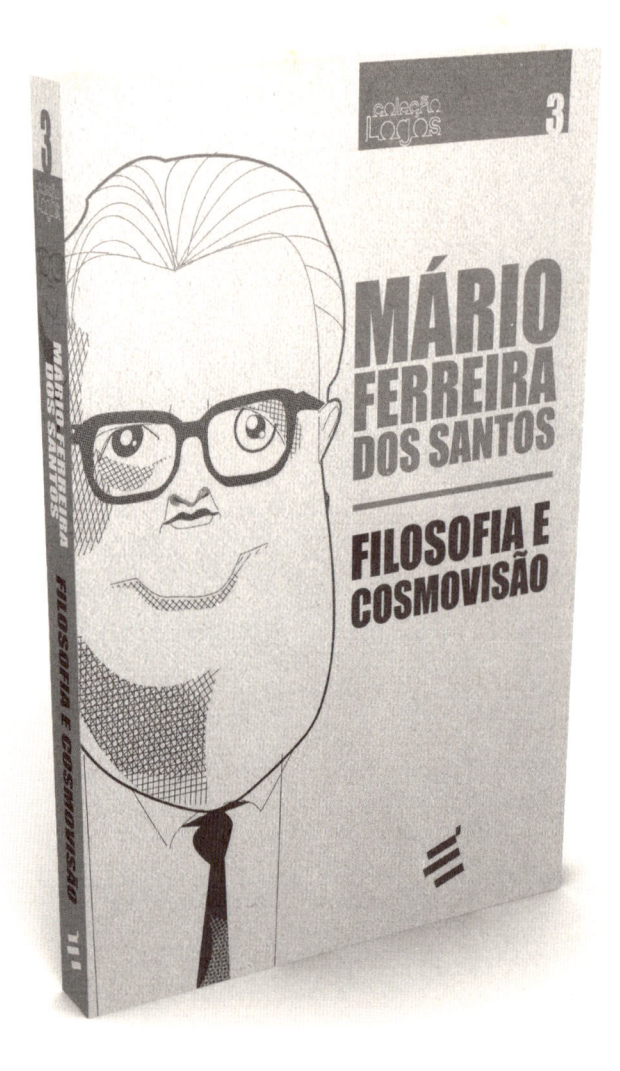

Filosofia e Cosmovisão, do filósofo brasileiro Mário Ferreira dos Santos, é, ao mesmo tempo, didático, erudito e profundo. Como lembra o autor, não se aprende filosofia sem filosofar. Este livro, portanto, "é um convite à filosofia, uma incitação ao filosofar".

De uma só vez, ele pode ser lido como introdução à filosofia, como apresentação enciclopédica de ideias filosóficas e como obra de um filósofo original. Edição revista e ampliada com novos posfácios e fac-símiles de textos originais do autor, para o fascínio dos admiradores do filósofo.

facebook.com/erealizacoeseditora   twitter.com/erealizacoes   instagram.com/erealizacoes   youtube.com/editorae

issuu.com/editora_e   erealizacoes.com.br   atendimento@erealizacoes.com.br